초등학교 교육 · 돌봄
프로그램의 이해와 실제

초등학교 교육 · 돌봄
프로그램의 이해와 실제

김향미 · 심숙영 · 이보연 · 김영신 · 길은영 · 신세려 공저

학지사

머리말

사회적 변화 속에서 새로운 형태의 교육이 요구되고 있는 이때, 최근 교육·돌봄의 일환으로 확대되고 있는 늘봄교육은 정규수업 외에 학교와 지역사회의 다양한 교육자원을 연계하여 학생들의 균형 있는 성장과 발달을 위해 제공되는 종합교육 프로그램으로 기존의 초등학교 방과후 수업과 돌봄을 통합·개선한 개념의 교육입니다. 늘봄교육은 사교육과 차별화된 경쟁력 있는 양질의 교육 프로그램에 대한 사회적 요구에 부응하여, 주로 놀이 중심의 문화예술교육을 통해 연령별, 발달단계별로 어린이들의 학교적응 및 사회정서 발달을 돕기 위한 맞춤형 프로그램의 개발 및 운영에 주력하고 있습니다.

교육·돌봄은 초등학교 입학 후 돌봄 공백의 심화, 이에 따른 부모의 경력 단절과 사교육비 증가 등에 대한 국가적 책임에서 시작되었습니다. 돌봄 중심의 교육(care-centered education)은 학생을 단순한 학습자로 보는 것이 아니라 정서적·사회적·신체적·인지적 측면을 통합적으로 지원하는 교육을 의미합니다. 이는 관계를 중시하며, 학생이 안전하고 존중받는 환경에서 성장할 수 있도록 돕는다는 교육 철학을 전제로 하고 있습니다. 네덜란드 교육학자 넬 노딩스(Nel Noddings)는 "돌봄(care)은 교육의 본질"이라고 하였으며, 배움은 학생이 교사와 동료, 환경으로부터 따뜻한 돌봄을 받을 때 가장 효과적으로 이루어진다고 주장합니다. 돌봄 중심 교육에서는 신뢰, 공감, 관계 형성이 중요한 요소로 작용하며, 이를 통해 학생의 심리·사회적 안녕과 자아 존중감을 높이는 데 초점을 맞춥니다.

이러한 교육·돌봄의 철학과 문화예술교육은 강력한 접점과 공통점을 가지고 있습니다. 문화예술교육은 감정 표현과 관계 형성을 자연스럽게 끌어내는 강력한 도구이며,

특히 예술을 통해 감정을 탐색하고 타인과 소통하는 경험은 돌봄 중심 교육과 깊이 연결될 수 있습니다. 예술을 통해 교사와 학생 간의 신뢰를 바탕으로 한 상호작용을 중시하며 정서적 지지를 하고 학교 안에서 이루어지는 공동체적 경험을 통해 배움이 이루어지는 동안 사회적 관계가 형성될 수 있습니다. 이러한 과정에서 인지적 발달뿐만 아니라 감정과 사회성도 함께 성장하도록 전인적 성장을 지원합니다. 모든 아동이 창의적인 존재라는 입장에서 문화예술교육은 학습자의 개별적 욕구와 경험을 존중하는 학생 중심의 교육이 가능합니다. 공감과 자기표현을 촉진하는 다양한 예술활동(미술, 음악, 연극 등)은 자신의 감정을 자유롭게 표현하고 타인의 감정을 이해하도록 도우며, 특히 학교 안에서 실시되는 문화예술교육은 개인과 공동체의 삶을 풍요롭게 만들고, 돌봄은 단순한 보호를 넘어 '함께 성장하는 과정'이 됩니다. 이렇듯, 문화예술교육이 제공하는 정서적 표현, 공동체 경험, 심리적 안정 같은 이점들은 돌봄 중심 교육의 핵심 가치와 맞닿아 있습니다.

이 책은 이러한 가치와 방향성에 동참하고 오랜 실무경험과 이론을 갖춘 교육, 심리, 예술전공 교수진이 문화예술을 활용하여 개발한 교육 프로그램과 학교현장에 제공한 경험을 바탕으로 초등학교 교육 · 돌봄에 꼭 필요한 내용을 정선하여 엮은 것입니다.

제1장에서는 교육 · 돌봄의 배경과 개념, 정책과 현황을 알아봅니다. 교육 · 돌봄은 단순한 방과후 활동을 넘어 학생들의 안전과 정서적 안정, 전인적 성장을 지원하는 중요한 교육과정으로, 교사가 교육 · 돌봄의 배경과 정책을 잘 이해하면 학부모 및 지역사회와 협력하여 학생들에게 효과적이고 적절한 지원을 제공할 수 있게 됩니다.

제2장에서는 아동교육에 필요한 학자별 발달심리이론을 정리하여 제시하였습니다. 이는 아동기의 발달적 특성을 이해하고 정서 및 사회성 발달의 관점에서 맞춤형 지도를 통해 그들의 잠재적 역량을 끌어내기 위한 이론적 근거를 제공합니다.

제3장에서는 초등학교 교육과정의 변천과 개념, 초등교육이 지향하는 목표와 교육과정 편제 및 주안점을 다루었습니다. 이를 기반으로 늘봄교육의 학년별 세부 교육목표를 설정하고 내용체계 및 성취기준을 적용할 수 있습니다.

제4장에서는 아동과 교사, 아동 간 상호작용의 개념과 중요성을 다루어 수업에서 학습효과를 증진하고 아동의 사회성과 도덕성 발달에 기여하는 사회적 기술을 익히게 함

은 물론, 따뜻하고 지지적이며 학생을 존중하는 교사의 태도를 갖추도록 하였습니다.

제5장에서는 아동 발달에 있어서의 미술의 역할과 미술을 활용한 사회정서발달 교육이 어떻게 이루어지고, 어떤 효과성을 가지며, 지도 시 어떤 구조를 가지고 실행되는지 소개하고 이를 현장에 적용할 수 있도록 하였습니다.

제6장에서는 아동발달에 있어서의 음악의 역할과 음악을 활용한 사회정서발달 교육이 어떻게 이루어지는지 소개하고, 아동지도 프로그램의 구조와 실행과정, 발달단계와 교육목표에 따른 세부 음악활동을 제시하였습니다.

제7장에서는 늘봄학교 운영의 과정과 효과성을 제시하고, 사회정서발달을 목표로 교과과정과 연계하여 기획 개발된 문화예술교육 프로그램을 제시하여 교사가 운용하고 현장에서 이를 적용할 수 있도록 하였습니다.

제8장에서는 실제 현장에서 초등학교 교육 · 돌봄에 앞서 아동의 행동을 지도하는 방법을 시작으로 사회정서발달을 위한 문화예술 융합 프로그램(연극, 음악, 미술, 생태, 기후, 미술치료, 음악치료, 무용)을 제시하여 이론뿐만 아니라 실제 적용 방법을 함께 소개함으로써 실천적인 가이드가 될 수 있도록 하였습니다.

교사는 사람을 길러 내는 직업이며, 교육은 단순한 가르침이 아니라 따뜻한 돌봄과 창조적 경험을 통해 더 넓은 세계를 열어 주는 과정입니다. 이러한 관점에서, 이 책은 초등학교 교육을 담당하는 교육자, 연구자, 문화예술교육 실천가뿐만 아니라 돌봄의 가치를 고민하는 모든 이에게 도움이 될 수 있도록 기획되었습니다.

이 책이 나오기까지 교육 · 돌봄의 중요성에 동의하고 바쁜 가운데 의기투합하여 원고를 써 주신 교수님들, 프로그램을 기획하고 개발해 주신 선생님들, 늘봄교육 현장에서 문화예술교육을 통해 따뜻한 교육 · 돌봄을 실천하고 계시는 모든 선생님께 감사드리며, 끝으로 이 책의 출판을 기꺼이 맡아 주신 학지사 김진환 대표님과 편집부에도 깊은 감사의 말씀을 전합니다.

저자 일동

차례

Chapter 03

초등학교 교육과정 • 79

Chapter 04

초등학생의 상호작용 지도 • 101

Chapter 05

미술을 활용한 초등학생 사회정서발달 지도 • 139

Chapter 06

음악을 활용한 초등학생 사회정서발달 지도 • 179

Chapter 07

늘봄(돌봄) 프로그램 운영 및 결과분석 • 223

Chapter 08

초등 사회정서발달 프로그램의 실제 • 265

Chapter 01

교육 · 돌봄의 이해

김향미

1. 교육 · 돌봄의 개념과 목적
2. 교육 · 돌봄 정책
3. 교육 · 돌봄 현황과 과제

1 교육 · 돌봄의 개념과 목적

1) 교육 · 돌봄의 개념 및 배경

'돌봄'이란 일반적으로 건강한 생활을 유지하거나 증진하고 건강의 회복을 돕는 행위를 의미하며, 교육의 장에 있어서의 '돌봄'은 학자들에 따라 다양하게 정의되고 있다. 정익중 등(2009)은 돌봄, 보호, 활동, 교육 등을 포함하는 개념으로 아동 및 청소년을 보호하고 교육시키기 위한 목적으로 학생들의 학습과 심신의 발달을 돕기 위한 보호 서비스라고 정의하였고, 이태수 등(2009)은 학령기 아동 및 청소년의 학교 수업시간 이후 일상생활을 통해 해소 및 해결해야 하는 요구를 보완해 주는 서비스라고 하였다. 종합하자면, 돌봄이란 보호와 교육을 포함하는 아동 및 청소년의 학습, 심신 발달, 일상생활에서의 욕구 해결을 위한 서비스라고 할 수 있다.

아울러 초등학교 교육 · 돌봄이란, 별도 시설(전용 또는 겸용 교실 등)이 갖추어진 초등학교 공간에서 돌봄이 필요한 학생들을 대상으로 정규수업 이외에 이루어지는 돌봄 활동을 말한다(교육부, 2017). 방과후학교는 수요자의 요구를 반영하여 수익자 부담 또는 재정 지원으로 이루어지는 정규수업 이외의 교육 및 돌봄 활동으로, 초등 돌봄교실도 여기에 포함된다.

여성의 사회진출 및 맞벌이 가정이 증가하고 가족구조도 핵가족화가 빠르게 진행되면서 최근 질 높은 방과후돌봄을 제공하는 교육 서비스에 대한 수요와 사회적 관심이 급증하고 있다. 따라서 돌봄교실은 아동의 발달에 적합한 교육 및 앞서 제시한 국가적 · 사회적 요구에 부응하는 보육프로그램의 필요성에 의해 개발된 방과후활동 모형으로, 이는 학교의 방과후돌봄서비스 확대를 통해 지속적으로 증가하는 돌봄 수요를 충족시키고, 안전한 양질의 서비스를 제공하는 데 그 목적이 있다(심정미, 채현탁, 2015).

초등학교 교육 · 돌봄은 종래 민간 또는 각종 기관에서 부분적으로 시행되어 오던 방과후 아동지도를 발전시켜 2004년을 기점으로 당시 교육인적자원부에서 교육의 양극화를 해소하고 사교육비를 경감하며 저출산으로 인한 학생 수 감소에 따른 유휴교실을 활용하기 위해 그 운영이 권장되기 시작하였다(김선혜, 2015).

특히 초등학교 교육 · 돌봄은 출발선이 동일하지 않은 아동에 대한 평등한 교육 기회를 제공하여 사회 불평등을 해소하려는 복지사업의 성격을 지닌다(강지원, 이세미, 2015). 또한 저소득층 및 맞벌이 부부의 자녀들을 안심하고 양육할 수 있도록 학습 · 과제 지도, 특기 · 적성 교육 등 돌봄과 교육을 함께하는 방과후돌봄서비스이다(김희진, 2014). 초등 시기 발달단계를 고려할 때 생애주기별 발달과업과 아동권리의 관점에서 이와 같은 적절한 교육과 돌봄은 매우 중요하다.

2) 교육 · 돌봄의 목적

아동이 초등학교에 입학한 이후 학교에 머무르는 시간이 유치원이나 어린이집에 머무르던 시간에 비해 짧아짐으로써 발생하게 되는 환경의 변화는 학교적응에도 영향을 미친다(김근진, 박은정, 김희수, 2019). 또한 유치원과 어린이집에 비해 초등학교 1학년의 수업 및 돌봄 시간이 짧은 편이라 이러한 상황에서 자녀의 초등학교 진학은 여성의 경력 단절 및 사교육 확대의 원인으로 작용하고 있다(이재희, 김근진, 엄지원, 2017). 이에 대한 대응으로서 교육 · 돌봄에 대한 국가적 · 사회적 관심과 노력은 나날이 확대되고 있는바 그 근본적인 목적에 대해 살펴볼 필요가 있다.

교육 · 돌봄의 목적은, 첫째, 이를 통해 초등학생으로서의 발달과업이 충분히 수행될 수 있도록 하는 데 있다. 즉, 수혜 아동들의 인지적 · 정의적 · 신체적 발달이 돌봄서비스를 받지 않았을 때보다 훨씬 더 균형있게 이루어짐은 물론, 학습지도와 기초학력 보완 등 학력 향상에도 목적을 두고 있다. 따라서 대부분의 돌봄교실에서는 휴식, 수면, 씻기 등 기본생활습관 지도와 과제 해결, 예습 및 복습 활동 등과 함께 교육 프로그램으로 논술, 음악, 영어, 미술, 과학탐구 등의 교육과정과 방과후학교 특기 · 적성 등의 교육을 제공하고 있다(교육과학기술부, 2011).

둘째, 교육 · 돌봄은 사교육비 절감을 목적으로 한다(서울특별시교육청, 2013). 즉, 당초 공교육 체계 안에서 아동들에게 각종 교육 프로그램을 제공함으로써 사설학원 등에 지불하게 되는 사교육비를 감소시킨다는 의도도 내포되었다. 즉, 아동들에게 기초 학습지도, 예습 및 복습 지도는 물론 특기 · 적성교육도 함께 제공되기 때문에 사교육에 소요되는 경제적 부담을 줄일 수 있다. 또한 돌봄교실에서 이루어지는 일련의 활동들은 공교육 안에서 이루어지는 만큼 사교육에 참여하면서 발생할 수 있는 안전사고나 스트레스로부터 생기는 부작용을 방지할 수 있다(김선혜, 2015).

셋째, 교육 · 돌봄은 저소득층 및 맞벌이 가정 아동들에 대해 교육의 기회를 균등하게 제공한다는 교육복지의 실현을 목적으로 한다(서울특별시교육청, 2013). 교육복지는 보편적 차원에서 이루어져야 의미가 있다는 점에서, 저소득층 및 맞벌이 가정 아동들에 대한 돌봄서비스는 교육의 기회를 확대하고 아동들의 재능을 발굴하고 계발해 준다는 이점이 있다. 이와 같은 교육복지의 확대는 교육의 기회균등으로 확장된다.

3) 교육 · 돌봄 인력

초등학교 돌봄교실은 돌봄전담사를 중심으로 운영된다. 『초등학교 돌봄교실 운영 길라잡이』에서는 돌봄전담사의 정의를 '돌봄교실 프로그램 운영과 학생의 보호, 교실관리, 관련 보고, 기타 돌봄교실 관련 업무 등을 전담하는 인력'으로 규정하고 있다(한국교육개발원, 2018). 또한 초등학교 돌봄전담사는 돌봄교실 운영의 전문성 확보를 위해 유 · 초 · 중등 교사, 보육교사 2급 이상 자격 소지자를 원칙으로 하되, 인력확보가 어려운 농 · 어촌 지역은 시 · 도별로 채용기준 · 절차를 별도로 마련할 수 있다. 한편, 방과후학교 연계형 돌봄교실은 교원, 학부모, 교육기부자, 자원봉사자 등 다양한 인력을 활용할 수 있고, 별도의 자격 제한이 없다. 단, 돌봄 인력 활용 시에는 사전에 성범죄 · 아동 학대관련 범죄경력을 조회하여 확인한다.

돌봄전담사의 역할은 교수 · 학습과 관련된 직무로서 교수 · 학습 준비 및 실행, 교수 · 학습 평가의 세 영역으로 나뉘며, 그 외에도 '학생 관리, 돌봄교실 관리, 연간 · 월간 · 주간 운영 프로그램 작성, 프로그램 관리, 개인활동 관리, 간식 및 급식 준비 · 제공 · 사후처리, 돌봄교실 관련 업무 협조 등'으로 규정되어 있다(한국교육개발원, 2018). 아울러, 학부모 관련 업무, 행정업무, 시설설비 관련 업무, 대인관계 및 지역사회 연계 업무, 기타 등 여러 업무를 영역으로 구분할 수 있다. 즉, 돌봄전담사는 초등 돌봄교실에서 부모를 대신하여 학생들을 안전하게 보호하고, 급식 및 간식 제공, 심리적 · 정서적 안정감 제공, 학교생활 적응력 강화, 일상생활지도 등의 엄마 역할과 베이스캠프 역할을 담당한다(서혜전, 2011). 이와 같이 초등학교에서의 돌봄교실은 가정과 학교의 중간적인 형태로 학생의 심리적 · 신체적 안정과 전인적 발달을 위한 프로그램이라고 볼 수 있으며, 교육과 보호의 기능을 하는 상호 보완적인 관계로 이해되어야 한다(장현주, 2002). 즉, '돌봄교실'이란 아동의 방과후 교육과 보호를 통해 학교의 교육적 목적 및 가정의 자녀보호 교육의 기능을 보완하여 학교와 가정을 연계하는 곳이라고 할 수 있으며, '돌봄전담사'는 그 역할을 수행하는 중요한 사람이다(김수동, 양애경, 2014).

향후 돌봄서비스의 질적 향상에 대한 기대감은 수요 요구와 함께 더 높아질 것으로 예상되며, 이와 더불어 아동의 건강하고 균형 있는 발육발달을 책임지고 있는 돌봄전담사의 자질과 전문성 향상이 요구되고 있다.

2 교육 · 돌봄 정책

1) 교육 · 돌봄 정책의 발전과정

우리나라 교육 · 돌봄 정책의 발전과정을 개관해 보면 다음과 같다. 여성의 사회진출 급증에 따른 보육 확대의 필요성이 증대되면서, 1995년 '5. 31 교육개혁(안)'에서 '개인의 다양성을 중시하는 교육방법 확립' 방안의 하나로 방과후학교가 시작되었다. 2002년 방과후 보육시설에 대한 법적 근거가 마련되기 시작하면서 2003년에는 교육복지투자 우선 지역을 지정하여 교육복지 프로그램으로서의 방과후학교 프로그램에 대한 정부의 지원이 개시되었다. 이어서 2004년 공교육 정상화 정책의 일환으로 초등학교 저학년 방과후교실 운영의 중요성이 부각되기 시작하면서 2005년에는 방과후교실, 특기적성교육, 수준별 보충학습을 통틀어 '방과후학교'로 명칭을 변경하고 학교 밖에서 이루어지는 방과후 보육서비스인 청소년 방과후 아카데미 사업도 함께 추진하였다. 방과후학교는 학생 · 학부모의 요구와 선택을 반영하여 수익자 부담 또는 재정 지원으로 이루어지는 정규수업 이외의 교육 및 돌봄 활동으로 학교 계획에 따라 일정한 기간 동안 지속적으로 운영하는 학교 교육활동을 의미한다. 방과후학교의 한 유형으로 적용된 '초등보육교실'은 2006년부터 저학년(1~2학년) 학생들을 중심으로 방과후부터 오후 5시까지 운영되었으며, 대상은 맞벌이 가정 및 저소득층 가정의 자녀들을 우선적으로 하였다(양애경, 양윤이, 2018). 이후 2010년에는 기존 방과후교실에 저녁 시간을 연장한 종일돌봄이 운영되기 시작했으며, 교육청이나 교육과학기술부의 중점 사업으로 돌봄서비스의 질적 강화를 위한 다양한 정책들이 제안 · 실행되었다. 이때 '방과후 초등보육교실'과 '방과후 종일 돌봄교실'이 '초등 돌봄교실'로 명칭이 변경되면서 대폭 확대 운영되기에 이르렀다(송영민 외, 2012). 특히 2011년에는 교육과학기술부에서 돌봄교실의 기능을 강화하기 위하여 보육정책 확대 및 지원, 돌봄교실 질 제고를 위한 노력, 지역사회 협조 체제 구축 등을 추진과제로 선정 · 실행하였다(서울특별시교육청, 2011).

아울러 주 5일수업제 전면 자율 도입에 따른 토요 돌봄수요를 흡수하기 위한 방안의 하나로 '엄마품 온종일 돌봄교실', 즉 종일돌봄에 아침돌봄을 추가한 돌봄교실 운영을 공모함으로써 신청을 받아 시행하기도 하였다(교육과학기술부, 2012). '엄마품 온종일 돌봄교실'은 안전하고 질 높은 돌봄 프로그램을 확충하기 위한 것으로, 이른 아침부터 저녁 늦은 시간까지 일해야 하는 저소득층 및 맞벌이 가정 아동들을 위해 연중 아침(06:30~09:00), 오후(방과후~17:00), 저녁(17:00~22:00) 등 온종일 돌봄서비스를 제공하는 프로그램이다.

2012년 서울특별시 주요업무계획에서도 '교육격차 해소 및 보편적 교육복지 확대' 정책 실현을 실천과제로 삼아, 365일 온종일 돌봄서비스 제공을 통한 학교의 보육복지 기능을 강화하고 학교, 지자체, 지역아동센터 등 지역사회 연계 교육복지 네트워크를 구축하고자 하였다. 그리고 기존의 '엄마품 온종일 돌봄교실'과 '초등 돌봄교실'을 '온종일 돌봄교실'로 일원화하여(서울특별시교육청, 2012) 그 기능을 강화하는 한편, 운영시간을 확대하고 수요에 따라 학교휴업일과 방학 중에도 운영하도록 하고 있다.

2013년부터는 초등학교 돌봄기능 강화 정책과 범부처 방과후돌봄서비스 연계로 확대되면서 교육부, 보건복지부, 여성가족부 등 3개 부처에서 지원 · 운영해 왔다. 즉, 돌봄서비스는 제공 주체에 따라 그 명칭이 다양하여, 교육부는 '초등 돌봄교실', 보건복지부는 '지역아동센터'와 '방과후 어린이집', 여성가족부는 '청소년 방과후 아카데미'라는 이름으로 서비스를 제공하고 있다. 이는 각 돌봄서비스 간의 연계 협력을 구축하여 질 높은 방과후돌봄을 제공하려는 정책으로, 그 핵심은 '초등 돌봄교실 서비스 질 개선'을 최우선으로 하는 데 있었다(양애경, 양윤이, 2018).

이후 초등 돌봄교실은 초등학교 전 학년을 대상으로 운영되고 있으며, 이러한 돌봄교실의 확대는 방과후에 자녀를 돌볼 수 없는 학부모들이 안심하고 양육할 수 있는 여건을 마련하고, 공교육에 대한 만족도와 신뢰도가 향상되는 계기가 되었다(교육부, 한국교육개발원, 2014). 또한 백순근 등(2019)은 맞벌이 가정 자녀들이 돌봄교실에 참여하는 경우 사교육 참여시간과 사교육비 경감에도 효과가 있다고 보고하였고, 실제로 초등 돌봄교실은 2015년 국정과제 교육정책 만족도 1위를 차지할 정도로 높은 반응을 보이기도 하였다. 이어서 초등 돌봄교실에 대한 지속적인 사회적 관심과 필요에 따라, 2018년에는 범정부 공동추진단을 중심으로 '온종일 돌봄체계 구축 · 운영 실행계획'이 확정, 발표되었다(교육부, 보건복지부, 행정안전부, 여성가족부, 2018). 현재 우리나라에서 실시되고 있는 방과후돌봄서비스는 여성가족부의 청소년 방과후 아카데미와 보건복지부의 지역아동센터, 그리고 교육부의 초등 돌봄교실이 대표적이다(양애경, 양윤이, 2018).

이와 같은 초등 돌봄교실 정책의 중점 추진과제는 다음의 세 가지로 요약된다. 첫째, 초등 돌봄교실 확대 및 내실화를 위해서 대상 및 시간, 공간 확보를 통한 돌봄교실 확대, 서비스 적정기준 마련 등 운영 내실화 등을 추진한다. 둘째, 지역사회와 함께하는 돌봄서비스 활성화를 위해서 지역사회와 연계한 촘촘한 돌봄서비스 제공, 지자체 중심의 온종일 돌봄 생태계 구축을 강화한다. 셋째, 돌봄체계 지원 강화를 위해 행정적 · 재정적 지원을 다양화하고 현장 소통을 강화한다(방과후학교 포털, 2024). 이러한 정책추진 방향을 고려할 때 향후 초등학교 교육 · 돌봄에 대한 지원과 운영은 더욱 확대될 것으로 보인다.

그러나 이와 같이 사회적으로 초등 돌봄교실의 역할이 강조되고 양적으로도 확대되고 있음에도 불구하고 명확한 법적 근거가 제대로 마련되지 못하고 있는 실정이다. 현재 초등 돌봄교실의 운영근거는 '초 · 중등학교 교육과정 총론 교육부 고시 제2013-7호, 제2015-74호'에서 찾아볼 수 있으며, 학교는 학생과 학부모의 요구를 바탕으로 방과후 또는 방학 중 프로그램을 개설할 수 있고 학생들의 자발적 참여를 원칙으로 한다(한국교육개발원, 2017). 한편, 초등 돌봄교실은 대표적인 정책임에도 불구하고, 수요 대비 공급의 부족, 질 높은 돌봄서비스 제공의 한계, 돌봄 대상과 이용 시간의 제한적 운영, 돌봄서비스의 지역별 및 기관 간 격차 등의 문제가 제기되고 있다(이혜숙, 이영주, 2018).

최근 세계 여러 나라에서는 'Education+Care' 중심의 방과후교육 · 돌봄에 많은 관심을 기울이고 있다. 특히 해외 선진국들은 방과후 교육 활동의 중심을 보육에 두고, '놀면서 배운다'는 구호 아래 방과후학교 관련법을 제정하고 이에 근거하여 안정적인 방과후 교육 활동을 운영하고 있는 추세이다(양애경, 양윤이, 2018). 이와 같은 해외 선진사례를 참고할 때, 향후 초등 돌봄교실의 법적 근거 마련 및 제반 운영 사항에 대한 정책적 · 사회적 논의가 지속적으로 이루어져야 하겠다.

한편, 국가 차원에서 돌봄교실을 강화하려는 노력은 류연규(2013)가 지적한 바와 같이 돌봄서비스에 대한 '공공성'의 강화와도 맥을 같이한다. 그는 아동 돌봄에 대한 국가 개입의 필요성 가운데 여성의 경제활동 참여 증가로 인한 가족의 돌봄 기능 약화 또는 돌봄공백을 들고 있다. 이와 더불어 새로운 사회적 위험 가운데 저출산 고령화 위기에 대한 대응 방안으로 여성과 아동의 삶을 넘어 전체 국민에게 중요한 복지정책 기제로 작용해 왔다고 지적하였다. 이러한 주장은 돌봄서비스가 국가의 보편적 복지로 자리 잡아야 함을 의미한다. 우리나라 초등학교 돌봄교실이 급속도로 지원을 받으면서 방과후 활동으로 자리 잡아가고 있는 모습은 바로 돌봄서비스에 대한 공공성의 필요를 그대로 반영한 것이라 할 수 있다.

이와 더불어, 저출산 문제를 해결하기 위한 정부의 돌봄지원 강화정책과 돌봄공백 해소에 대한 사회적 요구, 부모의 자녀 양육의 어려움, 유치원 방과후 과정과 초등학교 돌봄교실 이용 아동 수의 증가 등 돌봄에 대한 중요성이 확대됨에 따라 돌봄교실을 담당하는 교사의 중요성도 강조되고 있다. 이에 정부는 방과후과정 전담인력의 역량 강화를 가장 시급한 과제로 선정하였다(교육부, 2023). 그러나 정부의 초등 돌봄대상 확대 정책으로 급격한 양적 팽창이 이루어지고 있음에도 불구하고, 이에 비해 물적 · 인적 인프라는 그 속도에 미치지 못하고 있어 한편으로 돌봄서비스 질적 저하가 우려되고 있는 실정이다(조진일 외, 2015).

교육에 돌봄이라는 가치가 정착하기까지는 충분한 시간이 필요한 만큼, 그들에게 이 정책을 통해 새롭게 정의된 교육과 돌봄의 관계, 학교의 역할을 꾸준히 알리며 정책 취지에 대한 지지를 얻을 필요가 있다. 향후 정책의 지속적인 발전과 시행 과정에서 발생할 수 있는 다양한 변수들을 고려하여, 정책 시행 후 수년이 지난 시점에서 장기적인 효과와 지속 가능성을 종합적으로 평가해야 한다(김선혜, 2015).

2) 초등 돌봄교실 운영기준

이와 같은 취지와 과정에 따라 도입된 초등 돌봄교실은 다음과 같은 기준에 의해 운영되고 있다(서울시교육청, 2012).

첫째, 수요자 요구 및 학교여건에 맞게 학교별로 영역별 세부 운영 규정을 정하고 학교 운영위원회의 심의를 거쳐 학교장 중심으로 운영하는 것을 원칙으로 한다. 전담강사 채용 및 학생 부담금(간식비, 교재 · 교구비 등), 인건비 등 운영 전반에 대해 심의를 하도록 하고 있다.

둘째, 모든 초등학교에 초등 돌봄교실을 1학급 이상 설치하고 아침, 오전, 오후, 야간 돌봄교실을 운영한다.

셋째, 아침 돌봄은 수업일에는 오전 6시 30분부터 9시까지, 오전 돌봄은 토요휴업일, 학교자율휴업일, 방학 중에 오전 8시부터 오후 1시까지, 오후 돌봄은 방과후 오후 1시부터 5시까지, 야간 돌봄은 오후 5시부터 9시까지 운영하고, 돌봄교실 미설치 공립학교도 아침돌봄을 운영한다.

넷째, 야간 돌봄교실은 1명의 수요가 있을 경우라도 운영하는 것을 원칙으로 하며, 1교 1학급을 운영한다. 21시 이후에 야간 돌봄 수요가 있을 경우, 지역사회 기관(지역아동센터, 사회복지관, 어린이 쉼터 등)과 연계하여 야간 돌봄을 실시할 것을 권장한다.

다섯째, 방학 및 자율휴업일도 지속 운영하며 토요휴업일 및 주말 수요가 있을 경우에도 운영한다.

여섯째, 유휴 교실 등을 활용하여 가정과 같이 편안하고 아늑한 시설, 설비, 학습을 병행할 수 있는 교재와 교구를 완비한다.

일곱째, 저학년 위주로 운영하되, 필요에 따라 모든 학년으로 확대할 수 있다.

여덟째, 저소득층 자녀, 맞벌이부부 자녀를 우선순위로 하고 기타 지원대상자(한부모가정 자녀, 다자녀가정 자녀, 조손가정 자녀 등)가 이용할 수 있으나, 희망자가 많을 경우 공개추첨으로 결정하고 그 후 대기 순서에 따라 선정한다. 특히 저소득층 학생의 경우 지역아동센터 등 타 기관을 이용하고 있는 현황을 파악하여 협력 연계방안을 모색한다.

아홉째, 돌봄 프로그램 운영 담당자는 교사 및 보육교사 자격증 소지자, 자원봉사자 등 다양한 우수 인력을 활용한다.

열째, 실질적인 보살핌과 교육의 기능이 가능하도록 한 교실당 20명 내외로 편성한다. 학급당 20명이 넘을 경우 수익자 부담으로 보조강사를 채용할 수 있다.

열한째, 1학년 신입생 입금자는 3월 입학 시부터 입금할 수 있도륵 안내하고, 가능한 한 식사제공도 할 수 있도록 운영한다.

열두째, 수익자 부담을 원칙으로 하되, 저소득층 자녀에 대한 지원을 확대한다. 소득계층과 수강 시간에 따라 수강료를 차등화할 수 있다.

열셋째, 학생부담금(간식비, 교재 · 교구비 등)은 학교운영위원회의 심의를 거쳐 학교장이 결정한다.

열넷째, 향후 초등학교 신축 · 개축 시 초등 돌봄교실을 위한 전담교실을 반드시 확보한다.

열다섯째, 학교장 책임하에 외부 전문기관 위탁 운영이 가능하다. 외부 전문기관 위탁 운영 시는 공모를 통해 수탁자를 선정하여 계약 체결 및 운영 평가를 한다.

열여섯째, 급식 제공 시 관련 규정을 준수하여 제공한다.

이와 같이 서울시교육청에서 제시한 열 여섯 가지 운영 기준에 의거하여 서울시내 초등학교에서 초등 돌봄교실이 계획 · 운영되고 있다.

3) 늘봄학교 정책으로의 전환

(1) 늘봄학교의 개념 및 정책 개요

사회적 돌봄의 필요성이 더욱 강조되면서, 정부는 2024년부터 '늘봄학교' 정책을 전면 시행하며 국가 주도적인 돌봄체계를 확립하고자 하였다. 일원적 공적 보육 체제의 확립, 보육 소외계층의 정책 수혜 등 장기적으로 많은 사회적 기대를 안고 국가적 차원에서 교육 및 보육 기조를 개혁적으로 추진하기 시작한 것이다.

정부가 늘봄학교 정책을 '기존의 초등학교 방과후와 돌봄정책을 통합 · 개선한 것'으로 명시하고 있는 만큼(교육부, 2024), 늘봄학교 정책은 방과후학교와 돌봄정책에 기반을 두고 있다. 공적 돌봄체계를 확대하고 기존의 돌봄정책을 새롭게 정착시키고자 '늘봄학교' 정책이라는 새로운 이름으로 구체화된 것이다.

교육부는 늘봄학교 정책을 '정규수업 외에 학교와 지역사회의 다양한 교육자원을 연계하여 학생 성장 · 발달을 위해 제공하는 종합 교육 프로그램'으로 정의하고 있다(교육부, 2024). 아울러 이를 위한 공식 비전과 종합적 목표로서 각각 '세계 최고 수준의 통합 돌봄 및 교육 서비스를 제공하는 것'과 '희망하는 모든 학생과 학부모가 만족할 수 있는 종합 교육 프로그램을 제공하는 것'이라고 명시하였다(교육부, 2024). 국가 차원에서 주도적으로 정규수업 외에 초등학생의 돌봄과 교육을 관리하고자, 이를 다양한 교육 주체와의 협업을 통해 실현해 나가고자 하는 의도이다. 현재는 정책 시행 초기 단계로, 추후 점진적으로 투입 자원 및 준비를 확대해 나갈 예정이다.

이와 같은 늘봄학교 정책은 「2024년 늘봄학교 추진 방안」과 「2024년 늘봄학교 운영 가이드라인」이라는 두 개의 공식 문서를 중심으로 전국적으로 시행되었고 시 · 도교육청별로 세부 사항이 분화되었다(박준서, 2024). 늘봄학교 정책이 추구하는 핵심적 가치는 '아동'과 '교육+돌봄'의 두 가지 키워드에 함축되어 있다. 종래의 방과후학교, 돌봄교실 등의 정책들은 주로 부모의 경제활동 여건 확보, 양육부담 감소 등을 목표로, 정책의 주요 포커스가 주로 학부모들에게 맞춰졌다는 한계점이 지적된 바 있다(이성희, 2024) 그러나 늘봄학교 정책은 아동을 정책의 주요 대상으로 삼고, 정책 시행 전 온종일 돌봄체계의 기본 방향을 '아동의 행복하고 온전한 성장을 위해 아동의 삶과 연계하는 것'으로 제시하였다(이희현, 김효정, 윤현희, 이슬아, 2022). 또한 정부는 '양질의 교육 프로그램 제공을 통해 아이 한 명 한 명을 미래역량을 갖춘 인재로 성장하게 지원할 것'이라는 입장을 공식적으로 밝힌 바 있다(교육부, 2024).

이와 같은 늘봄학교 정책의 아동 중심 기조는 구체적으로 보편성과 형평성의 측면에서 이루어진다. 먼저, 보편성 측면에서 이 정책은 모든 아동에 대한 지원을 확대하여, 그 대상을 사회적 · 경제적 · 신체적 여건 등에 상관없이 초등학교에 다니며 프로그램 참여를 희망하는 모든 아동으로 하였으며, 신청자 수 제한이 있던 기존의 방과후학교, 돌봄교실 프로그램보다 접근성이 확대되었다는 점에서 의미가 있다고 평가된다(박준서, 2024). 그러나 정책 대상을 대폭 확대하는 과정에서 현실적인 인력 확보 및 시설 확충 등의 과제는 여전히 남아 있는 상황이다.

이와 더불어, 이 정책은 형평성의 측면에서 사회 취약계층 아동에 대한 선별적 지원을 강화하는 데에도 또 다른 노력을 기울이고 있다. 장애 학생을 위한 맞춤형 프로그램 운영, 다문화 · 탈북 학생 대상 멘토링 활성화, 저소득층 아동을 위한 늘봄 바우처 제공

등(교육부, 2024)의 조치를 통해 취약계층 아동들에 대한 추가적 지원을 제공하기로 하였다. 결과적으로, 이와 같은 선별적 지원 제도의 강화는 취약계층 아동들이 양질의 교육과 돌봄을 제공받을 수 있게 함으로써 사회적 불평등을 해결하는 데에도 기여할 수 있다.

교육적 측면에서, 늘봄학교 정책은 아동의 전인적 성장 및 발달을 추구하고 있다. 즉, 단순히 정해진 시간 동안 아동을 보살핀다는 의미보다는, 학생들의 다양한 교육 프로그램 참여와 이를 통한 균형 있는 성장에 초점을 맞추고 있다. 프로그램의 종류는 신체적 · 정서적 · 사회적 · 인지적 프로그램으로 다양하게 구성하며, 공급 주체는 학교 내부 및 외부(인근 대학교, 기업, 관련 기관 등 외부 기관이 개발한 프로그램과 강사 등의 교육 콘텐츠)로도 나눌 수 있다(교육부, 2024). 요약하자면, 늘봄학교 정책은 효과적인 교육 프로그램 제공을 위해 프로그램 종류의 다양화에 주력하고 있으며, 한편으로는 학교 내외 가용 자원을 최대한 활용하여 아동의 균형잡힌 발달을 추구하고자 의도했다는 점에서 의의를 찾을 수 있다.

또한 늘봄학교 정책은 교육에 초점을 맞추던 학교의 정체성에 국가 주도로 돌봄을 추가하여 학교의 역할을 재개념화한 성격을 가지며, 이는 단순한 개별 정책이라기보다는 국가 주도로 '교육+돌봄' 시스템을 구성한 하나의 체계라고 볼 수 있다. 이 체계 안에는 지역사회, 지자체, 교육청, 학교, 학부모, 강사 등 수많은 교육 주체가 존재한다. '돌봄'이란 기본적으로 사람과 사람과의 '관계'를 의미하며(이성회 외, 2022), 늘봄 체계 속의 다양한 교육 주체들은 그 안에서 아동과 필연적으로 많은 관계를 형성하게 된다. 따라서 단순한 교육적 목적의 프로그램 운영만으로는 정책의 취지를 충분히 살릴 수 없으며, 더욱 중요하게 요구되는 것은 아동을 중심으로 한 교육 주체 간의 관계 형성과 상호 협력이다.

그러나 당초 정책 입안의 의도와는 달리, 업무 과중이라는 이유를 중심으로 학교 현장의 교원들과 늘봄학교 관련 행정 공무원 등 이해관계자들 간의 갈등과 반발이 심했으며, 한편으로 늘봄학교 강사의 경우는 처우 개선에 대한 우려를 제기하는 등 다양한 입장차를 보이기도 하였다. 이와 더불어, 향후 공간 부족, 프로그램의 질 관리, 예산 및 법령 미비 등 여러 과제에 대한 해결책이 모색되어야 할 시점이다.

(2) 프로그램 운영

늘봄학교 프로그램은 '누구나 누리고'와 '누구나 만족하는'이라는 두 가지 정책 방향 하에 이루어진다. '누구나 누리고'에서는 프로그램의 양적인 측면에서 정책대상자의 접근성을 확대하는 데 초점을 두며, '누구나 만족하는'에서는 프로그램의 질적인 측면에서 정책대상자의 정책 만족도 향상에 강조점을 둔다(교육부, 2024).

프로그램 운영은 학교 내부와 외부 두 공간으로 나누어서 살펴볼 수 있다. 첫째, 학교 내부는 프로그램이 운영되는 주요한 공간이다. 늘봄 프로그램이 주로 이루어지는 늘봄교실은 아동 친화적 공간 구성을 지향하고 있으며, 기존 돌봄교실의 확충, 모듈러 교실의 설치, 학교 내 기존 공간의 자율적 활용 등을 통해 확보된다. 또한 일반 교실이 늘봄 겸용교실로 사용될 수도 있으며, 교실을 제공하는 교사에게는 보상 성격으로 학급운영비가 추가 지원된다(교육부, 2024). 둘째, 학교 외부는 학교 인근 지역의 자원을 활용함으로써 프로그램의 보조적 운영 및 지원을 꾀하는 성격을 띤다. 학교 내 늘봄학교의 초과 수요를 수용하기 위해 지역에 설치되는 거점형 늘봄센터, 인근 대학 및 지역 방과후 · 돌봄 센터와의 협력 및 연계, 지자체 내 공간 활용 등을 그 예시로 들 수 있다. 대학생, 퇴직 교원, 학부모 등 지역사회의 자원 인력들 또한 멘토링, 봉사 등을 통해 프로그램 운영 및 지원을 맡을 수 있다(교육부, 2024).

(3) 주요 조직

시 · 도교육청은 주요 조직에서 정부와 각급 학교 사이를 이어 주는 중간적 위치를 차지하며 늘봄학교 운영을 지역적 수준에서 지원한다. 정부가 시 · 도교육청을 중심으로 늘봄학교 운영체계를 구축하여 운용하고자 하는 만큼(교육부, 2024) 시 · 도교육청은 정책 시행의 중추적 역할을 담당한다. 특히 시 · 도교육청 및 교육지원청 내 조직으로서, 전문적으로 늘봄학교 정책의 직접적인 지원과 감독을 담당하는 늘봄지원센터가 있으며, 교육 전문직과 교육 행정직 공무원들이 배치된다. 단위 학교에서는 늘봄 업무를 전담하는 늘봄지원실을 중심으로 프로그램이 운영된다. 늘봄지원실에는 늘봄 실무직원(공무원, 공무직 등), 늘봄학교 강사 및 지원인력이 배치되며, 늘봄지원실의 관리를 맡을 늘봄지원실장의 경우 전임공무원의 배치 또는 늘봄지원센터 소속 공무원의 해당 업무 겸업으로 수행된다(박준서, 2024).

종합하자면, '교육부(방과후돌봄정책과)—시 · 도교육청(늘봄지원센터)—단위 학교(늘봄지원실)'의 형태로 지원체계가 조직되어 있고, 각 주요 조직은 서로 연계 · 소통하며 정책 시행의 주된 역할을 담당한다. 이는 그동안 개별 학교에서 분절적으로 운영되던 방과후학교와 돌봄교실 시스템에서 한층 나아간 통합적 연계의 시도로 볼 수 있다(이성회, 2024).

이와 더불어, 주요 조직이 원활하게 정책을 수행할 수 있도록 프로그램 개발 및 공급, 추가 자원 제공 등 주요 조직의 정책 수행을 보조하는 역할을 담당하는 보조 조직이 있으며, 한국교육개발원 늘봄중앙지원센터, 한국과학창의재단, 지자체 · 지역사회 · 대학의 세 가지를 들 수 있다. 먼저, 한국교육개발원 늘봄중앙지원센터는 늘봄학교 정책 연구 및 개발을 담당하며 교육부의 정책 방향 설정에 도움을 주고, 각 시 · 도 교육청 늘봄지원센터를 지원하며 현장의 요구를 반영한 정책 개선 및 프로그램 개발이 이루어질 수 있도록 한다. 한국과학창의재단은 늘봄학교 민관 참여 협력체계를 총괄하는 역할을 한다. 민관 참여 협력체계는 '늘봄학교 사업추진센터'와 '민관 협력기관'의 두 요소로 이루어져 있으며, 늘봄학교 사업추진센터에는 각종 정부기관이 속해 있어서 각 전문 분야의 늘봄학교 프로그램을 지원한다. 창의과학 프로그램을 제공하는 한국과학창의재단, 문화 · 예술 프로그램을 제공하는 한국문화예술교육진흥원, 체육 프로그램을 제공하는 대한체육회 등이 그 예이다(박준서, 2024). 또한 지자체 · 지역사회 · 대학은 시 · 도교육청과 단위학교 수준에서 도움을 줄 수 있다.

(4) 늘봄학교 강사

늘봄학교 강사는 늘봄 전담사와 늘봄 프로그램 강사 역할을 통해 현장에서 아이들을 직접 돌보고 교육하는 역할을 한다. 늘봄 전담사의 경우 기존의 돌봄교실 프로그램에서의 돌봄전담사를, 늘봄 프로그램 강사의 경우 교원과 기존 방과후학교에서의 방과후학교 강사를 가리킨다. 이들은 늘봄학교 관련 연수 등을 통해 재교육을 받고 늘봄학교 교육에 참여하게 된다.

3 교육 · 돌봄 현황과 과제

1) 교육 · 돌봄 현황

현재 방과후학교는 초등학교 1학년부터 고등학교 3학년까지를 대상으로, 학생들의 자율적 선택에 따른 일시적 돌봄 형태로 유상 운영되고 있다. 전국 99% 이상의 학교에서 운영 중이며, 프로그램 구성은 크게 교과, 특기적성 프로그램으로 나뉜다. 교과 프로그램은 2012년 60.9%였던 것이 점차 감소하는 반면, 특기 · 적성교육 프로그램은 2012년 39.1%에서 지속적인 증가 추세를 보이고 있다. 학교 급별로는 교과의 경우 상급학교로 올라갈수록 점점 증가하는 반면, 학교급이 낮을수록 특기 · 적성교육에 대한 참여율이 높게 나타나는 경향을 나타내고 있다(양애경, 양윤이, 2018).

한편, 초등학교 돌봄교실은 방과후학교의 한 유형으로 분류되고 있는데, 맞벌이 가정을 중심으로 한 초등학교 1~6학년을 대상으로 하며, 상시 돌봄 형태로 무상 운영되고 있다(간식비 등 개인 부담). 이는 방과후 방치되는 학생에 대한 안전하고 질 높은 돌봄 제공, 보육 및 양육을 위한 사교육비 경감, 여성의 사회진출 및 여성 인력 활용 등의 여러 측면에서 많은 지원을 제공하였고, 높은 수요자 만족도를 유지해 왔다.

『2022년 초등 돌봄교실 운영 길라잡이』(한국교육개발원, 2022)에 따르면, 약 24만 명의 아동을 대상으로, 초등학교 돌봄교실이 11,980실 운영되고 있다. 또한 교육부 보도자료(2024)에 따르면, 앞서 살펴본 정부의 늘봄학교 정책에 따라 2024년 3월 초 2,741개 학교에서 운영되던 것에서 3월 말 2,838개 학교로 증가하였으며 1학년의 74.3%가 '늘봄학교'를 이용하게 되었다. 이에 부응하여 종래 초등학교 1, 2학년에 한정되었던 늘봄학교는 향후 2026년까지 돌봄을 희망하는 초등학교 모든 학년으로 확대해 나간다고 발표하였다(교육부, 2024).

2) 운영 방안 및 과제

초등학교 돌봄교실에 대한 사회적 요구와 기대가 나날이 늘어나고 있는 만큼 효율적인 운영을 위한 방안에 대해서도 지속적인 노력이 필요하다. 이에 대해 박준서(2024)는 질적 제고 방안으로서 초등학교 돌봄교실의 정체성 확립, 초등학교 돌봄교실 수요자 만족도 제고, 관리자와 초등학교 돌봄전담사의 만족도 제고, 교육적 기능과 보육적 기능을 병행할 수 있는 프로그램 개발, 안전을 최우선으로 하는 환경 개선, 초등학교 돌봄교실 관계자 연수 및 역량 강화, 초등학교 돌봄전담사의 직무 향상과 효율화 및 처우 개선, 지역사회의 다양한 인적 · 물적 자원 활용 및 지역 돌봄기관과의 연계 협력 등을 강조하였다. 돌봄교실의 양적 확대 정책과는 달리 아직 법적 근거가 미비한 현실에서 돌봄교실의 정체성 확립은 시급하고도 중요한 문제이며, 아울러 돌봄을 받는 시간 동안 아동의 권리와 행복 증진도 고려할 필요가 있다.

또한 정부 차원에서 돌봄 시스템을 일원화하고 지속적 · 안정적으로 질 높은 돌봄교실이 운영되어야 하며 앞으로도 초등 돌봄교실의 수요가 더욱 증가할 것으로 전망되는 바, 만족도를 높이기 위한 방안으로서 지자체 중심의 전환체제 구축이 필요하다. 즉, 선진 외국 사례를 통해 볼 때 지역사회 유관기관과 지자체가 주체가 되어 운영함으로써 학교의 업무 부담이 크지 않다는 점은 매우 시사적이다. 그 외에도 초등 돌봄교실의 확대뿐만 아니라 운영의 내실화를 위해서는 돌봄 강사의 신분보장, 예산의 조기 지원, 저녁 급식 제공, 안전귀가 등 점진적으로 해결해 나가야 할 선결과제들이 적지 않다(박준서, 2024). 이를 해결함으로써 아동의 사회적 · 정서적 발달, 건강 및 영양 증진 등 아동의 균형 있는 성장과 발달 및 복지에 기여할 수 있다.

그 외에도 전인순(2013)은 운영 방법 측면에서 지역사회와 연계된 협력 체제 구축과 교육청 차원의 전담 강사 고용 및 관리, 그리고 구체적인 예산 가이드라인 제공, 과중한 학교 업무 경감을 위한 인적 · 물적 보조 자원 공급이 시급하다고 지적하였다. 전담 강사 측면에서는 신분보장과 처우 개선을 통해 안정된 정서와 의지로 아동들을 돌볼 수 있도록 해 주어야 하고, 자격을 검증할 수 있는 시스템을 갖추어 고용 후 단일화된 근무 조건 및 지침을 제공하며, 다양한 연수로 전문성과 역량을 강화해 나가야 한다고 하였다.

현재 초등 돌봄교실 전담 강사는 매년 재계약을 해야 하는 비정규직으로서 고용 불안정으로 인한 심적 부담이 큰 편이다. 전담 강사들이 정서적으로 안정되고 교육에 대한 신념과 의지가 확고해야 서비스를 제공받는 아동들도 그 안에서 함께 정서적인 안정감을 느낄 수 있게 될 것이다. 돌봄교실 전담강사 역시 같은 초등교육 현장에 종사하며 아동들의 올바른 성장을 위해 애쓰는 동반자라는 인식으로써 상호 소통해 나가야 하겠다.

아울러, 전문성을 갖춘 강사를 확보하고 관리하며, 다양한 내용의 주기적인 연수와 교육을 통해 전문성을 갖추도록 할 필요가 있으며, 초등 돌봄교실 운영에 적합한 자질과 인성을 갖추었는지에 대한 검증 시스템도 마련되어야 할 것이다.

다음으로, 프로그램 운영의 측면에서는 다양한 프로그램 개발과 보급이 전제되어야 하며, 특히 해외에 비해 초등 돌봄교실 프로그램에서 문화예술 관련 프로그램이 부족하다는 지적이 있다. 이를 위해서는 초등 돌봄교실 교육 프로그램을 다양화할 수 있도록 교육청이나 지자체 차원에서 다양한 자원을 제공하고 관련 프로그램을 개발 · 보급할 필요가 있으며, 지역의 문화예술 관련 인사를 효율적으로 활용하는 방안도 모색해 나가야 하겠다. 나아가, 프로그램을 계획할 때는 학부모의 수요 조사도 필요하며, 이를 통해 다양한 아이디어를 얻을 수도 있다.

끝으로, 김선혜(2015)는 돌봄서비스에 대한 공공성 강화가 정당화되는 반면, 돌봄서비스를 받는 아동들이 돌봄교실에서 갖게 되는 심리적 상황을 들여다볼 필요성을 제기하였다. 아동들이 학교라는 장소에 온종일 머무르면서 돌봄교실에서 얼마나 자유로울 수 있는지, 즉 자신들이 하고 싶은 것들을 원하는 시간에 자유롭게 선택할 수 있는지 등에 대해 살펴볼 필요가 있음을 강조한 것이다. 아동들의 올바르고 균형 있는 성장과 발달을 위한 초등 돌봄교실의 근본 목적을 제대로 구현하기 위해서는, 아동들의 눈높이와 요구는 물론, 그들의 자유로운 삶에 대한 배려도 우선되어야 하겠다.

참고문헌

강은주(2024). 유치원 방과후전담사와 초등학교 돌봄전담사의 직무연구. 한국방송통신대학교 대학원 석사학위 논문.

교육과학기술부(2011). 맞벌이 가정의 자녀를 위한 엄마품 온종일 돌봄교실.

교육과학기술부(2012). 「엄마품 온종일 돌봄교실」 세부 추진 계획. 교육과학기술부 방과후학교팀.

교육부(2024). 2024 늘봄학교 운영 가이드라인(CRM 2024-11).

김선혜(2015). 초등학교 돌봄서비스의 목적 논의: 공공성과 아동 자기결정의 자유에 근거하여. 한국초등교육, 26(4), 515-535.

박준서(2024). 다차원 정책분석모형을 적용한 늘봄학교 정책 분석. 교육비평, 55, 267-310.

백순근, 이솔비, 장지현, 양현경(2019). 맞벌이 가정 자녀의 초등돌봄교실 참여에 따른 사교육 시간과 비용 및 일-양육 양립에 대한 인식 차이. 육아정책연구, 13(1) 55-74.

서울특별시교육청(2012a). 2012 초등돌봄교실 운영 계획. 서울특별시교육청 책임교육과.

서울특별시교육청(2012b). 2012 주요업무계획.

서울특별시교육청(2013). 2013학년도 초등돌봄교실 운영계획. 서울특별시교육청 책임교육과.

서울특별시교육청(2014). 2014학년도 초등돌봄교실 운영계획. 서울특별시교육청 초등교육과.

서혜전(2011). 초등돌봄교실의 성격과 발전과제에 대한 토론. 방과후학교 내실화 방안을 위한 학술 세미나 2차 자료집. 교육과학기술부.

송영민, 김봉모, 김선혜, 지준호(2012). 초등학교 돌봄교실의 효율적 운영 방안. 동양문화연구, 10, 291-318.

심정미, 채현탁(2015). 지역아동센터와 초등돌봄교실의 협력에 관한 쟁점 고찰. 한국자치행정학보, 29(2), 313-328.

유재봉, 강문숙(2021). 초등학교 돌봄 목적 사교육 실태 및 개선방안 탐색연구. 교육혁신연구, 31(4), 151-174.

양애경, 양윤이(2018). 초등돌봄교실의 효율적 운영과 내실화 방안. 방과후학교연구, 5(2). 19-36.

이성회(2024). 늘봄학교 정책 현황과 과제. 육아정책포럼, 80, 44-53.

이성회 외(2023). 전일제 학교 제도화 방안 연구: 초등 늘봄 정책을 중심으로. 한국교육개발원 연구보고서(RR2023-02).

이태수, 김성경, 이경림, 이향란(2009). 2008 지역아동센터의 현주소. 공동체.

전인순(2013). 초등학교 돌봄교실 운영에 관한 연구. 청주교육대학교 교육대학원 석사학위논문.

정익중, 박현선, 오승환, 임정기(2009). 아동청소년 방과후 서비스의 현황과 과제: 지역아동센터를 중심으로. 공동체.

한국교육개발원(2022). 2022 초등돌봄교실 운영 길라잡이.

Chapter 02

아동발달심리

심숙영

1 발달의 특성

1) 발달 개념

발달(development)은 인간의 생명이 시작되는 수정의 순간부터 죽음에 이르기까지 신체적, 운동적 그리고 심리적 측면에 있어서 전 생애를 통해 이루어지는 모든 변화와 과정을 의미한다. 전 생애 발달적 변화의 과정에는 신체, 운동기능, 지능, 사고, 언어, 성격, 사회성, 정서, 도덕성 등 인간의 모든 특성이 포함된다(송명자, 2013). 이러한 발달은 체계적이고 연속적인 변화를 의미한다. 여기서 체계적이란 일정한 순서와 패턴이 있음을 의미하고 연속적이란 초기의 변화가 후기의 변화에 영향을 미치며, 후기의 변화는 초기의 변화와 연관됨을 뜻한다(성현란 외, 2018).

발달은 성숙, 성장 그리고 학습의 세 가지 개념과 관련이 있다(곽금주, 2016). 성숙(maturation)은 유전적 요인이 발달에 영향을 미치는 것을 의미한다. 성장(growth)은 키가 자라거나 몸무게나 늘어나는 것과 같이 신체 또는 신체적 능력이 발달하는 것을 의미한다. 학습(learning)은 직접적이거나 간접적인 외부 경험이 개인에게 영향을 주어 변화 및 발달을 일으키는 것을 의미한다. 이에 따른 발달의 특성은 다음과 같다(Santrock, 2016).

첫째, 발달은 일생에 걸쳐 일어난다. 전 생애적 관점에서 발달은 특정 연령 시기가 발달을 지배하지 못하며 전 생애에 걸쳐 일어난다.

둘째, 발달은 다차원적이다. 발달은 생물학적 · 인지적 · 사회정서적 차원으로 이루어진다. 예를 들어, 생물학적 차원은 유전자, 뇌발달, 신장, 체중, 심혈관 질환 등이다. 인지적 차원은 주의, 기억, 추상적 사고, 정보처리 속도, 사회적 지능 등이다. 사회정서 차원은 개인의 타인들과의 관계, 정서, 성격 등이다. 모든 연령에서 각 차원들이 변화하며, 한 차원의 변화들은 다른 차원들의 발달에 직간접적으로 영향을 미친다.

셋째, 발달은 다방향적이다. 일생 동안 어떤 차원이나 혹은 한 차원의 요소들은 확장되고 다른 것은 감소한다. 예를 들어, 한 언어(모국어)를 발달 초기에 습득하면, 외국어를 습득하는 능력은 아동 초기 이후 감소하는 경향이 있다.

넷째, 발달은 가소적이다. 가소성은 변화하는 능력을 의미한다. 예를 들어 20~30대의 지적능력은 70~80대의 지적능력과는 다르다. 발달의 여러 시점에서 다양한 차원들이 어느 정도의 가소성이 있는가에 대해 여전히 연구과제로 남아 있다.

다섯째, 발달학은 다학문적이다. 심리학, 사회학, 인류학, 신경과학, 의학 등 모든 분야는 발달과 관련되어 있다.

여섯째, 발달은 맥락적이다. 모든 발달은 맥락(context) 혹은 환경 안에서 일어난다. 맥락에는 가족, 학교, 또래집단, 교회 도시, 이웃, 국가 등이 포함되며, 이러한 환경들은 사회적 · 경제적 · 문화적 요인 등에 의해 영향을 받는다.

2) 발달단계

발달단계는 일반적으로 발달 시기별로 8단계로 나눈다. 태내기(prenatal period)를 시작으로 하여 영아기(infancy, 출생~24개월), 유아기(early childhood, 2~6세), 아동기(middle childhood, 7~12세), 청소년기(adolescence, 13~20세), 성인 전기(early adulthood, 20~40세), 성인 중기(middle adulthood, 40~65세), 노년기(late adulthood, 65세 이후)로 나눠진다.

표 2-1 | 발달단계별 특성

시기	연령	특성
태내기	수정에서 출생까지	• 단세포 유기체가 자궁 밖의 삶에 적응할 수 있는 놀라운 능력을 갖춘 아기로 변형된다.
영아기	출생~생후 2년	• 신체와 뇌의 뚜렷한 변화로 광범위한 운동, 지각, 지적능력이 출현하고 타인과 처음으로 친밀한 관계를 갖게 된다.
유아기	2~6세	• 놀이 시기 동안에 운동기술이 정교화되고 사고와 언어가 놀라운 속도로 확장된다. • 도덕성이 발달하고 또래와 관계를 맺기 시작한다.
아동기	6~11세	• 학령기는 운동능력, 논리적 사고, 처리과정, 기본적인 문해력, 작문, 수학 등 기타 학업적 지식 및 기술이 좋아지고 자아, 도덕성, 우정, 또래집단에 대한 이해가 증가하는 시기이다.

청소년기	11~18세	• 사춘기는 성인과 같은 신체 크기와 성숙이 일어난다. • 사고는 추상적 · 이상적 형태로 발달하고, 학업 성취가 중요해진다. • 청년들은 개인적 가치와 목표를 정의하고 가족으로부터 득립해 자율적으로 되는 데 몰두한다.
성인 전기	18~40세	• 대부분 젊은이는 가정을 떠나 교육을 마치고 직업을 갖기 시작한다. • 주요한 관심은 경력을 갖고 사랑하는 상대를 만나 결혼을 하고 자녀를 양육하거나 또는 다른 사는 방식을 추구하는 것이다.
성인 중기	40~65세	• 많은 사람은 성공의 정점에 있고 리더의 위치를 차지한다. • 그들은 또한 자녀들이 독립적으로 살아가도록, 그리고 부모들이 나이 들어가는 것에 적응하도록 도와준다.
노년기	65세~죽음	• 사람들은 자신의 죽음을 피할 수 없다는 것을 깨닫게 된다. • 은퇴, 신체나 건강의 쇠약, 배우자의 죽음에 적응한다. • 그들은 자신의 삶의 의미를 회고한다.

출처: Berk (2024).

3) 발달심리 주요 논쟁점

(1) 유전과 환경

발달이 태어나면서부터 내재적으로 가지는 요인에 의해 이루어지는지 아니면 환경에 의해 만들어지는지에 대한 쟁점을 유전 대 환경이라고 한다. 유전론은 발달의 기제를 천성(nature), 생득(nativism)으로 간주하고, 환경론은 양육(nurture), 학습(learning), 경험(experience)으로 본다. 유전론은 정해진 순서에 의해 아동이 발달해 나간다고 가정한다. 예를 들어, 아기들이 태어나고 기어 다니고, 설 수 있고, 걸을 수 있고, 사춘기에 이르면 성호르몬의 분비가 많아져서 2차 성징이 나타나는 등의 일련의 발달은 동일하다. 이러한 점에서 유전론자들은 환경이 극한 상황이 아니면 대부분 발달이 유전적으로 예정되었다고 본다. 학습이론의 Watson과 Skinner는 능력, 기질, 행동적 특성이 유전과는 관련이 없다고 주장하며 환경이 유전보다 중요한 요인이라고 주장하였다. 이처럼 심리학의 초기 논쟁은 유전에 의해 결정되는지, 경험에 의해 결정되는지와 같은 이분법적 형태를 보였다. 그러나 최근에는 유전과 환경의 상호작용론으로 발달을 설명하는 학자가 늘어나고 있다(조복희, 이윤형, 2020). 유전과 환경은 인간발달에 모두 필요하며 어느 하나만으로 발달이 일어나는 것이 불가능하다는 것이다. 유전이 환경에 영향을 미치고 환경이 유전에 영향을 미친다는 상호작용론자들은 유전과 환경을 독립적인 요인으로 볼 것이 아니라 두 요인이 어떻게 결합되어 발달이 이루어지는가에 중점을 두어야 한다고 강조한다.

(2) 연속성과 비연속성

영아기, 유아기, 아동기, 청소년기, 성인기, 노년기로 발달해 가는 변화의 과정에서 발달이 연속적으로 아니면 비연속적으로 이루어지는가는 중요한 쟁점 중 하나이다. 연속성(continuity)이란 발달에서 질적으로 차이가 없으면서 점진적 변화를 보이는 것을 말하며, 비연속성(discontinuity)이란 이전 단계의 발달이 다음 단계의 발달과 질적으로 차이가 있으면서 갑작스러운 변화를 보이는 것을 말한다. 연속적 변화는 이전 경험 위에 새로운 사건이나 변화가 질서정연한 방식으로 덧붙여지는 연속적인 과정을 발달이라고 한다(Rutter, 1983). 비연속적 변화는 이전 단계의 행동과 질적으로 다른 행동이 만들어지는 방식으로 일련의 단계가 순차적으로 전개되는 것을 발달이라고 한다. 학습이론은 경험의 반복에 따라 특정 기술이나 능력이 꾸준히 증진되는 것을 발달로 본

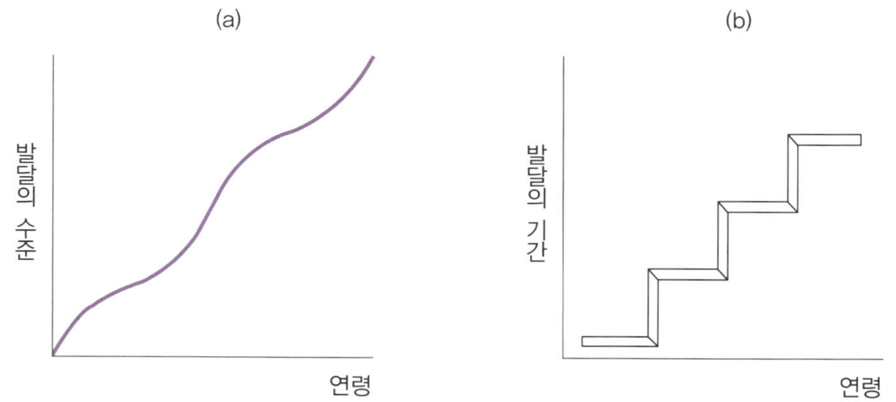

그림 2-1 발달의 연속성 또는 불연속성

(a) 연속적 견해는 발달을 급격한 변화 없이 기술과 행동에서 발생하는 일련의 점진적인 변화로 간주한다.
(b) 불연속적 견해는 단계식의 변화가 각 단계를 이전 단계와는 질적으로 다르다고 간주한다.

다는 점에서 연속적 발달이론이다. 반면, Freud나 Piaget의 발달단계 이론들은 단계가 진행함에 따라 사고, 감정, 행동의 질적 변화가 일어난다는 점에서 비연속적 발달이론이다.

여러 발달심리학자는 발달을 연속적 혹은 비연속적 양자택일 관점에서 접근하는 것으로 바람직하지 않다고 한다. 관점에 따라 발달은 양적 변화일 수도 있고 질적 변화일 수도 있다는 것이다. 많은 발달의 변화가 연속적이지만 어떤 발달의 변화는 비연속적 변화이기도 하다(신명희 외, 2013). 이와 관련하여 Siegler(1991)는 멀리서 보면 아동의 사고는 단계적으로 변화하는 것 같으나 가까이에서 보면 같은 변화라도 종종 점진적이고 연속적 변화처럼 보인다고 강조하였다.

(3) 안정성과 변화

발달에서는 이슈 중 하나는 발달이 안정(stability)이냐 변화(change)하느냐이다. 생애 초기 지능, 애착, 정서, 생활습관이 전 생애에 걸쳐 이어지는가 아니면 변화가 있는가이다. 많은 학자는 인간은 일생을 통해 변화를 거치기는 하나 출생 후 초기에 급격한 변화가 일어나고 청년기에는 발달의 정점이 이르며 성인기에는 안정을 유지한다고 본다(조복희, 이윤형, 2020). 안정성과 변화의 이슈는 초기 경험이 그 이후의 발달과정에 결정적이라고 강조되었지만, 근래에 와서는 성격과 사회성발달 영역의 많은 부분에서 더 유연하다는 연구결과들이 나오고 있다(신명희 외, 2013). 즉, 어렸을 적에 바람직하지 못한 환경에서 자라게 되었다 하더라도 나중에 여러 처치과정에서 치유가 가능하다는 것이다. 이에 대해 결정적 시기와는 달리 민감한 시기 동안에 그 자극이 결여되더라도 그 결과는 언제나 회복될 수 없는 비가역적인 결과가 되는 것은 아니기 때문에 발달심리학자들은 결정적 시기보다는 민감한 시기(sensitive periods)라고 한다. 그러나 민감한 시기든 결정적 시기든 어떠한 용어를 쓰든지 간에 어떤 시기에 어떤 행동이 환경에 의해 수정되고, 어느 시점까지 가소성이 있으며, 환경에 늦게까지 반응하는 행동은 어떤 것인가에 대해서는 여전히 연구과제로 남는다(조복희, 이윤형, 2020).

4) 발달의 교육적 의미

아동교육에서의 발달(development)은 사회적 맥락하의 교육적 발달로 한정되며, 인간 행동의 일반적 원리로서 발달의 기본 원리는 아동 중심 교육에서의 교육적 의미를 제공한다. 구체적인 내용을 살펴보면 다음과 같다(이주영, 권동택, 2013).

(1) 발달의 성장가능성은 학습자 개별 삶의 성장을 의미한다

아동 중심 교육에서의 발달은 아동 자신의 삶으로서 의미를 가지며, 매 순간의 성장 과정에 완성을 가하는 아동이 가지고 있는 성장가능성의 원리를 존중한다는 것이다. 즉, 아동 중심 교육에서의 발달은 타인과의 상대적인 관점이 아닌 학습자 개별 삶의 과정으로서의 발달을 중시한다.

(2) 발달의 개인차는 계속적 성장의 수단을 의미한다

발달에는 기본적으로 개인차가 있다. 개인차의 원인이 내적이든 외적이든 모든 개인의 발달에는 개인차가 존재한다. 개인차는 생물학적 요인과 환경적 요인에 의해서 영향을 받는다. 따라서 교육의 목표는 성인이 정한 목표를 아동에게 부과하는 것이 아니라 아동의 관심과 능력에 맞게 조정되어야 하며, 아동의 현재 환경을 중심으로 아동의 관심을 유도해야 한다.

(3) 발달의 최적기는 학습에 적절한 시기적 접근을 의미한다

모든 발달은 각 단계에 맞는 적절한 과업이 있다. 즉, 특정 행동 발달에 결정적인 발달 시기가 있다. 아동 중심 교육에서의 발달은 아동의 최적의 민감기라는 개념적 요소에 중점을 두어야 한다. Montessori에 의하면 아동은 민감기를 통해 자신의 욕구를 표현하고, 엄청난 활동을 유도하는 결정적인 충동을 지니게 된다. 따라서 아동발달은 어떤 특정 단계나 시기를 나타내는가에 따라 그 교육적 의미가 다르게 해석되며, 발달의 원리가 어느 시기에 적합한지를 고려해야 한다.

(4) 발달의 연속성은 지속적인 자기주도적 학습력을 의미한다

발달은 연속적이고 누적인 과정이다. 성장과 발달이 수정 순간부터 죽을 때까지 점진적으로 일어나는 연속적인 과정이기 때문이다. 발달단계의 연속성은 개인차에도 불구하고 일정한 규칙성(regularity)을 전제하고 있는데, 규칙성은 행동들이 나타나는 특정한 계열이나 순서에 관계가 있다. 따라서 아동 중심 교육은 아동의 배움의 시기에 아동에게 유의미한 학습이 이루어지도록 잘 구성하여 아동의 발달이 점진적이고 지속적으로 이루어지도록 해야 한다.

(5) 발달의 맥락성은 통합적 발달의 기초를 의미한다

발달은 발달 과정에 있는 인간과 물리적 · 사회적 환경 사이에서 일어나는 서로의 규칙적인 상호작용 과정이다. 맥락적 발달이론(contextual developmental theories)에 의하면 발달 과정에 있는 인간과 그를 둘러싸고 있는 다양한 맥락 간의 상호관계가 발달의 기본 과정이다. 맥락적 성격을 갖고 있는 발달은 한 개인의 주변 환경들에 대한 통합적 논의가 함께 전제되어야 하며, 심리적 맥락뿐 아니라 철학적 · 사회적 맥락 속에서 일어나는 변화하는 관계들을 토대로 발달적 개념의 의미로 접근하여야 한다. 즉, 맥락적 접근은 발달의 방향과 변화를 다면적으로 규정하면서 아동과 환경의 상호관계 속에서 발달 현상을 해석한다. 따라서 아동이 자신의 환경과 적극적으로 관련을 맺거나 자신의 지식이나 이해를 만들어 가는 방법을 바탕으로 아동 중심 교육에 통합적으로 접근해야 한다.

(6) 발달의 총체성은 통합적 존재로서의 아동을 의미한다

발달이란 부분적인 것이 아니라 총체적인 것이다. 발달의 각 영역은 서로 다른 발달 영역에서 발생하는 변화에 의존하며, 총체적 과정을 통해 이루어진다. 교육에서 강조되는 전인교육은 발달이 총체성이 갖는 발달적 특성을 근거로 하고 있다. 이러한 점에서 발달이 갖는 교육적 의미에는 다양한 발달 영역의 통합적 성격이 있다.

2 발달심리이론

이론(theory)은 현상이나 행동을 설명하고 예측하기 위한 응집된 아이디어 세트로서 문제를 탐구하고 가설을 세우는 데 기초가 된다. 발달심리 학자들은 다양한 관점에서 인간의 발달을 설명해 왔다. 대표적인 이론으로 정신분석학 관점, 행동주의 관점, 인지적 관점, 생태학적 관점 등이 있다.

1) 정신분석학 관점

(1) Freud의 정신분석이론

Sigmund Freud(1856~1939)는 정신분석학 이론의 창시자이다. Freud의 정신분석학적 관점(the psychoanalytic perspective)은 인간의 정신 상태를 의식(conscious), 무의식(unconscious), 전의식(preconscious)으로 분류한다. 의식은 인간이 그 순간 느끼고 생각하고 경험하는 것을 인식하는 것을 의미한다. 전의식은 주의를 집중하고 노력하면 의식이 될 수 있는 정신작용을 말한다. 무의식은 자신의 전혀 의식하지 못하는 정신작용의 부분이며 본능과 억압된 감정 등이 이에 잠재되어 있을 수 있다.

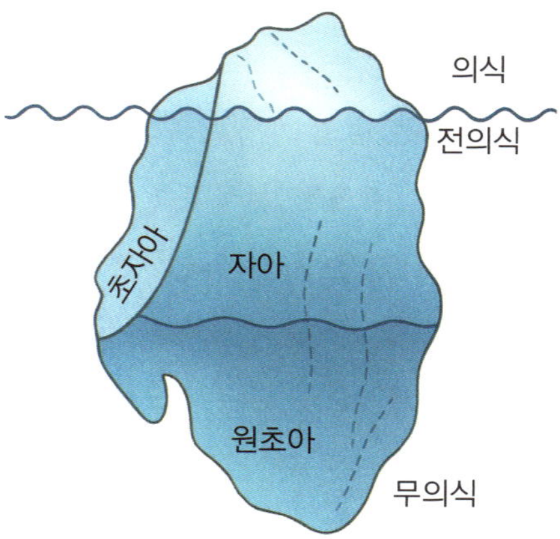

그림 2-2 Freud의 성격 구조

Freud에 따르면, 성격은 원초아(id), 자아(ego) 그리고 초자아(superego)로 구성되어 있다. 원초아는 성격의 가장 원초적인 부분으로 생물학적 본능, 즉 먹고 배설하고 고통을 피하고 성적 쾌감을 얻으려는 욕구와 공격적이고 파괴적인 본능으로 구성되어 있다. 원초아는 이러한 본능에 대한 즉각적인 만족을 추구하며, 외부 상황들에 상관없이 고통을 피하고 쾌락을 얻으려는 쾌락원칙(pleasure principle)에 따라 작용한다. 원초아는 전적으로 무의식 세계에 존재하며 현실 세계와는 접촉이 전혀 없다. 자아는 합리적이고 이성적인 성격의 부분으로 아동이 현실의 요구를 고려하는 것을 배우게 됨에 따라 발달되며, 현실원칙(reality principle)을 따른다. 자아는 원초아와 초자아의 사이에서 이를 조

표 2-2 | Freud의 심리성적 단계

심리성적 단계	발달 시기	기술
구강기	출생~1세	새로운 자아가 출현하면서 아기들은 젖꼭지나 젖병을 빠는 행동을 하게 된다. 구강적 욕구가 적절하게 충족되지 않은 사람은 아동기 때 손가락을 빨거나, 손톱을 물어뜯거나, 연필을 씹는 습관을 갖게 되고 그 후에는 과식이나 흡연을 하게 된다.
항문기	1~3세	걸음마기나 학령전기 아동들은 소변이나 대변을 참았다가 누는 것을 즐긴다. 배변 훈련은 부모와 아동 사이에 중요한 주제가 된다. 부모가 아동이 준비되기 전에 훈련시키려고 애를 쓰거나, 또는 거의 방치해 버린다면, 항문 통제에 대한 갈등이 지나치게 정돈하는 깔끔한 성격 또는 지저분하고 무질서한 성격으로 나타나게 될 것이다.
남근기	3~6세	학령전기 아동들이 성기 자극에 쾌감을 느낄 때 소년에게는 Freud의 오이디푸스 갈등, 소녀에게는 엘렉트라 갈등이 일어난다. 아동들은 이성 부모에 대해 성적인 욕망을 갖게 된다. 처벌을 피하기 위해 이 욕망을 포기하고 동성 부모의 특성과 가치를 받아들인다. 그 결과, 초자아가 만들어지고 아동들은 이 기준을 위배할 때마다 죄책감을 느낀다.
잠복기	6~11세	성적인 본능이 사라지고 초자아가 더욱 발달한다. 아동은 성인과 가족 밖에 있는 동성 친구들에게서 새로운 가치를 배운다.
생식기	청소년기	사춘기를 지나면서, 생식 단계의 성적 충동이 다시 일어난다. 이전 단계 동안 성공적으로 발달되었다면, 결혼, 성숙한 성생활, 아이를 낳고 양육하게 된다. 이 단계는 성인기로 확장된다.

출처: Berk (2024).

절하고 관리하는 역할을 한다. 마지막으로, 초자아는 원초아와는 상반된 개념으로 욕구와 충동을 억제하고 개인의 쾌락보다는 도덕적이고 완벽함을 추구한다. 부모와 다른 사람들이 아동에게 가르쳐 준 사회의 가치와 도덕의 내면화 표상이, 개인의 양심으로 행동의 옳고 그름을 판단한다.

Freud의 정신분석이론은 인간이 추구하는 쾌락과 성적 욕망인 리비도(libido)에 초점을 두었다. Freud는 리비도가 신체의 어느 부분에서 만족을 얻느냐에 따라 구강기(oral stage), 항문기(anal stage), 남근기(phallic stage), 잠재기(latency period), 성기기(genital stage)로 구분하였다.

(2) Erikson의 심리사회적 발달이론

Erik Erikson(1902~1994)은 Freud가 성적 및 공격 충동을 지나치게 강조한 것과 달리 타인에게 인정받고 싶은 욕구 또한 인간의 발달과 행동에 영향을 준다고 하였다. 아동기에 중점을 두고 인간발달을 설명하고 있는 Freud의 이론에서 더 나아가 여러 시점에서의 경험이 발달에 미치는 영향에 대해 설명하였다. 심리사회적 발달이론은 사회의 한 구성원으로의 나 자신에 대한 지식과 이해의 변화와 마찬가지로 서로 간의 이해와 상호작용의 변화도 포함하고 있다(Erikson, 1963). Erikson은 심리사회적 발달단계를 신뢰 대 불신(trust vs. mistrust), 자율성 대 수치 및 의심(autonomy vs. shame and doubt), 주도성 대 죄의식(initiative vs. guilt), 근면성 대 열등감(industry vs. inferiority), 정체감 대 역할혼미(identity vs. confusion), 친밀성 대 고립(intimacy vs. isolation), 생산성 대 침체(generativity vs. stagnation), 통합성 대 절망감(integrity vs. despair) 등으로 구분하였다. 1982년에 발간된 『완성된 인생주기(The Life Cycle Completed)』에서는 1950년에 발표된 8단계에서 1단계를 추가하였다. 9단계는 80~90세로 절망감 대 노령초월(despair vs. gerotranscendence)이다. 죽음의 문이 열려 있다는 점에서 90세 이상에서는 장애물과 손실(hurdles and losses)에 대처하면서 살아가야 한다는 것이다. 9단계에서는 절망감 대 노령초월로 이어지는 길에서 성공적으로 전진(headway)하도록 해야 한다(양철수 외, 2018).

표 2-3 | Erikson의 심리사회적 발달단계

심리사회적 위기	연령	주요 사회적 관계	특징	바람직한 결과
신뢰 대 불신	0~1세	어머니 (양육자)	양육자의 일관되고 적절한 돌봄과 사랑은 기본적인 신뢰감을 형성한다. 거부적이고 부적절한 돌봄은 불신을 야기한다.	희망
자율성 대 수치 및 의심	2세	부모	자기 능력으로 기능을 발휘하도록 허용한다. 격려할 때 자율성이 발달한다. 과잉보호나 도움의 결핍은 환경을 통제하는 능력에 의심을 갖게 하여 수치심이 형성된다.	의지
주도성 대 죄의식	3~5세	가족	탐색할 수 있는 자유를 허용하고 질문에 충실히 답해 줄 때 주도성이 발달한다. 활동을 제한하고 간섭하고 질문을 귀찮게 여기면 죄의식이 형성된다.	목적
근면성 대 열등감	6~11세	이웃, 학교	성취할 기회를 부여하고, 성취한 것을 인정 · 격려하면 근면성이 발달한다. 성취할 기회를 갖지 못하거나 결과에 비난을 받고 귀찮은 존재로 취급되면 열등감이 형성된다.	기술, 유능감
정체감 대 역할혼미	청소년기	또래집단, 리더십 모델	자신의 존재, 가치에 대한 인식이 정체감을 발달시킨다. 신체적 불안감, 성역할과 직업 선택의 불안정은 역할혼미를 초래한다.	성실, 충성
친밀성 대 고립	성인 전기	친구, 연인, 회사 동료	타인과 친밀한 인간관계를 유지하는 능력을 발달시킨다. 친밀한 관계 형성에 실패하면 고립감을 느끼게 된다.	사랑
생산성 대 침체	성인 중기	노동의 분화와 가사의 분담	다음 세대의 지도과정에 참여하고 생산적 활동을 통해 타인과 사회를 위해 노력할 때 생산성이 발달한다. 이러한 활동에 참여하지 못하면 침체감에 빠진다.	배려
통합성 대 절망감	노년기	인류	자신의 인생이 만족스러웠다고 회상하고, 자신을 수용하고, 인생에 대한 관조를 할 수 있을 때 통합성이 형성된다. 인생을 후회하고 죽을 두려워할 때 절망감에 빠진다.	지혜
절망감 대 노령초월	80~90세	-	죽음의 문이 열려 있기 때문에 90세 이상에서는 장애물과 손실물을 대처하면서 살아간다.	전진

출처: 신명희 외(2013); 정서영 외(2017a).

Erikson의 심리사회적 발달이론은 인간의 성장과 변화가 일생을 통하여 이루어지며 개인 내의 발달뿐만 아니라 사회적 상호작용을 포함하여 이론을 제안하였다. 아울러 특정 단계에서 위기 극복에 실패했더라도 그다음 단계로 발달이 진행되며 특정 위기에 언급된 시기는 그 위기를 해결하기에 가장 적절한 시기임을 보여 준다(신명희 외, 2013).

표 2-4 | Freud와 Erikson의 이론 비교

구분	Freud 이론	Erikson 이론
이론의 출발	폐쇄체계: 아동기 감정양식, 꿈, 사고, 기억의 분석을 기반으로 형성	개방체계: 사회적 경험을 통해서 이루어진 자아분석을 기반으로 형성
인간행동과 기능의 기초	원본능이 지배적: 방어기제로 표출되는 행동 뒤에 숨어 있는 원본능의 파악	자아가 지배적: 인간의 현실적 행동에서 보이는 모습, 즉 자의 분석에 초점
발달단계	리비도가 집중되는 신체 부위가 구분 기준	활동양식, 대인관계에서 일어나는 사회적 상호작용의 양상으로 구분
영향	충동과 사회적 기대의 모순 때문에 갈등	역사적 · 민족적 집단의 결속력과 강화가 기반
자아	불안이나 무의식적 욕구에 의해 위협받음	자율적 성격 구조로 봄
주된 관심	심리적 · 성적 요소, 생물학적 결정론	심리사회적 요소, 사회문화적 설명, 사회적 지지에 의한 건강한 사회 구성원
발달적 관심	초기 아동기에 형성된 성격은 초기 성인기에 절정에 이름	전 생애에 걸쳐 형성
강조점	부모나 양육자가 아동의 성격발달에 미치는 영향 강조	아동의 자아가 형성되는 심리사회적 환경 강조

출처: 정은(2014).

2) 행동주의 관점

행동주의 관점은 눈에 보이지 않는 모호한 심적 상태나 정신적 활동보다는 관찰할 수 있는 사건들(자극과 반응)에 초점을 두고 인간발달을 설명한다. 정신분석학적 관점과는 달리 발달을 연속적으로인 것으로 보고 인간의 발달이 환경적 요인에 더 영향을 받는다고 주장한다. 대표적인 행동주의 관점의 이론으로는 Pavlov의 고전적 조건화(classical conditioning)와 Skinner의 조작적 조건화(operant conditioning)가 있다.

Ivan Pavlov(1849~1939)는 러시아의 생리학자로서 개의 타액 반사에 관한 생리학적 연구를 수행하던 중에 개가 음식을 보거나 냄새를 맡기 이전에 이미 침을 흘리기 시작한다는 사실을 발견하였다. Pavlov는 개가 중립자극(사람, 종소리)을 음식과 짝짓는 것을 학습함으로써 타액 분비와 무관했던 중립자극에 대해 타액 분비를 할 수 있는 것을 관찰하게 되었고, 이를 고전적 조건형성이라고 명명하였다. 즉, 고전적 조건형성이란 원래 어떤 반응도 일으키지 않았던 중립적 자극이 무조건적 반응(unconditioned response)을 일으키는 무조건적 자극(unconditioned stimulus)과 반복적으로 함께 제시함으로써 이후에 중립적 자극의 제시만으로도 무조건적 반응이 나타나는 것이다.

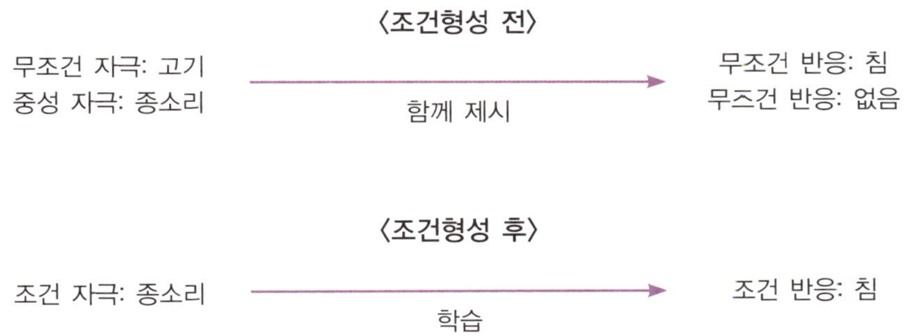

그림 2-3 조건화 형성의 과정

출처: 홍수옥, 김인순, 박순호(2017).

고전적 조건화가 비자발적 반응이 어떻게 형성되는지를 설명한다면, Skinner (1904~1991)의 조작적 조건화(operant conditioning)는 자발적 행동이 어떻게 학습되고 지속하는지를 설명하였다. Skinner는 상자 안의 쥐가 지렛대를 누를 때마다 음식을 제공하는 실험을 통해 조작적 조건화의 학습이론을 정립하였다. 쥐는 지렛대를 누르는 특정 행동을 하였을 때 먹이라는 보상을 받게 된다는 것을 학습하여 이후 지렛대를 누르고 먹이를 먹을 것이다. 반면, 지렛대를 눌렀을 때 시끄러운 소리가 발생한다면, 쥐는 그 특정 행동의 결과가 처벌이라고 하여 학습하여 이후 지렛대를 회피하는 행동을 보일 것이다. 쥐의 먹이와 같이 보상으로 작용하거나 소음과 같이 처벌로 작용해 어떠한 행동을 증가시키는 결과를 강화(reinforcement)라고 한다. 강화에는 정적 강화(positive

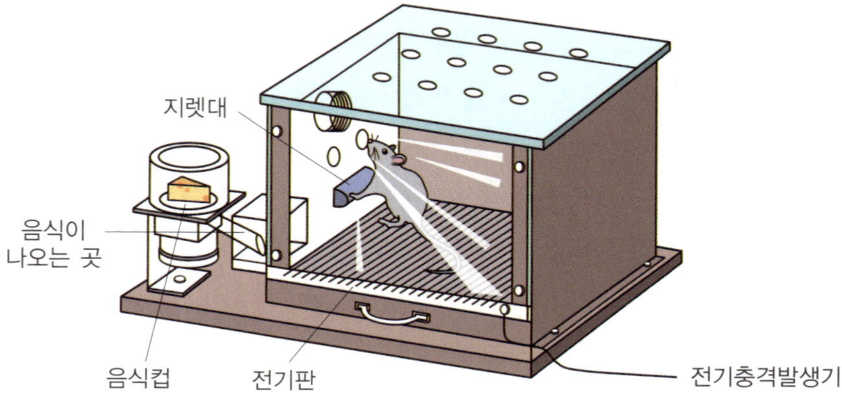

Ⅰ 그림 2-4 Ⅰ 스키너 상자

출처: 홍수옥, 김인순, 박순호(2017).

reinforcement)와 부적 강화(negative reinforcement)가 있다. 정적 강화는 보상과 같은 자극을 얻기 위해 특정 행동이 증가하는 것이고, 부적 강화는 처벌과 같은 자극을 제거하기 위해 행동이 증가하는 것을 말한다. 행동주의 관점에 따르면, 학습은 고전적 조건화와 조작적 조건화에 의해 일어나며 조건화된 반응의 총합이 곧 발달이다(박성연, 이은경, 2023).

3) 사회학습이론 관점

발달은 환경에 의해 학습된 것이라는 행동주의와는 달리 사회학습이론(social learning theory)에서는 인지과정을 중요시하였다. Albert Bandura(1925~2021)의 사회학습이론에서는 인간의 많은 행동이 강화와 처벌에 의한 직접 조건화로 학습되기보다는 다른 사람의 행동을 관찰하고 모방하거나 혹은 다른 사람이 수행한 행동의 결과에 제공되는 강화와 벌을 관찰하면서 인간이 그들의 환경을 통제할 뿐만 아니라 구성해 나간다고 보고 있다.

관찰학습에서 관찰되는 사람을 모델이라고 하고, 모델을 관찰함으로써 학습한다는 점에서 모델링 학습 또는 관찰학습이라고 한다. 또한 학습자가 직접 강화받는 것이 아니라 모델이 강화받는 행동을 학습자가 학습한다는 점에서 대리 학습(vicarious learning)이라고 하며, 모방 학습이라고 말한다. Banduara에 따르면 관찰학습은 4단계로 이루어진다. 첫째, 관찰자는 모델의 행동에 주의를 기울인다. 둘째, 관찰자는 모델의 행동을 기억한다. 셋째, 기억한 행동을 정확하게 수행한다. 넷째, 관찰자는 관찰하고 수행하기 위한 동기유발이 되어야 한다. 사회학습이론 관점에 따르면, 환경 속에서 어떤 강화와 처벌이 일어나는지 또는 어떤 행동을 관찰하는지에 따라 행동이 학습되며, 학습된 행동들의 누적된 결과가 곧 발달적 변화라는 것이다(성현란 외, 2018).

Bandura는 발달과정을 개인과 환경 간의 상호성으로 보는 양방향성으로 가정하고, 이를 상호결정론(reciprocal determinism)이라고 하였다. 여기서 개인(person)은 아동의 인지적 능력, 신체적 특성, 성격, 신념, 태도 등을 포함한다. 환경(environment)은 물리적 환경, 가족과 친구, 사회적 환경 등을 의미한다. 행동(behavior)은 신체적 반응, 사회적 상호작용, 언어 등을 뜻한다. 이러한 개인, 환경, 행동 등으로부터의 영향력은 상호작용한다.

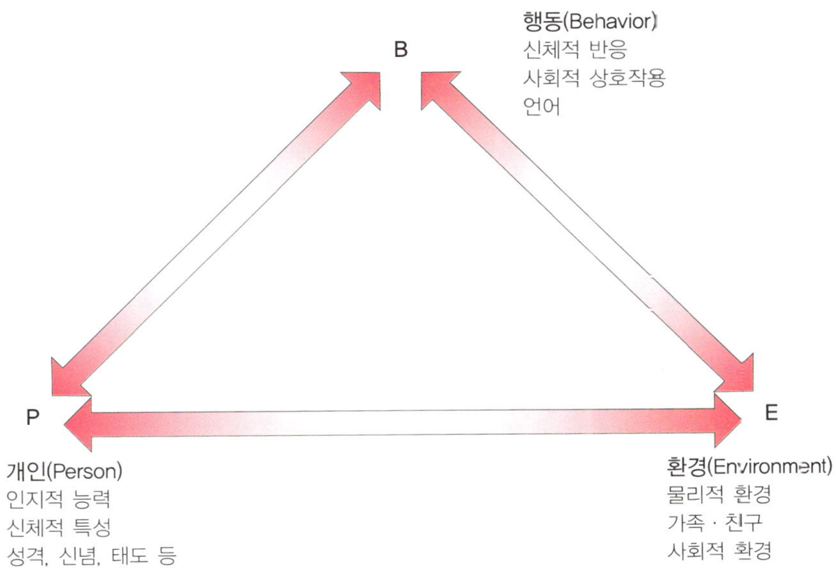

그림 2-5 Bandura의 상호결정론 모델

출처: 정옥분(2023).

4) 인지발달이론 관점

행동주의적 관점이나 정신분석학적 관점에서는 외부 환경의 영향을 강조한 반면에 인지적 관점에서는 같은 환경에서도 개인의 사고 수준과 방식에 따라 다르다고 본다. 인지적 관점에서는 발달단계에 따른 인지의 질적 차이가 있음을 강조하고 환경에 대한 주의, 기억, 인출의 과정을 연구함으로써 환경을 이해하고 적응해 가는 과정에서 인간의 능동의 측면을 강조한다.

(1) Piaget 인지발달 이론

인지발달 이론을 주장한 대표적인 학자는 Jean Piaget(1896~1980)이다. Piaget는 연령에 따라 일어나는 인지발달을 질적 변화로 접근하였고, 인지발달을 감각운동기(sensorimotor stage), 전조작기(preoperational stage), 구체적 조작기(concrete operational stage), 형식적 조작기(formal operational stage)로 분류하였다. 각 단계에서의 사고는 질적인 동일한 특징을 가지고 있으며, 이러한 특징들은 인지발달에도 영향을 미친다. Piaget에 따르면, 인지는 조직화(organization), 적응(adaptation), 평형화/균형화(equilibration)라는 선천적 경향성을 통하여 발달된다. 조직화는 지식을 일관성 있게 체계화하거나 범주를 만드는 경향을 말한다. 도식(schema)은 사물이나 사건 또는 사실에 대한 전체적인 윤곽이나 개념을 말한다. 아동은 도식이라고 하는 인지구조를 점점 더 분화되고 복합적으로 만들어간다. 적응은 동화(assimilation)와 조절(accommodation)이라는 두 개의 상호 보완적인 과정을 통하여 이루어진다. 동화는 새로운 환경 자극에 반응함으로써 기존의 도식을 사용해 새로운 자극을 이해하는 것을 말한다. 조절은 기존의 도식으로서는 새로운 사물을 이해할 수 없을 때 기존의 도식을 변경하는 것을 말한다. 평형화는 동화와 조절의 균형을 의미한다. 기존의 인지구조로 새로운 경험을 이해할 수 없을 때(동화) 아동은 불평형의 불편한 상태를 경험한다. 여기서 기존의 인지구조를 수정하거나 새로운 인지구조를 만들어 새로운 경험을 수용하면(조절) 다시 안정된 평형상태에 이른다.

표 2-5 | Piaget 이론 기본개념

개념	주요 초점	실례
도식	정신적 구조 또는 경험을 의미 있게 조직하는 방법으로 연령에 따라 변화한다. 첫 번째 도식은 운동 형태로 나타나는데, 이 운동 형태의 도식으로 영아가 주변 세계를 이해해 나간다.	생후 1개월 정도 된 영미는 '파악 도식'으로 물체를 대한다. 손에 닿는 어떤 물체라도 같은 방식으로 물건을 잡는다. 그러나 4개월이 되면 제공된 물체의 크기에 따라 손을 벌리는 정도가 달라진다.
적응	환경과의 직접적인 상호작용을 통하여 도식이 변화하는 과정이다. 동화와 조절로 이루어진다.	그림책에서 처음으로 캥거루를 본 희경이는 캥거루를 이해하기 위하여 그녀의 도식들을 적용시키려고 노력한다.
동화	현재의 도식에 의하여 세계를 해석하는 것이다. 아동들은 주변 세계를 이해하기 위해 도식을 동화시키거나 사용하려고 애쓴다. 도식의 성공적인 사용은 균형 상태, 안정된 인지적 상태를 만든다.	처음에 희경이는 현재의 도식을 캥거루에 적용시켜 보는데, 그것을 '토끼'라고 부른다.
조절	새로운 도식을 창출하거나 새로운 사물을 이해하기 위해 도식을 바꾸는 것이다. 아동이 동화하는 것보다 조절을 더 많이 할 때 불균형 상태에 있거나 또는 인지적 불안정 상태에 있게 된다.	후에 희경이는 캥거루가 토끼와 같지 않다는 것을 알아차린다. 그녀는 그녀의 도식을 물체를 해석하기 위해 수정하는데 캥거루를 '우스운 토끼'라고 부른다.
균형화	발달을 통하여 균형과 불균형 사이를 왔다 갔다 하면서 좀 더 효과적인 도식을 점차적으로 만들어 간다.	희경이가 '토끼 도식'을 수정했을 때 새로운 인지적 구조는 주변 세계를 이해하는 데 더 적합하다.
조직화	도식과 관련된 과정은 상호 관계된 체제 속에서 모아진다. 따라서 주변 세계에 대하여 잘 적용될 수 있다.	희경이는 그녀의 '토끼' '고양이' '캥거루'에 대한 도식을 함께 연결한 후, 그들 사이의 유사성과 차이점을 쉽게 지적한다.

출처: 조복희, 이윤형(2020).

Piaget의 인지발달은 비연속성으로 접근하여 단계로 설명하였다. Piaget는 인지발달 단계를 크게 감각운동기, 전조작기, 구체적 조작기, 형식적 조작기로 나누었고, 이 단계들이 지식을 일관된 구조로 조직화하려는 인간의 기본 경향성이 결과라고 보았다. Piaget의 인지발달이론의 주요한 특징은 다음과 같다(Siegler et al., 2019).

- **질적인 변화**: 연령이 다른 아동들은 질적으로 다른 방법으로 사고한다. 예를 들어, 앞 단계에 속한 아동들은 도덕성을 어떤 사람이 행한 행동의 결과라는 관점에서 이해하지만, 나중 단계에 속한 아동들은 그 사람이 가진 의도라는 관점에서 이해한다. 각기 다른 단계의 아동은 전적으로 다른 준거에 기반을 둔 도덕적 판단을 내렸기 때문에 이러한 차이를 보이는 것이다.
- **광범위한 적용성**: 각 단계별 사고 특징의 유형은 다양한 주제와 맥락에 걸쳐 아동의 사고에 영향을 미친다.

표 2-6 | Piaget의 인지발달단계

단계	발달 시기	기술
감각운동기	출생~2세	영아들은 눈, 귀, 손, 입으로 세상에 대해 작용함으로써 '생각한다.' 그 결과, 그들은 뮤직 박스의 소리를 듣기 위해 줄을 잡아당기고, 숨겨진 장난감을 찾고, 그릇에 물건을 넣고 빼는 등 단순한 문제를 해결하는 방법을 찾아낸다.
전조작기	2~7세	학령전기 아동들은 이전에 감각운동적으로 발견한 것을 표상하기 위해 상징을 사용한다. 언어 발달과 상상 놀이가 일어난다. 그러나 사고는 다음 두 단계에서 보이는 논리가 결여되어 있다.
구체적 조작기	7~11세	아동의 추론은 논리적이 된다. 학령기 아동들은 일정 양의 레모네이드나 찰흙이 겉모습이 달라지더라도 같다는 것을 이해한다. 그들은 또한 대상을 범주나 하위 범주의 위계를 따라 구조화한다. 그러나 사고는 성인의 지능보다 떨어진다. 아직 추상적이지 않다.
형식적 조작기	11세 이후	청소년들이 문제에 직면했을 때 추상적이고 체계적으로 사고할 수 있는 능력 덕분에, 가설을 세우고 검증할 수 있는지를 추론해 보고, 추론이 증명되는지를 보기 위해 변인들을 분리해 보고 결합할 수 있게 된다. 청소년들은 실제 세계 상황을 참조하지 않고 언어적 진술의 논리를 평가할 수 있다.

출처: Berk (2024).

- **짧은 과도기**: 새로운 단계에 들어가기 전에 아동들은 짧은 과도기를 거치게 되는데, 이 기간에 아동들은 새롭고 더 진보된 사고 단계의 특징 유형과 이전의 덜 진보된 사고 단계의 특징 유형 사이를 왔다 갔다 한다.
- **고정된 순서**: 모든 사람이 어떤 단계도 빠짐없이, 동일한 순서로 단계들을 진행한다.

(2) Vygotsky의 사회문화적 이론

러시아 심리학자인 Vygotsky(1896~1934)는 인지발달에 미치는 사회문화적인 영향력을 강조하였다. 즉, 인지발달은 한 문화 속에서 구성원들 간의 사회적 상호작용의 결과로서 진행되는 것이며 그에 따라 개념, 태도, 전략, 기술 등의 개인의 심리적인 과정이 형성된다는 것이다. 외부적인 상황이 개인에게 내면화(internalize)되면서 학습은 타자주도적(other-regulated) 학습에서 점차 자기주도적(self-regulated) 학습으로 전환된다.

내면화 과정에서 근접발달영역(Zone of Proximal Development: ZPD)의 중요성을 강조하였다. 근접발달영역이란 아동이 스스로의 힘으로 문제를 해결할 수 있는 수준인 실제적 발달수준과 성인이나 유능한 또래로부터 도움을 받아 문제를 해결할 수 있는 수준 간의 영역을 의미한다. 근접발달영역과 매우 밀접한 연관이 있는 개념이 비계설정(scaffolding)이다. 비계설정은 아동이 스스로의 힘으로 문제를 해결할 수 있도록 성인이

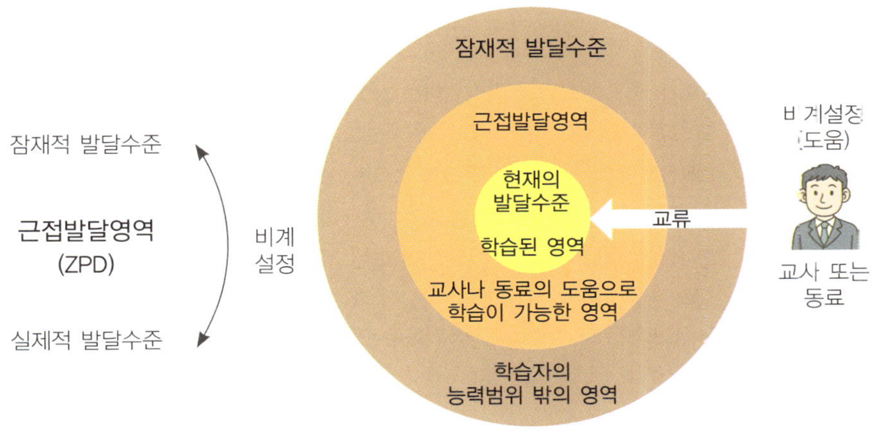

그림 2-6 비계설정

출처: 홍순옥 외(2017).

나 유능한 또래가 도움을 제공하는 것을 의미한다. 비계설정의 주요 특성은 상호 주관성(inter-subjectivity)이다. 상호 주관성은 참여자의 공동 활동을 통해 두 참여자가 공유되는 이해에 도달하는 과정을 말한다. 비계설정은 즉각적인 문제해결뿐만 아니라 장기적으로 아동이 스스로 문제를 해결하는 데 필요한 지식과 기술을 가르치는데 효과적인 것으로 보인다.

Vygotsky는 아동은 능동적이고 구성적인 존재라고 한 Piaget의 이론에 동의한다. 그러나 Piaget와는 달리 인지발달은 사회적으로 매개된 과정으로 아동이 새로운 과제를 시작할 때, 성인이나 성숙한 또래들이 제공하는 지원에 의존된다고 간주하였다. 아울러, Vygotsky는 모든 아동이 동일한 발달단계를 거친다고 생각하지 않았다. 오히려 아동이 언어를 배우자마자 획득된 다른 사람과의 의사소통 능력과 문화에 따라 다르게 나타나는 사고와 행동이 지속적인 변화를 가져온다고 믿었다(최경숙 외, 2023).

표 2-7 | Vygotsky와 Piaget의 이론 비교

	Vygotsky	Piaget
사회문화적 맥락	매우 강조	거의 강조하지 않음
구성주의	사회적 구성주의	인지적 구성주의
발달단계	발달단계를 제시하지 않음	발달단계를 매우 강조함
주요 개념	근접발달영역, 언어, 대화, 문화적 도구	도식, 동화, 조절, 조작, 보존, 분류, 가설, 연역적 추론
언어의 역할	언어는 중요한 역할을 함: 언어는 사고를 형성하는 데 매우 강력한 역할을 함	언어는 매우 적은 역할을 함: 인지는 언어를 통해 획득함
교육에 대한 관점	교육은 아동이 문화적 도구들을 습득하는 데 중요한 역할을 함	교육은 단지 이미 출현한 아동의 인지기술을 다듬어 줄 뿐임
교수의 의미	교사는 감독자가 아니라 촉진자 또는 지도자: 교수는 아동이 교사 또는 더 숙련된 또래들과 함께 학습할 기회를 만드는 것임	교사는 감독자가 아니라 촉진자 또는 지도자: 교수는 아동이 세상을 탐색하고 지식을 발견할 수 있도록 도와주는 것임

출처: Santrcok (2016).

5) 생태이론 관점

아동발달은 가족, 이웃, 국가라는 여러 가지 환경 속에서 발달해 간다. 아동은 가족, 친구, 학교, 정책, 문화뿐만 아니라 세계 곳곳에서 일어나는 사건에 의해서도 영향을 받는다. Bronfenbrenner(1917~2005)는 인간의 발달에 영향을 주는 환경을 다섯 가지로 구분하고 각각을 체계라고 명명하였다. 미시체계(microsystem), 중간체계(mesosystem), 외체계(exosystem), 거시체계(macrosystem), 시간차원(chronosystem) 등이다. 여기서 체계란 전체성을 함축하고 있으며, 그 전체의 각 부분이 상호 불가분의 밀접한 관계하에 존재한다는 것이다(홍순옥 외, 2017).

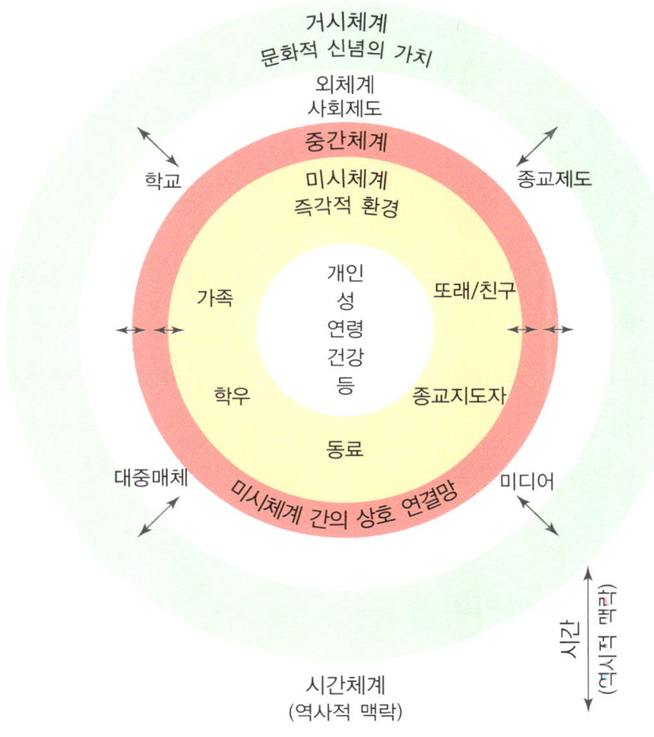

| 그림 2-7 | 생태이론 체계

출처: Arnett (2018).

첫째, 미시체계는 개인과 아주 가까운 가족, 또래집단에서 일어나는 활동과 상호작용을 의미한다. 대부분 영아발달 시기는 이 미시체계에 집중되어 있다. 둘째, 중간체계는 미시체계로 구성되어 있다. Bronfenbrunner는 미시체계 간의 강한 지지적 연결에 의해 발달이 최적화될 가능성이 높으며, 비지지적인 연결은 문제를 초래할 수 있다고 하였다(성현란 외, 2018). 예를 들어, 부모와의 관계가 불안정한 아동이 친구와의 관계도 불안정하다면 중간체계가 아동발달에 영향을 미치는 것이라 볼 수 있다. 셋째, 외체계는 지역사회 수준에서 기능하고 있는 사회의 주요 기관으로 부모의 직장, 이웃, 지역사회, 대중매체 등이 이에 해당된다. 예를 들어, 어머니의 직무환경이나 스트레스는 아동의 일상생활에 영향을 미칠 수 있다. 넷째, 거시체계는 미시체계나 중간체계, 외체계를 포함하는 체계로서 문화적 가치, 법률, 관습 등이 이에 해당된다. 아동이 속해 있는 사회문화적 배경은 부모의 양육행동과 가치관에 영향을 미치며 이는 아동발달로 이어질 수 있다. 마지막으로, 시간체계는 시간이 지남에 따라 발생하는 개인이나 환경의 변화로 발달이 일어나는 방향에 영향을 준다. 예를 들어, 베이비붐 세대의 부모의 자녀 가치관과 MZ세대의 자녀 가치관은 차이가 있을 수 있다.

아동은 발달과정 속에 있으므로 앞에서 말한 다양한 맥락체계와 관련성을 가지고 상호작용하며 살아가고 있으며(성현란 외, 2018), 각각의 맥락체계는 다른 맥락체계들과 상호작용하여 아동에게 영향을 미치고 있다. 아울러 아동은 맥락체계에서 영향을 받을 뿐만 아니라 자신이 가지고 있는 생물학적 특징으로 맥락체계에도 영향을 미친다는 점에서 아동과 맥락 간의 관계는 양방향적이며, 상호작용적 관계라 할 수 있다.

2 아동기 발달심리특성

아동기(childhood)는 초등학교 입학에서 졸업까지의 시기로서 일반적으로 7~12세를 의미하며 학령기라고도 한다. 여기서 학령기란 초등학교 재학 기간을 의미한다. 아동기에는 하루의 많은 시간을 학교에서 보내게 됨에 따라 유아기보다 사회적 영향을 받게 된다. 학교는 아동에게 가족 이외의 외부로부터의 평가, 성공과 실패의 기회, 또래집단과의 경험 등을 제공하는 주요한 원천이 된다(양철수 외, 2018). 이 시기의 주요 발달과업으로는 정서조절, 학교생활 적응, 또래와의 긍정적인 상호작용, 자아존중감, 그리고 삶의 기초능력인 읽고, 쓰고, 셈하기 등이다.

1) 신체발달

영유아기나 사춘기의 급속한 성장 급등에 비하면 아동기의 신체발달은 비교적 완만한 편이다. 비록 성장 속도는 둔화하지만, 이 시기에도 신체 성장은 꾸준히 이루어진다. 신체의 균형적 발달이 이루어져 영유아 때와는 달리 머리의 크기가 신체에서 차지하는 비중이 작아져서 성인의 수준에 가까워지며, 얼굴 모양이나 코와 입 등 다 달라진다. 특히 여아들의 성장 속도가 남아들보다 다소 빠르게 진행되기도 한다.

영유아 시기를 지나 초등 저학년 시기에 들어오면 근육 및 운동기능이 더욱 발달한

6세	7세	8세	9세	10세	11세	12세

깡총깡총 뛸 수 있다.	눈을 감고 한쪽 발로 균형을 잡을 수 있다. 5cm 정도의 평균대 위를 넘어지지 않고 걸을 수 있다. 사방치기 놀이를 할 수 있다. 거수도약운동*을 할 수 있다.	발을 번갈아 가며 한 발로 뛸 수 있다. 여러 가지 놀이를 할 수 있다.	작은 공을 12m 정도 던질 수 있다. 25cm 정도의 높이로 뛰어오를 수 있다.	1초에 5m 정도를 달릴 수 있다.	1.5m 정도의 멀리뛰기를 할 수 있다.	1m 정도의 높이로 뛰어오를 수 있다.

* 차렷 자세에서 뛰면서 발을 벌리고, 머리 위에서 양손을 마주 해 다시 원상태로 돌아오는 운동이다.

그림 2-8 아동기의 대근육 운동기능의 발달

출처: 정옥분(2013).

다. 아동기 생활을 시작하면 아동은 신체적 활동을 많이 하며 그만큼 대근육과 소근육 운동능력이 발달한다. 달리기, 줄넘기, 자전거 타기, 등산, 수영, 스케이트 등 거의 모든 기능을 수행할 수 있게 된다. 유아기에 비해 아동기의 운동기능은 훨씬 정교하고 유연해져 점프 능력도 향상되며 공을 던지거나 차는 거리와 속도, 정확도가 증가한다. 고학년의 경우 소근육 운동기능이 더욱 발달한다. 가위질이나 망치질도 곧잘 잘하는 수준에 이르며 나무젓가락 같은 것들을 활용하여 공작 만들기 등도 수행할 수 있게 된다. 이러한 운동능력 발달은 개인차와 성차에 따라 차이가 난다. 남아는 운동능력의 발달에 필요한 활동에 더 집중하며, 대체로 17세까지 운동능력이 지속적으로 발달하는 반면, 여아는 13세에 최고조에 달하고 그 이후에는 기존의 능력을 유지하게 된다.

그림 2-9 학령기 아동의 그리기 구성, 세부사항 및 깊이단서 증가

맨 위에 있는 8세 아동이 그린 그림에서 모든 부분이 어떻게 서로에 대해 그리고 더 세부적으로 묘사되는지 알아보자. 깊이단서의 통합은 11세 아동에 의해 학령기 동안 극적으로 증가한다. 여기서 깊이는 겹치는 물체, 대각선 배치, 수렴선으로 표시되며, 먼 물체를 가까운 물체보다 작게 만들어 표시한다.

출처: Berk (2024).

아동기의 대근육 운동기능발달과 더불어 소근육 운동기능도 증가한다. 유아기보다 소근육이 더욱 발달하여 점차 크레용에서 연필을 사용한다. 학년이 올라갈수록 손놀림이 더 안정되며 그에 따라 글씨를 쓰는 속도가 빨라진다. 유아기의 그리기 기술이 이차원의 그림을 서툴게 그리는 정도라면 아동기에는 사물을 겹치게 그리고, 가까이 있는 물체는 작게 그리고 머리 있는 물체는 크게 그리는 삼차원의 깊이를 나타내는 방식을 보인다(Arnett, 2018). 또한 물체를 더 상세하게 그리고 그림에서 물체의 크기와 관계를 조절하는 것을 학습해서 그림을 조화롭게 그릴 수 있다. 소근육의 발달로 아동은 성인의 수준에 가까워지고 정교한 수공예품을 만들 수 있으며 악기로 어려운 곡을 연주할 수 있게 된다. 그러나 소근육 운동기능들이 아직 세련되게 성장 · 숙달된 것은 아니기 때문에 만들기 작업을 할 경우 종종 비뚤배뚤하고 풀칠을 너무 많이 해 놓는가 하면 어수선하게 어질러 놓은 채 끝나는 경우도 많다(Heinsohn, 2007; 유병열, 2019 재인용).

2) 인지발달

아동기는 영아기와 유아기보다 인지능력에서 상당한 발전으로 보인다. 유아기 때 언어나 그림 등과 관련된 상징능력은 학령기에 들어오면서 상징적 사고가 보다 세련되어지며 논리적 사고 또한 가능해진다. 인지능력이 발달함에 따라 자기중심적 사고에서 어느 정도 벗어나기 시작하며 이를 토대로 타인의 관점에서 관계와 상황을 인식하는 능력이 발달한다.

학령기 아동들의 사고능력은 Piaget의 구체적 조작기에 해당된다. 여기서 조작이란 주어진 정보를 특정한 목적을 위해 변경시키거나 관련된 사고로 통합하는 정신적 활동을 의미한다. 구체적이란 말은 아동들의 사고가 구체적이고 실제적 · 현실적이며 자신의 직접적인 경험 세계와 관련 속에서 활발히 작동하는 것을 의미한다. 특히 초등 저학년 경우 어떤 사물에 대해 그것을 보지 않거나 듣지 않거나 느껴 보거나 맛보거나 냄새 맡아 보거나 하지 않으면 그 사물에 대해 사고한다는 것이 상당히 어렵게 느낄 수 있으므로 구체적 활동이 필요하다(유병열, 2019). 초등 고학년 말에 가면 형식적 사고 단계로 진입하기도 하지만 전반적으로 이 시기 아동들은 구체적 조작단계에 머물러 있다. Piaget 이론에 따르면, 구체적 조작단계에서는 좀 더 세련된 방법으로 상징을 사용하고 논리적으로 생각할 수 있으며 사물의 특정 측면에만 집착하지 않고 여러 측면을 고려하여 사고할 수 있다. 동시에 타인이 나와 다를 수 있음을 이해하고 타인의 관점을 이해하게 된다. 구체적 조작기의 이러한 사고의 특성은 탈중심화, 보존개념, 분류, 조망수용능력 등에서 나타난다.

① 탈중심화

구체적 조작기 아동은 사고를 할 때 한 가지 측면만 생각하는 중심화(centration) 경향에서 벗어나게 되어(탈중심화, decentration), 두 가지 측면을 동시에 고려할 수 있다. 예를 들면, 유아기에는 똑같은 모양의 두 개의 유리컵에 담긴 같은 양의 물 중에서 어느 한 컵 물을 다른 모양의 물컵에 옮겨 담고 나서 물의 양을 물어보면, 물의 높이가 높은 컵의 물이 많다고 대답한다. 그러나 구체적 조작기에 들어서면 아동은 높이와 넓이 두 가지의 측면 모두를 고려하여 사고할 수 있기 때문에 두 컵의 물의 양은 같다고 답하게 된다.

② 보존개념

이 시기의 아동은 더 이상 자신의 눈에 보이는 지각적 특성에 따르지 않고 논리적 조작에 근거하여 보존문제를 해결할 수 있다. 보존개념은 물체의 외형상 변화에도 불구하고 이로부터 빼거나 더하지 않으면, 그 물체의 특정한 양은 그대로 보존된다고 판단하는 것이다. 이러한 보존개념 획득에는 가역성, 보상성, 동일성이라는 개념의 획득이 이루어져야 한다. 가역성(reversibility)은 어떠한 상태 변화가 그 변화의 과정을 역으로 밟아 가면 다시 원상으로 복귀될 수 있다는 사실이다. 보상성(compensation)은 높이의 감소가 폭이라는 차원으로 보상된다는 것이고, 동일성(identity)은 어떤 방법으로든 더하거나 빼지 않았으므로 양은 동일하다는 것이다.

여러 가지 형태의 보존개념이 일정한 시기에 동시에 획득되는 것은 아니다. 수에 대한 보존개념은 6~7세경, 면적에 대한 보존개념은 8~9세경, 무게에 대한 보존개념은 9~10세경, 그리고 부피에 대한 보존개념은 14~15세경에 획득한다. 이러한 보존개념의 획득은 문화적인 맥락이나 훈련에 의해서 영향을 받는다. 예를 들어, 도시 아동들의 액체 보존개념 발달수준이 농촌 아동들의 경우보다 높게 나타났다(김명숙, 1986). 그러나 농촌 아동들을 꾸준히 학습시킨 결과 도시 아동들의 보존개념 획득 및 수행 정도를 따라잡은 것으로 드러났다(Dasen et al., 1979).

③ 분류

구체적 조작기 아동은 사물을 어떤 기준이 되는 개념에 따라 유목 및 그 하위 유목으로 나누거나 분류할 수 있으며, 그들 간의 상호관계를 이해할 수 있다. 어떠한 대상을 한 가지 속성에 따라 단순하게 분류하는 단순 분류(simple classification)뿐만 아니라 일정한 대상을 두 개 이상의 속성에 따라 분류한 다중 분류(multiple classification)가 가능해진다. 전조작기에는 단순 분류가 가능하였다면 구체적 조작기 아동은 다중 분류가 가능하다.

Piaget에 따르면, 상호 간의 관계를 고려하는 분류능력은 서열화(seriation)능력과 어떤 결론을 이해하기 위해 관계들을 논리적으로 연결하는 능력인 이행 추론(transitive inference)이 요구된다. 아동기에는 이행성능력이 생겨 길이가 다른 세 개의 막대기 간의 관계를 이해할 수 있다. 즉, A 막대가 B 막대보다 더 길고, B 막대가 C 막대보다 더 길다는 사실을 관찰한 아동은 A 막대가 C 막대보다 더 길다고 추론할 수 있다. 이행 추론을 하려면 아동은 세 관계, 즉 A-B, B-C, A-C 관계를 동시에 통합할 수 있어야 한다.

④ 조망수용능력

이 시기 아동은 탈중심화가 가능해지므로 타인의 입장, 감정, 인지 등을 추론하고 이해할 수 있는 조망수용(perspective thinking)능력을 습득하게 된다. 예를 들어, 특정 상황에서의 타인의 감정을 추론하는 것이 가능해져서 어떤 줄거리를 이야기해 주고 상황을 설명해 주었을 때 아동은 그 이야기의 주인공이 느끼는 감정을 이해할 수 있게 된다. 전조작기 아동은 나와 같은 정보를 가지고 나와 같은 방법으로 생각한다고 보는 반면, 구체적 조작기 아동은 관점을 여러 개일 수 있음을 알 수 있으나, 한 번에 하나의 관점만을 본다. 구체적 조작기에는 인지적 조망수용, 사회적 조망수용, 감정적 조망수용 등이 다 가능해진다. 조망수용능력의 발달은 자기중심적인 생각에서 벗어나 자신을 이해하고 타인을 이해하는 데 도움이 되며 사회적 기술을 발달시키는 데 중요한 역할을 한다(박성연, 이은경, 2023).

Selman(1980)은 사회적인 갈등상황에 대한 아동의 인터뷰 내용을 근거로 조망수용능력의 발달을 다섯 가지 수준으로 제시하였다.

표 2-8 | 조망수용능력의 발달수준

수준	연령	설명
수준 0 미분화된 조망수용	3~5세	아동은 자기와 다른 사람이 다른 생각과 감정을 가질 수 있다는 것을 알지만 둘 간의 차이를 잘 모른다.
수준 1 사회정보적 조망수용	6~8세	아동은 사람들이 각기 다른 정보를 얻을 수 있기 때문에 다른 관점을 가질 수 있다는 것을 이해하나, 한쪽 입장만 생각한다.
수준 2 자기반영적 조망수용	8~10세	아동은 다른 사람의 입장에서 자신의 생각이나 감정, 행동을 볼 수 있다. 또한 다른 사람의 입장도 알지만 상호 공통적인 입장을 취하기 힘들다.
수준 3 제3자 입장에서의 조망수용	10~12세	아동은 두 사람 간의 상황을 벗어나 공정한 제3자의 입장에서 자기와 다른 사람이 어떻게 보이는지를 생각할 수 있다.
수준 4 사회인습적 조망수용	12~15세	제3자 입장에서의 조망수용은 사회적 가치에 의해 영향을 받는다는 것을 이해한다.

출처: 박성연, 이은경(2023).

표 2-9 | 구체적 조작기의 주요 특성

개념	주요 요점	사례
보존개념	구체적 조작기의 아동은 물체의 모양이 바뀌어도 물리적 특성은 동일하다는 사실을 인식한다.	유진이는 방바닥에 쏟은 동전을 찾으면서 어제 책상 위에 둔 동전이 모두 10개였으므로 동전 10개를 모두 찾으려고 한다.
탈중심화	구체적 조작기의 아동은 어떤 상황의 한 면에만 주의를 집중하지 않고 여러 측면을 한꺼번에 고려할 수 있다.	유진이는 주스 두 잔을 가져온 후 한 잔을 동생에게 건네 주면서 "내 유리잔은 깊고 좁지만 네 잔은 납작하고 넓기 때문에 주스는 똑같은 양이야."라고 말한다.
가역성	구체적 조작기의 아동은 어떤 상태의 변화 과정을 역으로 밟아가면 다시 원상태로 돌아갈 수 있다는 것을 안다.	덧셈과 뺄셈은 가역적 조작(reversible operation)이 가능하다는 것을 이해한다. 유진이는 7에 8을 더하면 15가 되고, 15에서 8을 빼면 7이 된다는 것을 이해한다.

위계적 유목화	구체적 조작기의 아동은 물체를 여러 가지 특성에 따라 다양하게 나눌 수 있다.	유진이가 친구에게 자신이 수집한 조약돌을 보여 주었더니, 친구는 "이것들은 크기에 따라, 또는 색깔에 따라 분류할 수 있어! 또 형태와 색깔에 따라서도 분류할 수 있어!"라고 말했다.
서열화	구체적 조작기의 아동은 물체를 배열할 때 전체적인 구도를 그리면서 배열한다.	유진이는 크기에 따라 조약돌을 배열하기로 하였다. 가장 작은 조약돌부터 시작해서 커지는 순서대로 배열하였다.
전이적 추론	구체적 조작기의 아동은 머릿속에서 서열화를 할 수 있다. A와 B를 비교하고, B와 C를 비교한 후에 그들은 A와 C의 관계를 추론할 수 있다.	"유선이 도시락은 내 것보다 큰 것 같다."라고 유진이가 말했더니, 유리가 "그러면 유선이 도시락은 내 도시락보다 클 거야! 왜냐하면 내 도시락은 네 것보다 작거든."이 라고 말했다.
공간적 추론	구체적 조작기의 아동은 거리 보존개념이 있으며, 거리와 시간 그리고 속도 사이의 관계를 이해한다. 그리고 한 장소에서 다른 장소까지 갈 수 있는 방법을 제시할 수 있다.	유진이는 트럭이 인도를 가로막고 있다 하더라도 거리(인도의 길이)가 변하지 않는다는 것을 이해한다. 또한 같은 시간 동안 친구보다 더 빨리 달린다면 친구보다 더 먼 거리를 갈 수 있다는 것도 안다. 그리고 자기 집에서 친구 집까지 어떻게 가는지를 정확하게 말할 수 있다.
수평적 위계	아동기 동안 보존개념들이 차례로 습득된다.	유진이는 면적과 무게의 보존개념을 습득하기 전에 수와 액체의 보존개념을 습득한다.

출처: 정옥분(2018).

3) 언어발달

학령기 아동은 어휘력이나 문법에 대한 이해가 증가한다. 아동은 여러 상황을 통해서 또는 책 읽기를 통해서 매일 20개의 새로운 단어를 알게 되어 아동기 말인 11세에는 약 10,000개의 어휘를 가진 6세에 비해 4배나 증가한 40,000개의 단어를 습득하게 된다(김민희 외, 2024). 어휘력 증가와 더불어 단어에 대해 더 정확하게 생각하고 사용하게 된다. 예를 들면, 5~6세 유아들에게 단어의 의미를 물으면 그 단어의 기능이나 외양을 언급하며 구체적으로 묘사하지만(예: "칼은 사과를 깎을 때 쓴다." 또는 "칼은 날카롭다." 등),

초등학교 고학년 아동들은 그 단어의 동의어나 범주적 관계를 나타내는 설명(예: "칼은 일종의 도구이다." 또는 "칼은 때로는 무기가 될 수도 있다.")을 한다(Weheren et al., 1981: 정옥분, 2018 재인용). 또한 아동은 각 단어가 다양한 의미를 내포하고 있다는 것을 이해한다. 예를 들어, 시원하다라는 의미는 물리적 의미를 가질 뿐만 아니라 심리적인 의미도 있다는 것을 이해한다. 아동들은 유아기와는 다르게 문장의 오류를 수정하게 되고, 문법적으로 보다 복잡하고 긴 문장을 사용할 수 있게 된다(Indefrey, 2019). 언어습득에는 아동의 기질, 사회, 문화, 언어적 환경 등이 영향을 미친다. 아동의 언어발달은 언어의 모든 측면에서 나타난다(송명자, 2013).

첫째, 아동기 동안에 음운론적 발달(phonological development)이 이루어진다. 아동이 개개 자음과 모음을 구분하고 그 발성적 특징을 이해하게 되는 것은 음운론적 발달의 대표적인 예이다. 자국어 음소의 발음과 억양을 정확하게 구사하는 능력도 획득하게 된다.

둘째, 의미론적 발달(semantic development)이 이루어진다. 아동들은 자신을 둘러싸고 있는 세계의 수많은 대상과 현상들이 각기 독특한 낱말로 지칭된다는 것을 이해하고 이들 낱말의 의미들을 습득해 간다. 또한 아동은 '자다'와 '졸다'의 차이, '빨갛다'와 '벌겋다'의 차이와 같은 유사한 대상이나 현상을 지칭하는 낱말 간의 미묘한 의미의 차이를 구분하는 능력도 습득하기 시작한다.

셋째, 통사론적 발달(syntactic development)이 이루어진다. 아동이 낱말들을 문법적으로 정확한 순서로 배열하여 문장으로 만드는 능력이 급격히 발달해 간다. 또한 아동은 '잔다' '먹는다' '간다'와 같은 행동이 과거에 이미 이루어졌을 때는 '잤다' '먹었다' '갔다'와 같이 'ㄴ'이 'ㅆ'으로 바뀐다는 일련의 문법적 법칙을 이해하고 구사하는 능력도 습득한다.

넷째, 의사소통의 다양성을 낳게 하는 화용론적 발달(pragmatic development)이 이루어진다. 아동은 같은 뜻을 가진 낱말이나 문장도 지시하거나 주장할 때와 간청하거나 애걸할 때 어떻게 달리 표현되는가의 언어행동(speech acts)에 관한 지식을 터득하고 이를 구사할 수 있게 된다. 또한 아동은 같은 '잘했어'라는 표현도 사용되는 상황이나 맥락에 따라 일을 성공적으로 수행했다는 것인지 또는 그렇지 못했다는 비난의 소리인지를 구분하고 이를 적절하게 대처하는 능력도 습득한다.

표 2-10 | 언어발달 특징

6세	3,000개의 단어를 안다. 복잡한 문장의 의미를 이해한다. 읽을 수 있다.
7세	시간을 말할 수 있다. 글씨를 잘 따라 쓴다.
8세	글을 잘 쓰거나 글씨를 잘 따라 쓴다.
9세	대상을 상세하게 묘사할 수 있다. 글을 잘 쓴다.
10~11세	긴 글을 쓴다. 사전을 활용하기 시작한다. 문법을 잘 따른다.

출처: 양철수 외(2018).

아동기 언어발달 중 특히 중요한 것은 의사소통 기술이 발달하는 것이다. 아동들은 상대방이나 자신의 메시지가 분명하지 않을 때 어느 부분이 모호한지를 인식하고, 그 부분을 분명하게 만드는 참조적 의사소통 기술을 발달시키게 된다(정옥분, 2023). 즉, 아동은 이야기를 시작하고 이끌어 가며 듣는 사람에게 맞추어 의사소통할 수 있어 서로 주고받는 대화가 가능해진다. 아동기의 읽기와 쓰기 능력은 함께 진행된다. 읽기능력 발달과 관련하여 Chall(1983)은 연령에 따라 5단계로 제시하였다.

표 2-11 | 읽기능력의 발달단계

단계	연령	능력
0단계: 읽기 전 단계	6세 이전	영유아는 왼쪽에서 오른쪽으로 읽기 간판 등 글씨 읽기, 철자 알기, 이름 쓰기
1단계: 읽기 초기 단계	6~7세	소리내어 읽을 수 있다. 글자와 소리 연결, 자주 나오는 단어가 있는 책을 읽는다.
2단계: 유창하게 읽는 단계	7~8세	이미 아는 내용을 확고히 하며 유창하게 읽으려고 친숙한 책을 읽는다.
3단계: 배우기 위해 읽는 단계	8~14세	모르는 것, 새로운 것을 배우려고 읽는다.
4단계: 여러 관점을 갖는 단계	15~18세	여러 자료를 읽고 비교 · 대조한다.
5단계: 재구성 단계	18세 이후	아는 것을 강화하기 위해 읽는다.

출처: 박성연, 이은경(2023).

4) 사회정서발달

Erikson의 이론에 따르면, 학령기는 유아기의 주도성 단계를 지나 근면성 대 열등감에 해당되는 시기이다. 이 시기의 근면이라는 것은 자신이 주어진 과제를 해낼 수 있다는 유능감(feeling of competence)을 가지는 것이며 다른 사람들 옆에서 그리고 그들과 함께 일을 해내는 것을 포함하는 바 이를 통해 생산적인 성인 사회에의 협동적 참여를 위한 항구적 기초가 된다(Erickson, 1968: 유병렬, 2019 재인용). 이 시기에 아동은 성인의 기대와 아동의 성취동기 간에 갈등을 경험하면서 근면성과 열등감을 발달시킨다. 이러한 갈등을 통해 아동은 유용한 기술을 익히고 자신에 대한 개념도 형성하게 된다.

(1) 자기이해의 발달

① 자아개념

자아개념(self-concept)은 신체적 특징, 개인적 기술, 특성, 가치관, 희망, 역할, 사회적 신분 등을 포함한 '나'는 누구이며, 무엇인가를 깨닫는 것을 의미한다. 자아개념

표 2-12 | 자아개념의 발달

연령 / 특징 / 내용	4~7세	8~11세	12~15세
	범주	비교	대인관계
신체적	나는 예뻐요.	나는 다른 아이보다 큰 편이에요.	나는 키가 작아서 아이들이 얕보아요.
활동적	나는 레고를 잘해요.	나는 공부는 잘 못하지만 운동은 잘해요.	운동을 잘해야 친구들에게 인기가 있으니까 나도 운동을 잘하려고 해요.
사회적	내 친구는 영이예요.	엄마는 내가 남보다 공부를 잘하기 바라기 때문에 나는 공부를 열심히 해요.	나는 수줍어서 친구를 잘 못 사귀어요.
심리적	나는 기뻐요.	나는 다른 아이보다 착해요.	나는 이해심이 있어서 친구들이 나에게 고민을 터놓고 이야기해요.

출처: 박성연, 이은경(2023).

은 자신이 독특하고 타인과 구별되는 분리된 실체라고 인식하는 시기에서 발달하기 시작한다. 학령기 아동의 자아개념은 다른 사람과 비교하거나 이상적 자기와 현실적 자기를 비교함으로써 유아기와 달리 훨씬 더 자기반성적이고 정확하며 객관적이다(Harter, 2006). 또한 자아개념은 외면적에서 내면적으로, 신체적에서 심리적으로 변한다(Arnett, 2018).

② 자아존중감

자아존중감(self-esteem)은 자신의 존재에 대한 긍정적 또는 부정적 견해로서 자아개념이 자아에 대한 인지적 측면이라면 자아존중감은 감정적 측면이라 할 수 있다. 자신의 존재에 대해 인지적으로 형성된 것이 자아개념이고, 자기 존재에 대한 느낌이 자아존중감이다(Bracken & Lamprecht, 2003). 7~8세 아동은 학문적 능력, 사회적 능력, 신체/

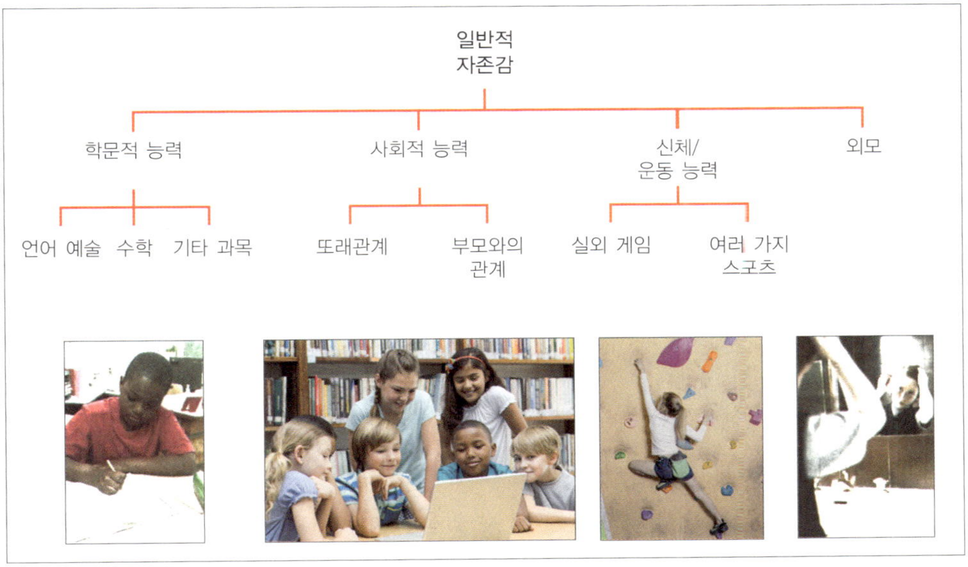

그림 2-10 **초등학교 중기 자존감의 위계적 구조**

여러 가지 상황에서의 경험으로 인해 아동들은 적어도 네 가지, 즉 학문적 능력, 사회적 능력, 신체/운동 능력과 외모에 대한 자존감을 형성한다. 이러한 자존감은 더 세부적인 자기평가로 분화됨과 동시에 결합해 일반적 자존감을 형성한다.

출처: Berk (2024).

운동 능력, 외모 등의 측면에서 자아존중감을 형성하게 되고 나이가 들면서 좀 더 세분화된다(Marsh & Ayott, 2003). 학문적 능력은 언어예술, 수학 등으로 나누어지고, 사회적 능력은 또래관계와 부모와의 관계로, 신체 · 운동능력은 다양한 스포츠나 야외활동 등으로 나누어질 수 있다. 이러한 자아가치감이 합쳐져 전반적인 자아존중감을 형성하게 된다.

(2) 정서발달

① 정서의 이해

학령기 아동은 정서에 대한 이해력이 증가함에 따라 아동은 외적인 어떤 일보다 자신의 내적인 마음 상태에 대해 정서를 설명하는 경우가 많다. 또한 서로 다른 감정을 일으키는 상황에 대한 복합적 이해능력도 발달하여 아동은 한 상황에 대해 두 가지 유사한 감정이나 두 가지 상반된 양가감정을 느낄 수 있게 된다. 즉, 아동은 어떤 사람이 한순간에 하나 이상의 감정을 가질 수 있고 심지어 서로 갈등적인 감정을 경험할 수도 있음을 알게 된다. 또한 아동은 의도적으로 정서를 숨기는 것을 배운다. 이로 인해 아동은, 예를 들어 생일에 원하지 않은 선물을 받고 감사하는 것처럼 사회적으로 용납되는 정서를 보이게 된다(Arnett, 2018).

3~11세 아동 대상으로 Pons와 동료들(2004)은 3개의 정서발달 시기를 확인하였다(Parke et al., 2021 재인용). 첫 번째 시기에 아동은 외적(얼굴) 표현에 기초하여 행복, 슬픔, 공포, 분노 등 일차 정서를 인식할 수 있으며 대부분 5세 아동은 정서의 외적 원인을 알 수 있다. 두 번째 시기에 아동은 정서의 심리적 본질을 이해하기 시작한다. 7세부터 대다수 아동은 정서 표현은 단순히 상황 때문이 아니라 내적 상태에 의해 생겨나며, 믿음이 상황에 대한 그 사람의 정서적 반응을 결정하고, 정서의 외적 표현과 그 사람이 느끼는 실제 정서 사이에는 불일치가 존재할 수 있음을 이해한다. 세 번째 시기에 아동은 어떤 사람이 다양한 관점에서 주어진 상황에 대해 고찰할 수 있기에 동시에 또는 순차적으로 서로 다른 감정을 경험하게 되는 것을 이해한다. 9세부터 대다수 아동은 주인공이 복합적이고 모순적이거나 양가적인 정서를 가질 수 있음을 이해한다.

표 2-13 | 다수의 그리고 갈등적인 정서에 대한 아동의 이해

대략적 연령	아동의 이해
4~6세	한 번에 한 가지 정서만을 상상할 수 있음: "동시에 두 가지 감정을 느낄 수는 없어."
6~8세	동시에 일어나는 같은 종류의 두 가지 감정을 상상할 수 있음: "내가 홈런을 쳤을 때 행복하기도 하고 자랑스럽기도 했어." "나는 여동생이 내 물건을 어질렀을 때 속상하고 화가 났어."
8~9세	동시에 일어나는 서로 다른 상황에 대한 반응으로 두 개의 개별 정서를 상상할 수 있음: "나는 할 일이 없어서 지루했고, 엄마한테 혼나서 화가 났어."
10세	서로 다른 사건에 대해, 또는 같은 상황의 서로 다른 측면에 대해 두 가지 상반된 기분을 상상할 수 있음: "난 다음 축구 경기를 걱정하며 학교에 앉아 있었지만, 수학시험에서 A를 받아서 행복했어." "나는 남동생이 나를 때려서 화가 났지만, 내가 반격하는 걸 아빠가 허락해 줘서 좋았어."
11~12세	서로 상반되는 기분을 유발하는 동일한 사건에 대해 상상할 수 있음: "나는 선물을 받아서 기뻤지만, 내가 원하던 물건이 아니어서 실망했어."

출처: Parke, Roisman, & Rose (2021).

② 정서조절

정서발달의 또 다른 중요한 측면은 정서조절(emotion regulation)이다. 정서조절은 정서 표현 및 이해와 관련된 모든 과정을 감독, 수정, 조정하는 복잡하고 역동적인 내적·외적 과정이다(Thompson, 1994). 생애 초기 아동은 부모나 성인의 도움을 받아 정서적 위기에서 벗어나고 도움을 받지만 성장하면서 다양한 사회적 상호작용 경험을 통해 스스로 자신의 정서를 조절하는 능력을 발달시킨다. 아동은 자신과 다른 사람의 정서에 대한 이해 및 어떤 상황과 정서 간에 복잡한 관계를 이해하게 됨으로써 정서를 말로 표현하는 능력이나 자신의 부정적인 정서를 조절하는 능력을 발달시킨다(박성연, 이은경, 2023).

유아기 아동은 자신의 주의를 분산시키고, 어떤 자극으로 주의를 가게 하거나 그 자극에서 주의를 돌리며, 어떤 상황에 접근하거나 피하는 등의 정서조절전략을 사용한다. 학령기 아동은 일련의 가능한 조절 전략과 다양한 상황에서 각각의 효과성에 대해 더 잘 알게 되며, 정서를 조절하기 위해 인지적·행동적 전략을 더 많이 사용할 수 있다. 예를 들어, 분노와 좌절 같은 부정적 정서를 조절하기 위해서 표현을 수정하거나 억제하는 행동적 전략과 정서를 일으키는 자극이나 상황을 이해하고 적절히 해석하는 인지적 전략을 더 많이 사용하게 된다(Parke et al., 2021). 아동기 초기에는 주로 행동을 위주로 한 전략이 나타나지만, 점차 인지적 전략을 사용하는 발달적 전환이 일어난다.

정서조절능력은 이후 아동·청소년기의 적응을 예측하는 주요한 변인 중 하나이다. 5세의 정서조절능력은 7세 때의 사회적 기술, 10세 때의 우정의 질 및 또래수용과 밀접한 연관성이 있다. 예를 들어, 좌절감을 느끼는 상황에서 주의를 돌려 분노를 잘 조절하는 유아는 초등학교 시기에 공격성과 산만성이 낮으며, 자신의 정서표현을 조절할 수 있는 아동은 자신이 원하는 관심과 승인을 더 쉽게 구하는 것으로 나타났다(Parke et al., 2021). 이는 정서조절능력이 학령기 이후에도 지속적으로 영향을 미칠 수 있음을 보여 준다.

(3) 사회성발달

① 또래관계

초등학교에 입학하면 아동은 가정 밖에서 보내는 시간이 많아지며, 부모뿐만 아니라 자신과 나이가 비슷한 또래와도 상호작용을 하며 관계를 맺는다. 일반적으로 또래는 같은 연령의 친구이다. 또래와의 관계를 통해 아동은 갈등을 해결하고 타협하며, 다양한 관점에서 세상을 바라볼 수 있는 능력을 습득하게 된다. 또래관계는 아동에게 새로운 인간관계를 탐색할 기회를 주고 사회적 자신감을 기를 수 있도록 해 주며 가족 외의 사회적 관계를 형성할 수 있도록 해 준다.

아동발달에 있어서 또래 상호작용의 사회적 기능은 다음과 같다(송영혜, 2012).

첫째, 또래는 서로에게 중요한 역할 모델의 기능을 한다. 또래의 행동을 관찰하고 모방하며 이를 내면화함으로써 자신의 것으로 삼는데, 또래 모델의 성공과 실패를 관찰하면서 자신이 해야 할 행동과 하지 말아야 할 행동을 구별한다.

둘째, 서로에게 중요한 강화자가 된다. 또래의 칭찬과 비난에 민감하게 반응하며, 자신의 행동을 바꾸거나 비난을 주고받는 강화의 상호성을 보인다.

셋째, 스스로를 평가할 수 있는 기준으로 삼는 사회적 비교의 기능을 한다. 유아기부터 아동은 자신이 속한 또래 집단에 맞추어 자신의 성격, 가치, 능력을 비교하고 평가하며 이러한 평가는 자존감 형성으로 이어진다.

넷째, 또래의 사회적 지지 기능이 있다. 어렵고 힘든 상황에서 타인이 제공해 주는 실제적·정신적 지원을 의미한다. 여기에는 감정적인 위안을 얻는 정서적 지지, 실제적인 도움을 얻은 도구적 지지, 충고나 조언을 얻는 정보적 지지, 함께 있어 주거나 경험을 공유해주는 동반자적 지지가 포함되어 있다.

표 2-14 | 아동의 또래 상호작용과 친구관계의 변화

연령	사회적 상호작용
0~6개월	• 서로를 만지고 바라본다. 다른 영아가 울면 따라 운다.
6~12개월	• 다른 영아를 바라보고, 만지고, 소리를 내거나, 손을 흔든다. • 다른 영아와 친화적인 방법으로 상호작용을 하지만, 가끔씩 밀치거나 때리기도 한다.
1~2세	• 서로 돌아가며 순서나 역할을 바꾸는 등의 상호 교환하는 행동을 시작한다. 사회적 놀이와 가상 행동 놀이를 시작한다.
2~3세	• 놀이와 사회적 행동을 함에 있어, 다른 아동을 초대한다든가 순서를 바꿀 시간이라는 것을 알리는 등 의미의 교환을 시작한다. • 어른보다 또래와의 상호작용을 선호하기 시작한다. • 보다 복잡한 수준의 협동 행동과 가상 행동을 하기 시작한다. • 동성 친구를 선호하기 시작한다.
4~5세	• 또래와 더 많은 것을 공유하기 시작한다. • 놀이를 통해 재미를 극대화하려고 한다. • 놀이의 시간이 길어진다. • 가상 놀이에서 주연이 아닌 다른 역할을 받아들이기 시작한다.
6~7세	• 가상 놀이를 즐기는 데에 있어 정점에 이른다. • 동성 친구를 선호하는 뚜렷한 특성을 보인다. • 친구관계의 주 목적이 협동 놀이나 가상 놀이를 하는 것이 된다.
7~9세	• 친구에게 놀이를 같이하고, 도움을 주고, 옆에 있어 줄 것을 기대한다. • 또래에게 소속되기를 바라고, 또래로부터 배제되는 것을 피하려 한다.
9~11세	• 또래에게 받아들여지고 선호되기를 기대한다. • 친구와 지속적인 관계를 맺기를 바란다. • 이전의 상호작용을 바탕으로 친구관계를 맺는다. • 친구관계에서 동성 친구에게 선호되는 것이 매우 중요하게 여겨진다.
11~13세	• 친구관계에 있어 진실성, 친밀감, 속내를 털어놓기, 같은 관심사, 비슷한 태도나 가치를 기대한다.
13~17세	• 친구관계를 통해 자기 자신을 더 이해하고자 한다. • 이성관계를 가지기 시작한다.
17세~	• 친구에게 정서적인 지지를 기대한다. • 이성관계를 통해 친밀감과 지지를 추구한다.

출처: Collins et al., 2009; Hartup, 1996; Rubin et al., 2015(Parke et al., 2021 재인용).

표 2-15 | 성별에 따른 사회적 행동 차이

영역	사회적 행동	여	남	t	영역	사회적 행동	여	남	t
협력	놀이 규칙을 이해한다.	4.56 0.73	4.41 0.90	1.45	대인관계기술	실수를 인정하고 사과한다.	4.30 0.85	4.06 1.03	1.98*
	집단의 결정을 따른다.	4.54 0.65	4.18 1.04	3.22**		공공 예절을 지킨다.	4.61 0.61	4.20 1.00	3.90***
	협동하여 일한다.	4.45 0.75	4.12 0.99	2.36*		친밀한 친구나 모임이 있다.	4.48 0.81	4.24 0.95	2.14*
	교실의 규칙을 따른다.	4.54 0.70	4.05 1.07	4.22***		갈등을 원만하게 해결한다.	4.02 0.94	3.77 1.10	1.94
	교사의 지시를 따른다.	4.59 0.63	4.07 1.09	4.57***		친구를 인정하고 칭찬한다.	4.45 0.76	4.12 0.98	2.88**
	친구를 돕는다.	4.40 0.80	4.16 1.000	2.00*		말투에 나타난 상대의 감정과 속뜻을 이해한다.	4.24 0.86	3.91 1.00	2.75**
자기주장	적절하게 주장한다.	4.06 0.98	3.82 1.07	1.81		허락을 받는다.	4.66 0.65	4.50 0.80	1.73
	적절한 이유를 들어 거절한다.	4.25 0.92	4.11 1.03	1.12		괴롭힘에 대처한다.	4.15 0.81	3.92 1.03	1.94
	놀이나 행동을 제안한다.	4.34 0.85	4.07 1.10	2.09*		어른이나 친구에게 인사한다.	4.60 0.66	4.47 0.80	1.44
	잘 듣고 주제에 맞게 말한다.	4.21 0.89	3.77 1.07	3.53***	정서관리	친구를 공감하고 위로한다.	4.27 0.86	3.96 1.06	2.54*
	도움을 요청한다.	4.38 0.79	4.21 0.87	1.56		감정을 표현한다.	4.26 0.78	4.06 1.01	1.78
	놀이에 적극적으로 참여한다.	4.45 0.84	4.26 1.01	1.55		어른이나 친구에게 친절하다.	4.49 0.73	4.24 0.91	2.36*

* $p < .05$, ** $p < .01$, *** $p < .001$
출처: 장미순, 김진호(2019).

② 공격성

공격성은 사람이나 동물을 신체적 · 정서적으로 상처를 주거나 재산상의 피해나 파괴를 이끄는 반사회적 행동으로 언어적으로나 신체적으로 나타난다(Dodge et al., 2006). 신체적 공격성은 움켜잡기, 꼬집기, 깨물기, 발로 차기, 때리기 등과 같이 신체적으로 해를 가하는 행동이다. 언어적 공격성은 욕하기, 놀리기, 모욕주기, 윽박지르기, 다른 사람의 별명을 짓궂게 부르거나 나쁜 소문을 퍼뜨리기 등의 행동이다. 공격성의 유형은 다음과 같이 구분된다(Kostelnik et al., 2009; Shaffer, 205).

- **우연적 공격성**: 아동은 놀이를 하면서 종종 아무 생각 없이 타인에게 해를 입힐 수 있다. 이러한 행동을 우연한 공격성이라고 한다. 예를 들어, 친구의 손을 밟는 것, 놀이를 하다가 너무 세게 밀치는 것 등이다.
- **표현적 공격성**: 표현적 공격성은 공격자에게는 즐거운 감각적 경험이 되는데, 의도하지 않았지만 다른 사람을 다치게 하거나 다른 사람의 권리를 방해하는 신체적 행동을 통해 즐거움을 얻는 것이다. 표현적 공격성은 분노, 좌절, 적대적 감정이 없는 것이 특징이며, 누구에게 의도하지 않은 불행을 주는 것에 비롯된 재미있고 탐색적인 신체적 행동이다.
- **도구적 공격성**: 아동은 자신이 원하는 것을 얻고 어떤 것을 지키기 위해 의도하지는 않았지만, 누군가에게 해를 미치게 될 경우에, 이를 도구적 공격성이라고 한다. 예를 들어, 사탕을 빼앗다가 친구를 쳐서 넘어지게 하는 것이다.
- **적대적 공격성**: 적대적 공격성은 행위자의 주요 목표가 피해자를 해치거나 상처를 입히는 것을 뜻한다. 즉, 남에게 상처를 주는 말이나 행동은 이전에 받았던 모욕이나 상처에 대해 보복을 하는 것이나 원하는 것을 얻기 위해 행하는 고의적인 공격이다. 예를 들어, 신체적 · 심리적 혹인 일이나 소유물을 파괴하는 것이다.

표 2-16 | 직접적 및 간접적 공격성의 예

형태	직접적	간접적
신체적 공격성	밀치기, 때리기, 차기	개인의 물건을 부수기, 다른 사람을 이용하여 타인을 해하기
언어적 공격성	모욕을 주기, 놀리기, 별명 부르기	뜬소문 퍼뜨리기, 뒤에서 욕하기
관계적 공격성	따돌리기, 위협하기	뜬소문이나 거짓말 퍼뜨리기, 타인의 비밀을 노출하기, 타인을 무시하거나 배신하기

출처: Dodge, Coie, et al, 2006; Eisner & Malti, 205; Hay, 2017; Ostrov & Crick, 2007; Underwood, Galen, et al., 2001(Parke et al., 2021 재인용).

한편, 남아와 여아의 공격성에는 차이가 있다. 남아는 여아보다 신체적 공격성을 더 많이 보이며 이러한 양상은 유아기와 아동기에 걸쳐서 나타난다(Card et al., 2008). 남아의 경우 자신이 힘이 세고 강하다는 것을 또래에게 보여 주기 위해서이다. 여아의 경우에는 사람들과의 관계를 중요하게 생각하기 때문에 관계적 공격성이 보인다. 여기서 관계적 공격성이란 한 사람의 사회적 관계를 해를 입히고자 하는 공격성을 의미한다.

아동기 공격성에서의 남녀 차이

- 한 살 때 남아와 여아는 모두 똑같이 공격적이다.
- 15개월에서 2세 유아의 공격성에서 성과 관련된 차이가 분명해진다. 남아와 여아 모두 공격성을 보이지만 공격성의 표현에 있어서 차이가 있다.
  - 남아는 여아보다 공격성을 겉으로 드러낸다. 남아는 여아보다 신체적 힘과 언어적 위협을 더 많이 사용하고 자신을 겨냥한 공격성에는 보복한다. 외현적 공격성에서 남녀 차이는 모든 사회 계층과 문화에서 나타난다.
  - 여아는 남아보다 관계적으로 공격적이다. 여아는 뒷담화, 냉대하기, 따돌리기, 욕하기 등으로 자신의 힘을 나타내거나 상처와 모욕에 반응한다. 여아가 보이는 관계적 공격성은 남아가 보이는 외현적 공격성과 같은 수준이다.
- 공격성에서 성차는 생물학적 요인 및 사회적 학습요인과 관련이 있다.
  - 생물학적 요인: 남성 호르몬인 테스토스테론, 신체적인 힘, 더 강력한 신체적인 충동성이 높은 외현적 공격성에 기여한다.
  - 사회적 학습요인: 외현적 공격성은 여아보다 남아에게 더 잘 용인된다. 여아에게는 상대의 자존감을 손상시키거나 상황을 조정하는 것이 사회적으로 더 용인된다.
- 공격성을 많이 보이는 남아와 여아는 모두 또래에게 거부된다.

출처: Kostelnik et al. (2018) 재인용.

표 2-17 | 공격성의 발달

연령	공격성 특징
영아기 (0~2세)	• 영아는 화와 분노를 표현한다. • 공격성(밀치기)의 초기 표현이 나타난다. • 예민함 등의 차이가 후기 공격성을 예측한다.
유아기 (2~6세)	• 주도적이고 도구적인 공격성이 나타난다. • 언어적 공격성이 증가한다. • 남아가 여아보다 신체적 공격성을 많이 보인다. • 관계적 공격성이 나타나기 시작한다.
아동기 (6~10세)	• 반응적/적대적 공격성이 나타난다. • 주도적 공격성이 줄어든다. • 남아는 신체적 공격성과 관계적 공격성을 모두 사용한다. • 여아는 관계적 공격성을 많이 사용한다. • 관계적 공격성이 보다 발달된 형태를 보인다. • 신체적 공격성이 줄어든다. • 공격적인 아동은 학교에서 적응을 잘하지 못하고 또래로부터 배척된다. • 부모의 감독이 나중의 문제행동을 예방하기 위해 중요해진다.
청소년기	• 공격적인 청소년은 비슷한 또래와 관계를 맺는다. • 관계적 공격성이 계속된다. • 폭력적 공격행동이 일부 청소년 사이에 증가한다. • 폭력적 행동은 여아보다 남아에게서 보다 많이 나타난다. • 호르몬 변화가 남아 사이에서의 반응적 공격성에 영향을 미친다. • 호르몬 레벨의 개인차가 공격성에 중요한 영향을 미친다.

출처: Coie & Dodge (1998); Dodge, Coie, et al. (2006); Eisner & Malti (2015); Ostrov & Grick (2007); Underwood (2004): Parke et al. (2021) 재인용.

참고문헌

곽금주(2016). 발달심리학: 아동기를 중심으로. 학지사.

김명숙(1986). 한국 도시와 농촌 아동의 수와 액체량 보존개념 발달에 관한 연구. 성신여자대학교 대학원 석사학위논문.

박성연, 이은경(2023). 아동발달. 교문사.

성현란, 성은현, 장유경, 정명숙, 박혜원, 이현진, 정윤경, 김혜리, 송현주, 유경, 유연옥(2018). 발달심리학. 학지사.

송명자(2013). 발달심리학. 학지사.

송영혜(2012). 또래관계. 시그마프레스.

신명희, 서은희, 송수지, 김은경, 원영실, 노원경, 김정민, 강소연, 임호용(2013). 발달심리학. 학지사.

양철수, 김명희, 김방, 김상희, 김성은, 김천성, 김희진, 문홍남(2018). 인간발달. 양성원.

유병렬(2019). 학령기 아동들의 발달특성과 안전교육. 서울교육대학교 교원초등연구원, 30(3), 239-257.

이옥경, 박영신, 이현진. 김혜리, 정윤경, 김민희(2009). 생애발달 I: 영유아기에서 아동기까지. 시그마프레스.

이주영, 권동택(2013). 학습자중심에서의 발달이 갖는 교육적 의미. 학습자중심교과교육연구, 13(6), 69-85.

장미순, 김진호(2019). 초등학교 저학년 학생들의 성별 및 소득수준에 따른 사회성 발달 특성. 초등교육연구, 32(3), 149-168.

정서영 외(2017). 인간행동과 사회환경. 양서원.

정옥분(2019). 발달심리학: 전생애 인간발달. 학지사.

정옥분(2023). 아동발달의 이해. 학지사.

조복희, 이윤형(2020). 영유아발달. 교육과학사.

최경숙, 송하나, 정진나, 강민희(2023). 아동발달심리. 교문사.

홍순옥, 김인순, 박순호(2017). 영유아발달. 양성원.

Arnett, J. J. (2018). *Human development: A cultural approach*. 정영숙 외 공역. 시그마프레스.

Berk, E. L. (2024). *Development through the lifespan* (7th ed.). 김민희 외 공역. 시그마프레스.

Bracken, B., & Lamprecht, M. (2003). Positive self-concept: An equal opportunity construct. *School Psychology Quarterly*, *18*, 103-121.

Card, N. A., Stucky, B. D., Sawalani, G. M., & Little, T. D. (2008). Direct and indirect aggression during childhood and adolescence: A meta analytic review of gender differences, intercorrelations, and relations to maladjustment. *Child Development*, *79*(5), 1185-1229.

Dasen, P., Ngini, L., & Lavallee, M. (1979). Cross-cultural training studies of concrete operation. In L. H. Eckenberger, W. J. Lonner, & Y. H. Poortinga (Eds.), *Cross-cultural contributions to psychology*. Swets & Zeilinger.

Dodge, K. A., Coie, J. D., & Lynam, D. (2006). Aggression and antisocial behavior in youth. In N. Eisenberg, W. Damon, & R. M. Lerner (eds.), *Handbook of child psychology* (pp. 719-788). John Wiley & Sons.

Erikscon, E. H. (1963). *Childhood and society*. Norton.

Harter, S. (2006). The self. In N. Eisenberg (Ed.), *Handbook of child psychology: Social, emotional, and personality development* (6th ed.) Vol. 4, pp. 505-570. Wiley & Sons.

Indefrey, P. (2019). The relationship between semantic production and comprehension. In S-A. Rueschemeyer & M. Gareth Gaskell (Eds.), *Oxford handbook of psycholinguistics* (2nd ed.). Oxford University Press.

Kostelnik, M. J., Whiren, A. P., Soderman, A. K., & Gregory, K. M. (2018). *Guiding children's social development and learning*. Cengage Learning.

Marsh, H. W., & Ayotte, V. (2003). Do multiple dimensions of self-concept become more differentiated with age? The differential distinctiveness hypothesis. *Journal of Educational Psychology*, *95*(40), 687-706.

Rutter, M. (1987). Continuities and discontinuities from infancy. In J. D. Osofsky (Ed.), *Handbook of infant development* (2nd ed.). Wiley.

Santrcok, J. W. (2016). *Essentials of life-span development*. 이지연 외 공역. 교육과학사.

Shaffer, D. R. (2005). *Social and personality development* (6th ed.). Wadsworth.

Siegler, R. S. (1991). *Children's thinking* (2nd ed.). Prentice-Hall.

Siegler, R., Saffran, J. R., Eisenberg, N., DeLoache, J., & Gershoff, E. (2019). *How children develop*. 송길연 외 공역. 시그마프레스.

Thompson, R. A. (1994). Emotion regulation: A theme in search of definition. *Monographs of the Society for Research in Child Development*, *59*(2), 25-52.

Chapter 03

초등학교 교육과정

김향미

1 초등학교 교육과정의 이해

1) 교육과정의 개념 및 변천

교육과정은 그 의미나 개념이 학자, 시대, 장소에 따라 매우 다양하게 정의되고 있는데, 가장 간결하게 정리하자면 교육 목표와 경험 혹은 내용, 방법, 평가를 체계적으로 조직한 교육 계획이라 할 수 있다. 따라서 의도적이고 계획적인 성격을 띠며, 국가 수준의 법령에 근거하여 마련되고 실행된다는 점에서 법제적 의미를 지닌다는 특징을 가진다.

우리나라는 1954년 4월 20일 1차 교육령을 시작으로 이후 11차례의 교과과정 개편이 있었다. 제7차 교육과정까지는 전면 일률적으로 개정했지만, 이후부터는 수시로 교육과정을 개정하고 있다. 또한 제5차 교육과정까지 주로 교육부 주도의 중앙집권적인 결정 방식을 채택하여 학교 교육과정의 모든 것이 중앙에서 결정되고 학교는 이를 시행하는 역할로 한정되어 있었으나, 교육과정 결정의 분권화 · 자율화가 확대되면서 제6차 교육과정 이후부터는 교육과정 결정 방식의 분권화가 이루어졌다.

시대적 흐름과 교육사조에 따라서도 교육과정의 주안점이 변화해 왔는데, 예를 들어 교과 중심, 경험 중심, 학문 중심, 인간 중심, 통합 중심 그리고 역량 중심 교육과정이 있다. 특히 이전의 2015 개정 교육과정에 이어 2022 개정 교육과정에서도 지속적으로 강조되고 있는 '역량 중심' 교육과정에 대해 이해할 필요가 있다.

'역량'이란 어떤 일을 해낼 수 있는 힘을 의미한다. 종래 지식 기반 교육과정에서는 다량의 지식을 익히는 것 자체가 중요시되었지만 교육을 통해 배운 지식이 삶과는 거리가 먼 채 지식 그 자체에만 머무르는 경향이 있다는 문제점이 지적되었다. 이에 비해 역량 중심 교육과정에서는 배운 지식을 삶과 연계하여 그 속에서 잘 활용할 수 있도록 하는 것이 핵심이다. 이와 같은 역량 중심 교육과정은 현재 세계 교육의 큰 동향으로서, 그 시작점은 OECD의 'DeSeCo(Definition and Selection of Key Competencies) 프로젝트'와 '교육 2030'이며, 이는 우리나라 2015 개정 교육과정과 2022 개정 교육과정의 배경으로서 많은 영향을 미쳤으므로 여기에 간단히 소개하고자 한다.

OECD는 “성공적인 삶과 잘 기능하는 사회를 실현하기 위해서는 어떤 역량이 필요할까?”라는 질문으로부터 DeSeCo 프로젝트를 시작하였다. DeSeCo란 핵심역량을 정의하고 선택하는 프로젝트라는 뜻이며, 단순히 ‘지식의 양’을 평가하지 않고 ‘지식으로 할 수 있는 능력’을 강조했다는 점에서 회원국들의 교육정책에 많은 영향을 끼쳤다. 이어서 빠르게 변화하는 사회구조와 더불어, 2011년 일본 도호쿠 대지진 피해로 지역 재건을 위해 진행했던 ‘도호쿠 프로젝트’가 교육 혁신사례로 주목받으면서 2015년에는 이전의 DeSeCo 프로젝트를 발전시킨 ‘OECD 교육 2030 프로젝트’로 확장하였다. 여기에서는 ‘학습 나침반’이라는 개념을 통해 그 지향점을 제시하였다. 종래의 전통적인 교육에서는 학생을 이끄는 주체가 교사나 부모, 학교 등 성인들과 사회 기관이었으나, 그림에서 나침반을 들고 있는 주인공은 학생이다. 즉, 미래 교육은 학생이 익숙하지 않은 상황에서 스스로 탐색하고, 의미 있고 책임질 수 있는 방법으로 삶의 방향을 찾아 나가도록 공부할 필요가 있음을 강조하고 있다.

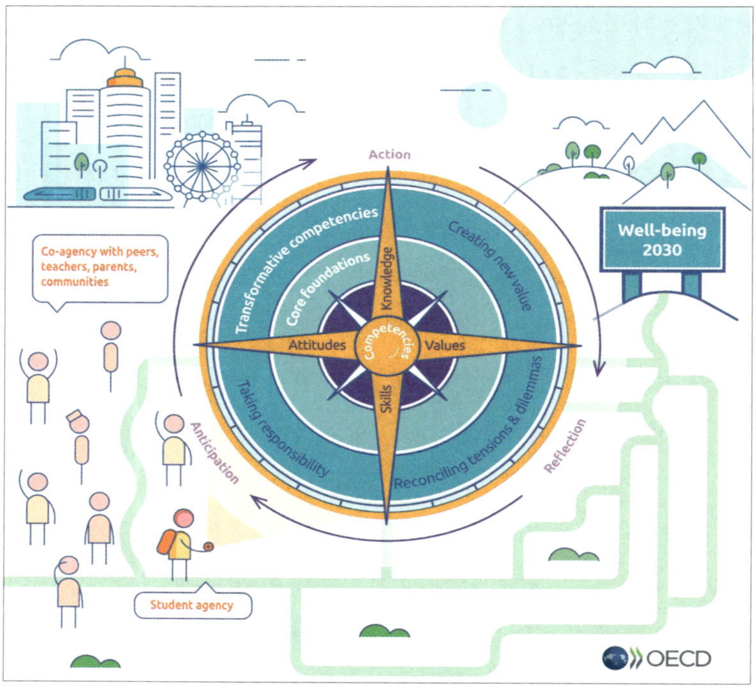

| 그림 3-1 | OECD 교육 2030 학습 나침반

출처: OECD (2018).

또한 교육 2030은 '웰빙'이라는 목표를 전면에 내세웠다는 점이 특징이다. 웰빙은 직역하면 '잘 산다'라는 뜻으로, 여기에서 말하는 웰빙이란 '함께 잘 산다'라는 의미이다. 불확실성이 팽배하는 현재와 미래 사회에 대비해야 하는데, 이를 위해 OECD는 친구, 가족, 지역사회와 함께 지구의 웰빙을 향해 주체적으로 자신의 역량을 발휘할 수 있는 사람으로 학생을 길러야 한다고 하였다.

'웰빙'을 위한 역량은 지식, 기능, 태도와 가치를 포함하며 '새로운 가치 창조하기' '책임감 가지기' '긴장과 딜레마 등에 대응하기' 등과 같은 변혁적 역량을 갖추어야 한다고 제시하였다(이정숙, 최현종, 2025). 이를 도식화한 것이 [그림 3-2]이다.

이와 같이 OECD는 DeSeCo 프로젝트와 교육 2030을 통해 역량 중심 교육의 세계적인 동향을 이끌었고, 우리나라도 2015 개정 교육과정 시기부터 교육과정에 이를 적용하였다. 이처럼 '역량'의 개념을 국가 수준 교육과정 문서에 명시한 것은 세계적으로 우리나라가 처음이라고 한다.

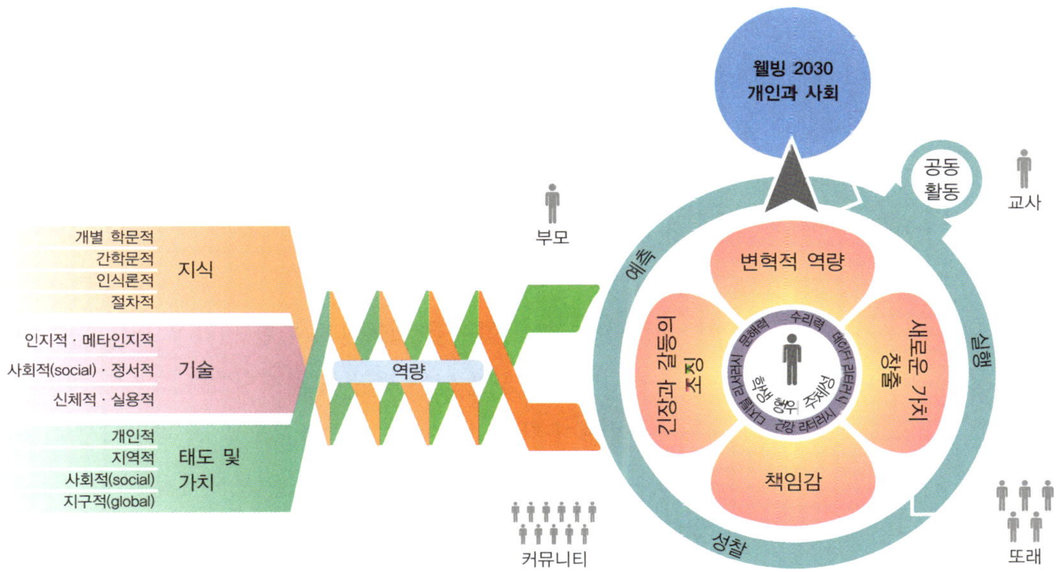

| 그림 3-2 | OECD 교육 2030의 학습 프레임워크

출처: OECD (2018).

2) 교육과정 개정의 배경과 방향

(1) 교육과정 개정의 배경

2015 개정 교육과정과 2022 개정 교육과정의 도입 배경에 대해 요약하자면, 먼저 2015 개정 교육과정에서는 창의·융합형 인재 양성을 주된 목표로 삼았는데, 이는 다음과 같은 국가적·사회적 요구에 의한 것이었다.

정보통신기술과 융합과학기술이 고도화되면서 이전에는 정보를 단순히 받아들이기만 했다면 이제는 상상력과 기술력을 융합하여 새롭게 창출해 내는 능력이 더 중요해졌기 때문에 창의·융합형 인재 양성의 필요성이 대두되었고, 이를 위해 인문·사회·과학기술에 대한 기초소양을 두루 함양하는 교육과정이 필요해졌다. 아울러 기존의 단편적인 지식 암기식 교육과 문제 풀이 중심 교육으로 인한 학습 흥미 저하, 과도한 학습량과 지나친 경쟁으로 인한 학습 부담 증가 등 그동안 우리나라 학교 교육에서 지속적으로 지적되어 온 문제점들을 해소하기 위해서는 학생들의 행복 학습을 보장해야 한다는 목소리가 높아졌다. 이에 2015 개정 교육과정은 '많이 아는 교육'에서 '행복 교육'으로 전환하여 실질적인 학습 경험의 질을 개선하고자 교육과정이 개발되었다. 그 외에도 저출산·고령화나 기후변화, 환경오염 등의 범국가적 고민과 미래 사회에 대한 전망을 반영하고 학교 현장에서 제기되는 어려움들을 개선하고자 하였다.

이와 같은 요구들을 반영하여 2015 개정 교육과정의 목표는 바른 인성을 갖춘 인재, 인문학적 상상력과 과학기술 창조력을 통해 새로운 지식과 가치를 창출하는 창의·융합형 인재 양성에 있었다. 또한 이러한 목표를 실현하기 위한 인간상으로 '자주적인 사람, 더불어 사는 사람, 창의적인 사람, 교양 있는 사람'이 제시되었다(교육부, 2015). 특히 이 시기부터 교육과정에서 '역량'이 강조되었기 때문에 학교교육 전 과정에서 학생들에게 중점적으로 길러 주고자 하는 핵심역량이 설정되었고, 인문·사회·과학기술에 대한 기초 소양교육이 강화되었다. 또한 교과별 핵심 개념과 원리를 중심으로 학습 내용을 적정화하고, 교실 수업을 교사 중심에서 학생 활동 중심으로 전환하기 위한 교수·학습 및 평가 방법이 제시되었다. 이와 더불어 신설된 내용으로 누리과정 연계가 있다(교육부, 2015). 2012년부터 시행된 교육정책인 누리과정은 3~5세 유아들의 공평한 교육과 보육 기회 보장을 목적으로 만들어졌다. 특히 이 시기의 어린이들은 초등학교 입학을 앞두고 있어 학습 경험의 연속성을 이어 가기 위해서 누리과정과 초등학교 교육과정 연계가 강화되었다.

이어서 2022 개정 교육과정의 도입 배경에 대해 요약하면 다음과 같다. 인공지능 기술 발전에 따른 디지털 전환과 이에 따른 산업 및 사회 변화와 감염병의 확산, 기후 · 생태환경 변화, 인구 구조 변화 등 예측 불가능한 다양한 변화에 대응하고 극복할 수 있는 능력이 국가 경쟁력을 좌우하는 시대가 되었다. 또한 이러한 사회적 문제해결을 위한 협력의 필요성도 제기되면서 존중과 공동체 의식을 함양하는 일이 교육에서 더욱 중요해졌다.

(2) 2022 교육과정 개정의 기본방향 및 주요 개정 내용

개정의 기본방향으로서는 다음의 사항들을 들 수 있다(교육부, 2022a).

- 미래 사회가 요구하는 역량 함양이 가능한 교육과정
- 학습자의 삶과 성장을 지원하는 교육과정
- 지역 · 학교 교육과정 자율성 확대 및 책임교육 구현
- 디지털 · AI 교육환경에 맞는 교수 · 학습 및 평가체제 구축

이러한 새로운 교육환경 변화에 적합한 역량을 함양하기 위해서는 지식의 습득보다는 학습한 내용을 삶의 맥락에서 적용하고 복잡한 문제를 해결할 수 있는 역량이 중요해지면서 미래 핵심역량을 키우는 교육혁신이 강조되었다. 또한 현장 수용성이 높은 교육과정에 대한 요구가 증대됨으로써 교육과정 의사결정 과정에 다양한 교육 주체들의 참여를 확대하고 교육과정 자율화 및 분권화를 활성화하고자 하였다.

아울러 미래 사회 및 환경변화에 대응하는 교육내용 강화를 위해 언어, 수리, 디지털 소양 등을 기초소양으로 강조하고 그것들을 모든 교과를 통해 함양할 수 있도록 수업을 설계하게 하였다. 또한 지속가능한 미래 대응을 위해 생태전환교육과 민주시민교육 내용이 강화됨으로써 지속가능한 인류 공동체 발전에 적극적이고 책임감 있게 참여하는 공동체 역량을 함양하도록 하였다.

디지털소양 강화를 위해 디지털 역량이 충분히 이루어질 수 있도록 정보 수업시간 배당 기준을 이전 교육과정에서 2배로 확대하였고, 추가 확보된 시수를 통해 AI, 빅데이터

등 신기술 분야 학습을 내실화하였으며, 초 · 중등학교에서 학교 자율시간이 활용되는 등 디지털 교육이 강화되었다(교육부, 2022a).

2022 개정 교육과정은 분권화를 바탕으로 교육과정 자율성을 확대시키면서 국가 교육과정, 지역 교육과정, 학교 교육과정 간 주체별 역할을 명확히 제시하였다. 특히 단위 학교 교육과정 편성 · 운영의 자율권이 확대됨에 따라 '학교 자율시간'을 도입한 부분이 눈에 띄는 변화 중 하나인데 이는 초 · 중학교 교육과정에 새롭게 도입되어 학교가 교육과정을 자유롭게 설계하고 운영할 수 있는 시간을 말한다(교육부, 2022b). 예를 들어, 한 학기 17주 수업을 주 16회 수업에 1회 자율 운영으로 변경하는데, 자율 운영 시수는 교과 및 창의적 체험활동의 20% 범위 내에서 가져오게 된다. 이로써 매 학년별 최대 64시간 확보가 가능하고 확보된 시수를 통해 초 · 중학교는 선택과목 개발 및 운영이 가능하게 된 것이다. 이는 학교 자율시간의 가장 중요한 취지가 교사의 교육과정 편성 · 운영의 자율권 확대에 있다는 사실을 설명한다(정광순, 2023).

다음으로, 진로연계 학기도 새롭게 신설된 항목이다. 상급학교로 진학하기 전 초등학교 6학년 2학기 중 일부 기간을 활용하여 학교급별 연계 및 진로교육을 강화하였다. 초등학교 1학년 입학 초기, 6학년 2학기에 운영되며 교과 및 창의적 체험활동, 학교 자율시간을 활용하여 운영된다. 창의적 체험활동의 경우 기존 내용에서 보다 개선되었는데, 학생의 발달 수준 및 학교급별 특성, 현장의 요구 등을 반영하여 재구조화하되, 학생의 자기 주도성과 선택 활동을 확대하는 방향으로 개선되었다.

이어서, 모든 학교급에서 체계적인 교육을 통해 안전의식이 내면화될 수 있도록 안전교육 지침이 강화되었다. 초등학교 1~2학년은 기존의 '안전한 생활'의 성취기준, 내용요소를 통합교과로 재구조화하여 교과와 연계한 생활 중심 안전교육을 강조하였다. 초등학교 3학년 이후부터는 체육, 음악, 미술, 보건 등 관련 교과목에 다중 밀집 환경의 안전 수칙 및 위기 상황 대처 능력 함양을 포함하여 이론뿐만 아니라 실습 · 체험 중심 교육으로 체계화하여 다루게 되었다(교육부, 2022b). 여기에서 다중 밀집 환경이란 경기장, 공연장, 전시관 등을 말하며, 예를 들어 2022 미술과 교육과정의 교수 · 학습 방향에도 미술관, 박물관에서의 안전수칙을 준수하도록 명시되어 있는 것을 확인할 수 있다.

한편, 범교과 학습 주제의 경우 이전의 과도하게 늘어난 주제들을 2015 개정 교육과정 시기부터 학교 현장의 요구를 반영하면서 10개의 대주제로 범주화시켰고, 2022 개정 교육과정은 이를 그대로 유지하되 좀 더 개선하였다. 일단『초 · 중등학교 교육과정 총론』에 학교급별 편성 운영 기준으로 제시하던 것을 각 교과의 성취기준과 연계하여 활용할 수 있도록 구성하였고, 법령 개정을 통해 교과수업과 범교과 학습 주제를 통합적으로 운영할 수 있도록 탄력적인 편성 근거를 마련함으로써 학교 교육과정 운영 부담을 완화하였다.

범교과 학습 주제

교과와 창의적 체험활동 등 교육 활동 전반에 걸쳐 통합적으로 다루도록 하고, 지역사회 및 가정과 연계하여 지도한다.

> 안전 · 건강 교육, 인성 교육, 진로 교육, 민주시민 교육, 인권 교육, 다문화 교육, 통일 교육, 독도교육, 경제 · 금융 교육, 환경 · 지속가능발전 교육

이어서, 2015 개정 교육과정에서 강조되기 시작한 역량 함양은 2022 개정 교육과정에서도 계속 강조되어 역량 함양을 위한 교과 교육과정 개발을 위해 깊이 있는 학습, 교과 간 연계와 통합, 삶과 연계한 학습, 학습 과정에 대한 성찰을 강조하고 있다. 아울러, 교수 · 학습 및 평가도 이 네 가지 지향점을 구현하는 방향으로 개선되었고, 교과 교육과정 개발을 위해 현장 교원이 50% 이상 참여하는 등, 총론과 교과 교육과정의 연계성이 강화되었다. 이 부분에서 2022 개정 교육과정의 개발 방식을 알 수 있는데 바로 '국민과 함께하는 교육과정' 방식으로 추진되었다는 점이다(교육부, 2021). 즉, 이전의 2015 개정 교육과정에서 총론과 각론의 불일치 현상에 대한 문제가 제기되었고, 2022 교육과정 개정 시 이 부분을 개선하기 위해 학생 · 학부모 · 교사 · 범사회적 전문가 등 교육 주체의 참여 확대 및 관련 기관과의 협업이 추진되었다.

끝으로, 2022 개정 교육과정에는 특수교육에 관한 내용이 추가되어 기본 교육과정의 성격 확립 및 내용 체계, 성취기준이 적정화되었다. 학생별 발달 수준과 생활연령 등을 고려해 실생활과 연계되는 내용으로 구성된 '일상생활 활동'이 신설되었고, 특수교육 대상자에 맞는 맞춤형 교육 모형이 마련되었다(교육부, 2022b).

2022 개정 교육과정의 목표는 포용성과 창의성을 갖춘 주도적인 사람으로의 성장이며, 추구하는 인간상으로 자기 주도적인 사람, 창의적인 사람, 교양 있는 사람, 더불어 사는 사람을 제시하였다. 교육과정 구성 중점 사항으로서는 미래 대응능력과 주도성, 개개인의 인격적 성장과 공동체 의식, 언어 · 수리 · 디지털 기초소양 함양, 학습자 맞춤형 교육과정, 깊이 있는 학습, 능동적 참여와 학습의 질 개선, 교육과정 자율화 · 분권화에 기초한 협력체제 구축 등이 제시되었다(교육부, 2022b).

초등학교 교육과정에서의 주요 개정 내용을 요약하면 다음과 같다.

- 초등학교의 경우, 1~2학년(군)의 교육과정 편제와 시간 배당 기준을 개선하고, 한글 해득교육과 놀이 및 신체활동 내용을 강화하였다.
- 초등학교 1학년 입학 초기 적응활동을 통합교과와 창의적체험활동 시간을 활용하여 체계화하였고, 기초문해력 강화 및 한글 해득교육을 위해 국어 시수를 34시간 증배하였다.
- 초등학교 1~2학년 '안전한 생활'은 통합교과와 연계하여 재구조화하였다. 안전교육은 교과와 창의적 체험활동을 통해 학생발달수준에 맞는 체험 · 실습형으로 이루어지도록 개선하였다.
- 초등학생들의 발달특성에 적합한 실질적 움직임 기회 제공을 위해 '즐거운생활' 교과에 실내외 놀이 및 신체활동을 강화하였다.

특히 초등학교 1~2학년의 발달특성을 고려하여 적용되고 있는 통합교과교육에서의 지향점은 '지금-여기 우리 삶을 살아가는 힘'을 함양하는 데 있으며, 이를 기반으로 내용체계 및 성취기준이 설정되었다(정광순, 2023).

3) 초등학교 교육목표 및 교육과정 편제(교육부, 2022a)

(1) 교육목표

초등학교 교육은 아동의 일상생활과 학습에 필요한 기본 습관 및 기초 능력을 기르고 바른 인성을 함양하는 데 중점을 두며, 다음과 같은 교육목표를 지향한다.

- 자신의 소중함을 알고 건강한 생활 습관을 기르며, 풍부한 학습 경험을 통해 자신의 꿈을 키운다.
- 학습과 생활에서 문제를 발견하고 해결하는 기초 능력을 기르고, 이를 새롭게 경험할 수 있는 상상력을 키운다.
- 다양한 문화 활동을 즐기며 자연과 생활 속에서 아름다움과 행복을 느낄 수 있는 심성을 기른다.
- 일상생활과 학습에 필요한 규칙과 질서를 지키고 서로 돕고 배려하는 태도를 기른다.

(2) 2022 개정 초등학교 교육과정 편제

1~2학년

[5개 교과]: 국어, 수학, 바른생활, 슬기로운 생활, 즐거운 생활

학생의 발달적 특성을 고려한 학교 교육과정 편성 · 운영

학교는 학생의 발달적 특성을 고려하여 교육과정을 편성 · 운영한다. 특히 1~2학년 학생에게 놀이와 신체활동의 기회를 충분히 제공할 수 있는 교육과정을 편성 · 운영하여 누리과정과의 연계성을 높이고 심신의 조화로운 발달이 이루어질 수 있도록 하며, 체험 중심의 안전교육을 실시한다.

1~2학년의 놀이 및 신체활동 강화

초등학교 1~2학년의 실내 · 실외 놀이활동과 대근육을 활용한 신체활동을 강화하기 위해 즐거운 생활 교과를 놀이경험 중심으로 재구조화하였다. 이를 통해 즐거운 생활의 시간을 활용하여 움직임과 신체활동이 이루어질 수 있는 실질적인 기회를 충분히 제공하였다.

1~2학년의 안전교육

2022 개정 교육과정에서는 1~2학년 학생의 발달단계를 고려하여 기존 안전한 생활의 성취기준, 내용요소를 통합교과로 재구조화하여 64시간을 운영하고, 교과와 창의적 체험활동을 활용한 생활 · 체험 중심의 안전교육을 강조하였다.

4) 초등학교 저학년 통합교과 내용체계 및 성취기준(교육부, 2022a)

(1) 내용체계

영역	핵심 아이디어	범주	내용요소		
			바른 생활	슬기로운 생활	즐거운 생활
우리는 누구로 살아 갈까	• 우리는 내가 누구인지 생각하며 생활한다. • 우리는 서로 관계를 맺으며 생활한다.	지식·이해	• 학교 생활 습관과 학습 습관 • 자기 이해 • 생태환경	• 학교 안팎의 모습과 생활 • 자아인식 • 가족과 주변 사람 • 사람·자연·동식물	• 건강과 안전 • 신체 인식과 감각 • 자연의 아름다운 장면
		과정·기능	• 습관 형성하기 • 관계 맺기	• 탐색하기 • 설명하기 • 탐구하기	• 놀이하기 • 소통하기 • 감상하기
		가치·태도	• 안전하고 건강한 생활 • 자기 존중 • 배려 • 더불어 사는 삶	• 안전한 학교생활	• 어울림 • 건강한 생활 • 안전한 생활
우리는 어디서 살아 갈까	• 우리는 여러 공동체 속에서 생활한다. • 우리는 삶의 공간을 넓히며 생활한다.	지식·이해	• 공동체 생활 모습 • 우리나라의 소중함	• 마을의 모습과 생활 • 우리나라의 모습과 문화 • 다른 나라의 모습과 문화 • 궁금한 세계	• 우리나라의 문화·예술 • 다른 나라의 문화·예술
		과정·기능	• 실천하기 • 호기심 갖기	• 살펴보기 • 조사하기 • 탐구하기 • 매체 활용하기 • 탐색하기	• 문화·예술 활동하기 • 표현하기 • 상상하기
		가치·태도	• 나라 사랑 • 다양성 존중 • 적극성과 도전의식	• 관심 • 호기심	• 문화·예술 향유

우리는 지금 어떻게 살아 갈까	• 우리는 여러 유형의 주기로 생활한다. • 우리는 과거, 현재, 미래를 생각하며 생활한다.	지식·이해	• 인물의 삶 • 지속가능한 삶의 방식	• 하루의 변화와 생활 • 계절과 생활 • 과거-현재-미래	• 자연의 변화 • 전통문화 • 아동권리
		과정·기능	• 하루 생활 관리하기 • 변화에 대응하기 • 실천하기	• 탐색하기 • 탐구하기 • 살펴보기	• 자연에서 놀이하기 • 창의적으로 표현하기 • 권리 누리기
		가치·태도	• 시간의 가치 • 적절성 • 공동체성 • 지속가능성	• 상상력	• 활기찬 생활 • 전통의 소중함 • 안전과 안녕
우리는 무엇을 하며 살아 갈까	• 우리는 경험하고 상상하고 만들며 생활한다. • 우리는 느끼고 생각하고 표현하며 생활한다.	지식·이해	• 모두를 위한 생활 환경 • 학습 습관 • 생활 습관	• 생활 도구의 모양과 기능 • 다양한 매체와 재료 • 관심 주제 • 배운 것과 배울 것	• 생각과 느낌
		과정·기능	• 참여하기 • 생각이나 의견 나누기 • 협력하기 • 되돌아보기	• 바꾸기 • 매체 활용하기 • 상상하여 구현하기 • 조사하기 • 연결하기 • 탐색하기	• 고치기와 만들기 • 놀이하기 • 전시하기 • 공연하기 • 경험 떠올리기
		가치·태도	• 모두를 위한 마음 • 개방성 • 자발성	• 창의성	• 자유로운 상상 • 의미 부여

(2) 성취기준

바른 생활

① 우리는 누구로 살아갈까

[2바01-01] 학교 생활 습관과 학습 습관을 형성하여 안전하고 건강하게 생활한다.

[2바01-02] 나를 이해하고 존중하며 생활한다.

[2바01-03] 가족이나 주변 사람을 배려하며 관계를 맺는다.

[2바01-04] 생태환경에서 더불어 살기 위해 노력한다.

② 우리는 어디서 살아갈까

[2바02-01] 공동체에서 내가 할 수 있는 일을 찾아보고 실천한다.

[2바02-02] 우리나라의 소중함을 알고 사랑하는 마음을 기른다.

[2바02-03] 차이나 다양성을 서로 존중하면서 생활한다.

[2바02-04] 새로운 활동에 호기심을 갖고 도전한다.

③ 우리는 지금 어떻게 살아갈까

[2바03-01] 하루의 가치를 느끼며 지금을 소중히 여긴다.

[2바03-02] 계절의 변화에 대응하며 생활한다.

[2바03-03] 여러 인물의 삶을 통해 공동체성을 기른다.

[2바03-04] 공동체 속에서 지속가능성을 위한 삶의 방식을 찾아 실천한다.

④ 우리는 무엇을 하며 살아갈까

[2바04-01] 모두를 위한 생활환경을 만드는 데 참여한다.

[2바04-02] 다양한 생각이나 의견에 대해 개방적인 태도를 형성한다.

[2바04-03] 여럿이 하는 활동에 관심을 갖고 자발적으로 협력한다.

[2바04-04] 지금까지의 생활 습관과 학습 습관을 되돌아본다.

슬기로운 생활

① 우리는 누구로 살아갈까

[2슬01-01] 학교 안팎의 모습과 생활을 탐색하며 안전한 학교 생활을 한다.

[2슬01-02] 나를 탐색하여 나에 대해 설명한다.

[2슬01-03] 가족이나 주변 사람에게 관심을 갖고 함께 살아가는 모습을 탐구한다.

[2슬01-04] 사람과 자연, 동식물이 어우러져 사는 생태를 탐구한다.

② 우리는 어디서 살아갈까

[2슬02-01] 우리가 살고 있는 마을과 사람들이 생활하는 모습을 살펴본다.

[2슬02-02] 우리나라의 모습이나 문화를 조사한다.

[2슬02-03] 알고 싶은 나라를 탐구하며 다른 나라에 관심을 갖는다.

[2슬02-04] 궁금한 세계를 다양한 매체로 탐색한다.

③ 우리는 지금 어떻게 살아갈까

[2슬03-01] 하루의 변화와 사람들이 하루를 살아가는 모습을 탐색한다.

[2슬03-02] 계절과 생활의 관계를 탐구한다.

[2슬03-03] 관심 있는 대상의 과거와 현재를 살펴보고 미래를 상상한다.

[2슬03-04] 우리의 생활과 관련된 지속가능성의 다양한 사례를 찾고 탐색한다.

④ 우리는 무엇을 하며 살아갈까

[2슬04-01] 생활도구의 모양이나 기능을 탐색하고 바꾸어 본다.

[2슬04-02] 상상한 것을 다양한 매체와 재료로 구현한다.

[2슬04-03] 경험한 것 중에서 관심 있는 주제를 정하고 조사한다.

[2슬04-04] 배운 것과 배울 것을 연결하며 앞으로의 배움을 상상한다.

즐거운 생활

① 우리는 누구로 살아갈까

[2즐01-01] 즐겁게 놀이하며, 건강하고 안전하게 생활한다.

[2즐01-02] 놀이하며 내 몸의 움직임이나 감각을 느낀다.

[2즐01-03] 가족이나 주변 사람과 소통하며 어울린다.

[2즐01-04] 우리를 둘러싼 자연의 아름다움을 감상한다.

② 우리는 어디서 살아갈까

[2즐02-01] 내가 참여할 수 있는 문화·예술을 향유한다.

[2즐02-02] 우리나라의 문화·예술을 즐긴다.

[2즐02-03] 다른 나라의 문화 · 예술을 체험한다.

[2즐02-04] 다양한 세상을 상상하고 표현한다.

③ 우리는 지금 어떻게 살아갈까

[2즐03-01] 하루를 건강하고 활기차게 지낸다.

[2즐03-02] 자연의 변화를 느끼며 놀이한다.

[2즐03-03] 전통문화를 새롭게 표현한다.

[2즐03-04] 안전과 안녕을 위한 아동의 권리가 있음을 알고 누린다.

④ 우리는 무엇을 하며 살아갈까

[2즐04-01] 주변의 물건을 활용하여 놀잇감을 만든다.

[2즐04-02] 자유롭게 상상하며 놀이한다.

[2즐04-03] 생각이나 느낌을 살려 전시나 공연 활동을 한다.

[2즐04-04] 기억에 남는 경험을 떠올리며 의미를 부여한다.

2 초등학교 교수 · 학습의 원리와 방법

1) 아동의 발달적 특성에 기반한 교수 · 학습에서의 주안점

아동의 발달적 특성을 잘 파악하면 그에 적합한 교수 · 학습 방법과 내용을 적용하여 효과적인 교육을 수행할 수 있다. 일반적으로 초등학교 저학년 아동은 자기중심적인 성향을 보이며 소근육 발달과 협응능력(예: 가위질, 풀칠, 테이프 자르기, 글씨쓰기 등)에 개인차가 있다. 또래를 형성하는 시기로서 어휘력 확장, 읽기 및 쓰기 능력에도 개인차가 발생한다.

특히 최근 저학년 아동의 특성으로는, 혼자서 스스로 하기 어렵거나 행동이 느린 아동이 증가하고 있으며, 주의력결핍 과잉행동장애(ADHD) 등 정서적 행동 특성이 다양화되고 있다. 아울러 부모의 아동에 대한 관심이 이전보다 특히 고조됨으로써 아동의 자율적인 생활습관 및 태도가 제대로 형성되지 못하는 경우가 늘어나면서 화장실, 책상 정리정돈, 자기 물건 챙기기 등 일상적인 생활습관이 갖춰지지 못하는 일이 많다. 따라서 특히 초등학교 저학년을 담당하는 교사들은 아동의 기본 생활습관을 형성하는 데 주안을 두는 한편, 글씨쓰기, 그리기, 오리기, 종이접기 등을 통해 소근육 키우기에도 신경을 쓸 필요가 있다. 또한 글자 익히기, 바르게 읽기, 생각 말하기, 간단한 것 쓰기 등의 지도 및 예절, 질서, 친구 이해, 배려와 협동 등 아동의 기본 인성교육에도 노력을 기울여야 한다. 또한 저학년 아동의 안정과 균형 있는 성장을 위해서는 교수·학습 구성에 있어서 [그림 3-3]과 같은 내용에 주안점을 두어야 하겠다.

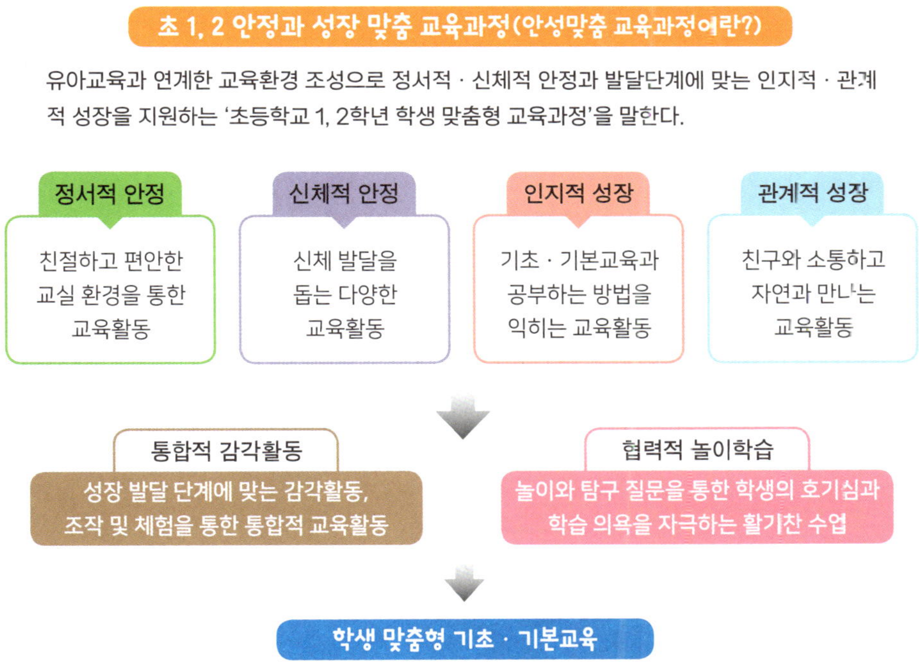

그림 3-3 1, 2학년 안정과 성장 맞춤 교육과정

출처: 서울특별시교육청(2022).

중학년 및 고학년의 경우도, 제2장 아동발달심리에서의 각 발달단계별 특성을 고려하여 각 학년군에 적합한 교수·학습 내용과 방법을 적용한다.

2) 교수 · 학습의 원리와 방법

(1) 교수 · 학습지도안의 구성요소

교수 · 학습 설계에 있어서 구체적인 교수 · 학습 설계 및 수업모형을 적용한 교수 · 학습지도안을 중심으로 수업연구, 수업교재 제작 및 활용, 컴퓨터, TV, DVD, VTR, 빔 프로젝터 등 멀티미디어 기자재를 다양하게 활용함으로써 수업의 효과를 높일 수 있다. 이때, 교수 · 학습지도안은 1시간 수업에 대한 대본을 짜듯이 상세하게 작성하되, 시간 배분 및 판서 계획, 아동의 반응을 이끌어 낼 수 있는 발문을 체계적으로 구안해야 한다.

교수 · 학습지도안의 구성요소는 [그림 3-4]와 같다.

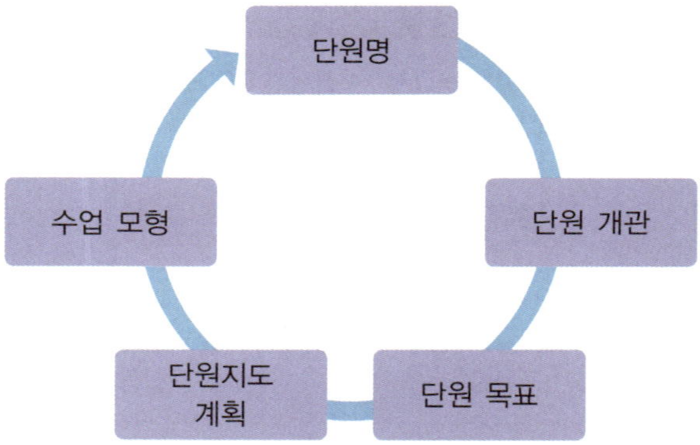

| 그림 3-4 | 교수 · 학습지도안의 구성요소

(2) 수업 전 준비와 수업 진행

교수 · 학습지도안 작성 시 교사가 해야 할 좋은 수업에 대한 고민

- 동기유발과 어린이들의 흥미를 지속시킬 방안
- 어린이들이 수업을 통해 무엇인가를 배우고 있다는 생각이 들게 하는 수업
- 어린이들이 몰입하는 수업
- 자기주도적 학습 능력을 향상시키는 수업
- 어린이들의 반응에 따라 피드백이 적절하게 주어지는 수업
- 어린이들과 교감하고 사고 활동이 활발한 수업

수업 전 준비

- 수업시간 전 교실에 입실하여 수업준비를 완료한다.
- 수업 시작 전에 어린이들과 어울린다.
- 출석을 부를 경우 어린이들을 보면서 호명한다.

수업 시작하기

- 당당하게 자신감을 보인다.
- 수업은 정시에 시작하며, 수업 시작을 확실하게 신호한다.
- 어린이들의 주의력을 교사 쪽으로 집중시킨다.
- 수업주제 및 수업목표를 안내한다.
- 지난 수업내용의 핵심을 요약한다.
- 지난 수업내용과의 연관성을 말한다.
- 수업의 소제목을 나열하여 수업의 윤곽(큰 그림)을 알린다.

수업 진행하기

- 지속적으로 어린이들의 주의를 끈다.
- 호기심을 유발한다.
- 어린이들이 수업내용을 이해하는지 수시로 관찰한다.
- 설명 듣기, 쓰기, 그림 보기, 실물 보기, 만져보기, 질문하기, 토론하기, 행동하기 등 다양한 교수법을 동원한다.

설명하기

- 중요한 단어나 개념을 설명한다.
- 예를 들어 설명한다.
- 학습내용을 현실적인 상황과 연관시킨다.
- 결론보다는 배경과 사고과정을 강조한다.
- 복잡하거나 어려운 내용, 가장 중요한 내용을 반복하거나 강조한다.

질문, 토론하기

- 질문을 많이 한다.
- 알맞은 수준의 질문을 한다.
- 질문한 후 대답을 기다리고, 어린이들의 말을 끝까지 들어준다.
- 어린이들의 말(질문이나 대답)이 다른 어린이들에게 들리도록 한다.
- 대답하지 않은 어린이들도 참여하도록 유도한다.
- 특정한 어린이가 반응을 독점하지 않도록 한다.
- 어린이들의 질문에 대답할 경우, 모든 어린이를 보며 대답한다.
- 어린이들의 참여(옳고 그름을 떠나서) 그 자체를 높게 평가한다.

수업 끝내기

- 다음 수업에 대한 예고(preview)를 한다.
- 수업이 끝나 가고 있다는 것을 느낄 수 있게 한다.
- 중요한 점을 요약한다.
- 요구사항(숙제 등)을 명확히 전달한다.
- 수업을 정시에 끝낸다.
- 수업이 끝난 후에도 어린이들에게 시간을 할애한다.

참고문헌

교육부(2015). 초 · 중등학교 교육과정 총론.

교육부(2021). 국민과 함께하는 미래형 교육과정 추진 계획. 보도자료(2021년 4월 20일).

교육부(2022a). 초 · 중등학교 교육과정 총론.

교육부(2022b). 초등학교 교육과정 교육부 고시 제2022-33호 [별책 2].

서울특별시교육청(2022). 다양성이 꽃피는 공존의 혁신미래교육.

이정숙, 최현종(2025). OECD Education 2030 프레임워크에 기반한 2022 개정 정보과 교육과정의 역량 반영 분석. **컴퓨터교육학회 논문지**, 28(1), 1-11.

정광순(2023). 2022 개정 초등 통합교과 교육과정 해설: 개발자의 관점과 사용자의 관점을 중심으로. **통합교육과정연구**, 17(2), 129-152.

OECD(2018). The Future We Want. The Future of Education and Skills: Education 2030.

OECD. http://www.oecd.org/education/2030-project/

Chapter 04

초등학생의 상호작용 지도

이보연

1. 상호작용 개념 및 중요성
2. 교사-아동 상호작용
3. 또래 간 상호작용

정규수업을 마치고 늘봄교실까지, 초등학생들은 하루일과 중 상당 기간을 학교에서 보낸다. 학교는 단체생활이 이루어지는 공간으로 타인과의 상호작용이 끊임없이 발생하게 되는데 이러한 상호작용에 어려움을 겪거나 질적으로 해로운 상호작용을 경험하게 될 경우 초등학생들은 학교적응뿐 아니라 자존감, 또래관계와 같은 정서 · 사회성 발달에 어려움을 겪을 수 있다. 초등학교는 근면성이라는 발달과업을 성취하기 위해 적극적으로 학습을 해 나가는 시기이자 또래집단의 소속감이 중요해지는 시기로서 교실에서 이루어지는 상호작용은 아동의 학습과 성장에 지대한 영향을 미치는 중요한 요소가 된다. 교사는 아동과의 우호적인 상호작용을 통해 개별 아동의 성장을 돕고 안정적인 학급운영에 필요한 교실 분위기를 형성할 수 있으며, 아동의 또래 간 상호작용을 지원하여 아동이 사회적으로 보다 유능해질 수 있도록 도울 수 있다.

1 상호작용 개념 및 중요성

상호작용은 둘 이상의 물체나 대상이 서로 영향을 주고받는 행동을 의미하는 것으로, 어느 한쪽이 일방적으로 영향을 주거나 받는 것이 아닌 양방적 상호 교환을 특징으로 한다. 학교에서 아동은 다양한 상호작용을 경험한다. 아동에게 영향을 미치는 상호작용으로는 교사를 비롯한 성인들, 그리고 또래와 이루어지는 사회적 상호작용이 가장 대표적이며, 이 외에도 교실 환경, 운동장, 교육 자료의 배치, 학급운영시간 등과 같은 물리적 환경과의 상호작용도 있다. 물리적 환경에 따라 아동의 탐색 및 놀이와 학습활동, 그리고 또래관계가 촉진 혹은 억제되기 때문에 긍정적 사회적 상호작용을 위해서는 물리적 환경의 역할도 중요하다. 그러나 아동의 학교적응과 건강한 성장 · 발달에 가장 크게 영향을 미치는 상호작용은 교사와 아동 간, 그리고 아동들 간에 이루어지는 대인간 사회적 상호작용이라 할 수 있다.

1) 상호작용의 개념

상호작용은 주로 기호, 문자, 몸짓, 언어 등 상징을 통한 의사소통을 이용해 이루어진다. 초등학교 시기는 성인기와 거의 맞먹는 언어발달을 이룬 상태로 의사소통의 대부분이 언어를 통해 이루어지기 때문에 초등학생에게 언어는 가장 중요한 사회적 상호작용의 매개요인이 된다.

상호작용은 한쪽 방향으로 영향이 나타나는 인과관계와는 달리 양방향 모두가 영향을 주고받는 관계로서 누군가의 행동에 의해 개인이나 집단의 행동이나 반응이 바뀌는 과정을 포함한다. 즉, 누구와 어떤 형태로 상호작용을 하느냐에 따라 개인이나 집단의 성장 · 발달과 분위기가 달라질 수 있다.

상호작용의 대표적인 유형 세 가지는 협동, 경쟁, 갈등이다(박선웅 외, 2012).

- **협동**: 협동은 동일한 목표를 달성하기 위해 여러 사람이 공동으로 노력하는 것으로 스포츠 시합에서 반 전체가 힘을 모으는 것, 무거운 짐을 함께 드는 것 등이다. 만일 이렇게 함께했을 때 그로 인한 혜택이 아동들에게 골고루 분배된다면 이후로도 협동을 하게 될 가능성이 높아진다. 반 대항 경기나 모둠별 시합을 시켰을 때, 혹은 각 팀의 의견이 다를 때에도 아동들이 열성적으로 협력하고 뭉치고 상대에게 대항하는 모습을 볼 수 있는데 두 집단 간에 경쟁이나 갈등이 발생하면 내부 집단의 결속력이 강해져 협동이 강화되기 때문이다. 하지만 협동을 강화시키기 위해 갈등을 조장하거나 집단 간의 차이를 부각시키는 것은 좋지 않다.
- **경쟁**: 동일한 목표를 서로 차지하기 위해 애쓰는 것으로, 먼저 목표를 달성한 아동이나 집단에게만 혜택이 주어지면 경쟁이 심화된다. 적당한 경쟁은 아동의 성취욕을 자극해 과업의 달성을 돕고 발전을 이루게 한다는 점에서 긍정적이나 지나친 경쟁은 불안과 시기심을 높이고 갈등을 초래할 수 있다는 점에서 피해야 한다. 칭찬스티커나 점수 등을 이용해 보상을 주는 칭찬제도를 활용하는 경우를 교실에서 자주 볼 수 있는 데, 이때 교사가 이러한 스티커나 점수로 학급 아동들의 행동을 순위로 매기고 비교하게 되면, 아동들 간의 과잉경쟁이 유발될 수 있고, 자신의 경쟁력을 낮게 평가한 아동은 아예 시도조차 하지 않고 포기하게 되는 일이 발생할 수 있

으므로 주의 깊게 사용해야 한다.

- **갈등**: 서로의 이해관계가 충돌하거나 경쟁이 심해지면 상대방을 강제로 굴복시키거나 제거해서 목표를 달성하려 하면서 갈등이 발생한다. 이러한 갈등은 종종 싸움과 대결의 형태로 나타나는데, 초등학교에서 볼 수 있는 갈등 형태는 또래 간의 다툼과 따돌림, 교사의 지시를 거부 혹은 무시하기 등이다. 사회적 관계에서 갈등은 불가피한 것으로 개인의 스트레스와 집단의 긴장을 유발하지만 나쁜 면만 있는 것은 아니다. 갈등해결을 위해 적극적으로 의사소통하고 여러 가지 문제해결법 등을 모색하고 풀어 나가면서 문제해결능력을 높이고 서로에 대한 상호 이해를 발달시키고 같은 집단의 구성원임을 인식하게 된다. 교사는 갈등을 피하고 멈추게 하는 것에만 급급하기보다는 갈등해결 과정에 대한 중재를 통해 아동의 사회적 역량을 강화시켜 주어야 한다.

2) 긍정적 상호작용의 중요성

성공적인 학급운영을 위해서는 긍정적인 사회적 상호작용이 필수적이다. 상호작용은 학급분위기를 결정하는 가장 큰 요인으로 다툼이 많고 불안정한 학급은 부정적인 사회적 상호작용의 결과일 가능성이 높다. 또한 상호작용은 개인의 자존감과 유능감에도 영향을 미치며 정서 및 사회적 유능성, 언어 및 인지 능력의 발달과도 깊은 연관이 있다.

(1) 자아와 타인 인식

사람들 간의 접촉으로 이루어지는 상호작용을 통해 아동들은 자신이 가치 있고 중요한 사람인지, 이 집단에서 받아들여지는지, 호감의 대상인지를 판단한다. 학교에서 마주칠 때 미소를 지으며 이름을 불러 주는 또래와 교사가 있을 때 아동은 자신이 학교라는 집단에 잘 적응하고 있으며 집단의 한 구성원으로서 당당히 자리하고 있음을 느낀다. 이러한 자신감은 긍정적인 자존감의 형성을 돕고 아동에게 교실에 대한 안정감을 제공하여 보다 적극적인 활동참여로 이어진다. 아동에게 관심을 가져 주는 교사 혹은 또래와의 상호작용은 아동으로 하여금 타인이 신뢰할 만하며 필요할 때 도움을 요청할 수 있는 가용성 있는 존재라고 인식하게 한다. 이러한 긍정적인 타인 인식은 학교에서 발생할 수 있는 문제 상황에 대한 대처를 용이하게 해 준다. 혼자 끙끙대며 고민하거나 옳지 않은 방식으로 해결하는 대신 교사와 친구들과 의견을 나누고 지원을 받아 문제해결을 성공적으로 해 나갈 수 있다. 이처럼 긍정적인 상호작용은 다양한 문제 상황에 대한 해결능력을 키워 주어 학교 적응을 돕는다.

반면, 교사나 또래와 부정적인 상호작용을 자주 경험하는 아동은 교실 내에서의 자신의 위치에 대해 불안해하고 타인에 대해 위협감이나 불신감, 거부감을 느끼면서 위축되거나 공격적인 행동을 하게 될 가능성이 있다. 이러한 행동은 또다시 부정적인 사회적 상호작용을 유발하게 만드는 악순환으로 이어진다.

(2) 사회적 유능성

아동은 사회적 상호작용을 통해 타인과 교류하고 소통하는 방법들을 배운다. 아동은 상호작용을 통해 자신의 행동에 교사와 또래가 어떻게 반응하는지, 그리고 그들이 자신에게 기대하고 요구하는 행동이 무엇인지 알게 된다. 긍정적인 사회적 상호작용은 아동이 사회에 적응하며 살아가기 위해 필요한 가치, 기술, 지식, 규범을 알려 주는 사회화의 기능을 담당한다. 인사하기, 차례 지키기, 나누기와 같은 집단생활을 위한 기본적인 규칙과 규범을 비롯해 양보하기, 돕기, 협력하기와 같은 친사회적 기술도 사회적 상호작용을 통해 배우고 익히는 것은 물론이고, 서로의 태도와 의견을 비교하고 의견을 수렴하거나 차이를 받아들이는 과정을 통해 자신에 대해 더 잘 알게 되고 사회적 문제해결 기술을 연습하게 된다. 이처럼 사회적 상호작용은 아동들이 사회적 유능성을 발달시키고 연습할 수 있는 기회를 제공한다. 하지만 사회적 상호작용이 늘 긍정적인 학습만을 제공하는 것은 아니다. 부정적인 상호작용은 아동들이 잘못된 가치관을 형성하고 사회적으로 그릇된 행동을 하게 만드는 원인이 되기도 한다. 교사가 아동을 자주 비난하고 곤란한 상황에 처했을 때 돕지 않는 등 부정적인 상호작용을 한다거나 아동들 사이에서 발생하는 부정적인 사회적 상호작용에 대해 아무런 말을 하지 않으면 아동들은 돕거나 협력하는 방법을 배우지 못하게 되고 또래를 괴롭히거나 잘못된 방식으로 문제를 해결하는 것을 아무렇지 않게 여길 수 있다.

(3) 정서적 유능성

긍정적인 사회적 상호작용은 아동에게 정서적 안정감과 스트레스의 완충 역할을 제공해 준다(Wasserstein & La Greca, 1996). 친구들 그리고 교사와 가깝게 우호적으로 지내는 아동들은 이들과 상호작용 하면서 즐거움을 느끼고 공유한다. 이 과정에서 서로의 감정이나 생각을 나누면서 감정을 이해하고 인식하고 공감하는 능력이 발달하게 되는데 감정을 인식하고 공감능력을 갖추는 것은 정서적 유능성을 발달시키는 데 꼭 필요하다. 아동이 자신의 정서를 인식하고 명명할 수 있으며, 타인의 정서표현을 읽고 그에 따라 잘 반응할 수 있을 때 정서조절을 잘할 수 있게 되며, 사회적으로도 적절하게 행동하게 된다(Rubin et al., 2006). 또한 긍정적인 상호작용은 아동이 생활하면서 겪는 스트레스에 대해 표현하고 위로와 도움을 받을 수 있는 기회를 제공한다. 사회적 상호작용이 너무 적게 이루어지는 아동은 외로움과 우울감을 느끼고, 부정적인 상호작용이 주를 이루는 아동은 두려움이나 적대감이 많아지게 된다. 이러한 감정들은 스트레스를 유발하여 아동의 정신건강을 해치며 학교 적응을 어렵게 만든다.

교사와의 상호작용은 아동이 정서적 유능성을 발달시키는 데 특히 중요하다. 아동들은 아직 자신의 정서를 인식하고 명명하는 것에 서툴다. 교사가 아동이 느끼는 감정에 대해 적절한 단어와 문장으로 표현해 줄 때 아동의 정서발달은 더욱 촉진될 수 있다(Hyson, 2004; Lagattuta & Wellman, 2001).

(4) 언어와 사고력 발달

교사 및 또래와 활발하게 상호작용하는 아동들은 교사에게 자신의 의견을 전달하고 또래와도 의견을 적극적으로 교환한다. 때론 자신의 생각을 주장하고 또래의 의견을 반박할 때도 있는데, 이를 위해 자신의 생각을 정당화할 수 있는 근거를 찾기도 하고 대안적 가설을 세우기도 한다. 이러한 과정에서 아동의 언어 및 사고가 심화되고 확장된다(윤초희, 2004; Mashburn et al., 2008). 교사가 아동들과 다양한 주제로 이야기를 나눌 기회가 많다면 아동들은 판단, 추론, 논리력과 같은 고차원적인 사고력을 더욱 발달시킬 수 있다.

아동과 교사 간의 질 높은 상호작용은 교실분위기를 긍정적이고 만들어 준다. 서로를 존중하고 격려하는 교실환경은 아동의 학습을 위한 안전기지가 되어 아동들이 서로에게 더욱 활발하고 능동적으로 상호작용하며 도전과 탐색을 통해 학습능력을 발달할 수 있게 돕는다(차인영 외, 2016). 반면, 상호작용이 제대로 이루어지지 않거나 부정적일 때 교실은 지루하거나 불편한 장소이자 스트레스를 유발하는 공간으로 아동들에게 인식될 수 있다. 이런 곳에서는 아동들이 산만해지거나 위축되기 쉬우며 이는 부정적인 학습결과로 이어진다.

(5) 학급 운영

아무리 좋은 교재와 교구, 근사한 교육계획안을 마련했다고 하더라도 상호작용이 원활하게 이루어지지 않으면 기대하는 효과를 얻을 수 없다. 목표한 활동을 문제없이 진행하고 마치려면 교사와 아동, 그리고 아동들 간의 상호작용이 우호적으로 이루어져야 한다.

평소 학생들과 원활하게 상호작용을 해 온 교사는 학급운영에 어려움을 겪지 않는다. 그동안의 긍정적인 상호작용을 통해 서로를 신뢰하기 때문이다. 이러한 신뢰감은 서로의 말과 행동에 주의를 기울이며 지시를 따르고 협력하도록 이끈다. 또한 그동안의 상호작용을 통해 파악한 아동의 특성을 고려해 교육활동을 계획하고 각각의 아동에 맞게 과제의 난이도나 교수법을 조절해 줄 수 있다. 이렇게 하면 교육활동에서 소외되는 아동들이 줄어들며 아동들의 참여는 높아진다. 함께 같은 것을 한다는 것, 그리고 그것을 이루어 낸 경험은 아동들에게 성취감과 함께 집단결속력을 높여 준다. 만일 교사가 아동들이 낙오되지 않도록 격려하고 모든 아동이 참여할 수 있는 활동들을 계획하고 실행한다면 학급의 공동체 인식이 한층 높아지게 될 것이다.

아동들 간의 사회적 상호작용도 학급운영에 매우 중요하다. 아동들 간의 다툼과 갈등이 많고 경쟁적인 상호작용이 많으면 학급은 늘 소란스럽고 불안정하다. 이런 교실에서는 교사의 목소리가 들리지 않고 들려도 아동들은 따르지 않는다. 아동들은 자기들 사이에서 일어난 문제를 해결하느라 분주할 뿐이다. 이런 교실을 제대로 운영하려면 교사는 우선 아동들 간의 상호작용의 질을 높여 주기 위한 노력을 해야 한다. 이를 위해 교사는 아동들이 또래와 상호작용할 때 기본적으로 지켜야 할 규칙을 분명히 제시해 주어 부정적인 상호작용이 발생할 여지를 줄여 주며 긍정적인 상호작용이 발생했을 때는 적극적으로 관심을 보여 주어야 한다.

교사와 아동 간의 개별적인 상호작용도 중요하다. 어떤 아동은 좀 더 특별한 요구가 있을 수 있고 개별적인 지원을 필요로 한다. 효과적인 학급 운영을 위해서 교사는 학급 내 모든 아동에게 공통적으로 적용되는 원칙과 함께 개별 아동의 특성을 고려해 상호작용하는 민감함을 갖춰야 한다.

2 교사-아동 상호작용

교사는 학교에서 아동들이 긍정적 경험을 할 수 있는 기회를 제공하고 이를 관리하는 책임을 갖고 있다. 교사는 아동에게 지식 전달뿐 아니라 정서 · 사회성 발달을 이룰 수 있도록 도와야 한다. 아동들을 모아 놓기만 하고 그냥 내버려두기만 하면 상호작용의 흐름은 부정적인 방향으로 향할 가능성이 높다. 교사는 학급 운영의 책임자로서 아동들이 발달상의 이득을 얻을 수 있도록 아동들과의 상호작용을 계획하고 실행하야 한다. 교사와 아동 간의 상호작용은 언어뿐 아니라 비언어적인 방식으로도 이루어지므로 말과 행동 모두에 주의를 기울여야 한다.

1) 긍정적 상호작용을 위해 갖춰야 할 교사의 특성

아동과 긍정적인 상호작용을 하는 교사는 아동에게 진정한 관심을 기울이는 사람으로 말과 행동으로 아동을 존중하고 있음을 나타낸다. 또한 아직 성장하고 있는 아동의 서투름을 이해하며 기다려 주고 따뜻함과 배려, 그리고 즐거움을 갖고 아동을 대한다.

(1) 긍정적 관심

상호작용은 관심을 갖고 바라보는 것에서 시작한다. 아동과 긍정적으로 상호작용하는 교사는 아동들에게 관심이 많다. 아동들을 "야."나 "너."라고 브르지 않고 아동들의 이름을 기억해 부르고, 아동들과 함께 있을 때 아동들의 말과 행동을 주의 깊게 살핀다. 아동들의 말을 끝까지 들어주려 노력하며 잘 듣고 있다는 것을 몸짓이나 태도, 짧은 말로 나타내며 적극적으로 경청한다. 아동들이 잘못된 행동을 할 때에는 '아동'이 나빠서가 아니라 '욕구를 충족 혹은 표현하는 방식'이 문제임을 알고 있기에 아동을 비난하는 대신 아동의 욕구와 문제가 무엇인지 알고자 노력하며 소통한다. 아동들의 변화도 금방 알아차리고 반응한다. 이러한 교사의 관심은 아동들에게 자신이 가치 있는 존재이며 사랑받는 학생이라 느끼게 해 준다.

이런 학생들은 교사를 좋아하고 따르며 교사의 지시에 대한 순응성도 자연스럽게 높아진다. 또한 교사가 아동에게 관심을 기울일 때 교사는 각각 아동의 개성과 발달수준에 대해 보다 잘 이해할 수 있게 된다. 아동에 대한 이해가 있을 때 교사는 그들의 흥미와 발달수준에 맞는 활동과 교육프로그램을 제공하여 참여를 이끌 수 있다.

(2) 수용과 존중

아동과 긍정적인 상호작용을 하는 교사는 아동의 생각과 감정을 잘 들어주며 존중한다. 사람들이 모두 똑같이 생각하는 것은 아니며 각자의 의견이 있음을 알고 그러한 생각의 차이를 이해하기 때문에 교사는 자신의 생각과 아동의 생각이 다를 때에도 이를 비난하지 않는다. 아동의 말을 주의 깊게 경청하고 "아, 너는 그렇게 생각했구나." "너는 그렇게 느꼈구나." 또는 "너는 그걸 원하는구나."처럼 어떠한 비난이나 훈계 없이 교사가 파악한 아동의 생각과 감정, 욕구를 말해 줄 때 아동은 교사가 자신을 존중하고 수용해 준다고 느낀다.

때로는 아동의 행동을 허용할 수 없을 때도 있다. 이때도 교사는 아동 자체를 탓하지 않는다. 다만 그러한 행동을 하면 안 되는 이유에 대해 간략히 말해 준 후, 아동이 자신의 욕구를 충족하기 위해 할 수 있는 다른 대안들에 대해 알려 주고 아동이 선택할 수 있도록 격려한다. 이러한 방식으로 교사가 아동과 상호작용할 때 아동은 교사가 아동의 욕구에 민감하며 아동이 욕구를 충족할 수 있도록 지원해 주는 수용적이고 협력적인 존재라고 느낀다.

(3) 따뜻함과 배려

친절함과 따뜻함은 긍정적 상호작용의 기본이다. 같은 말이라도 부드럽고 친절하게 하느냐 무뚝뚝하게 하느냐에 따라 상대에게 전달되는 느낌은 완전히 다르다. 학급의 운영을 책임지는 교사는 학급의 분위기를 좌우하는 중요한 존재이다. 차갑고 거리감 있는 교사가 있는 학급은 활력이 없고 경직되어 있다. 교사와 아동, 그리고 아동들 간의 상호작용도 활발하지 않다. 반면, 다정하고 친절한 교사는 학급을 따뜻한 온기로 채워 준다. 아동들은 교사와 편하게 말을 주고받으며, 아동들끼리도 활발히 상호작용을 한다. 이러한 교실은 아동들의 안전기지라 할 수 있다. 배려심도 교사가 갖춰야 할 특성이다. 교사와 아동은 대등한 관계가 아니다. 교사는 성인으로 전문가이자 리더이며 아동은 학습자이고 추종자이다. 교사는 아동을 가르치고 지도하는 역할을 하지만 그렇다고 해서 아동을 강제로 이끄는 강압적인 성인이 되어서는 안 된다. 아동들의 발달수준과 그에 따른 한계를 이해하고 배려하며 아동들을 대해야 한다. 발달이 앞선 사람이 뒤처진 사람을 돕고 배려하는 것은 당연한 일이다.

(4) 인내심

성인과 아동은 발달수준에서 차이가 나기 때문에 교사는 아동을 지도할 때 답답함을 느끼게 될 때가 있다. 예를 들면, 몇 번이나 설명을 해 주었는데도 알아듣지 못할 때, 주의를 주었는데도 같은 잘못을 되풀이할 때, 혹은 시간이 다되었는데도 작업을 끝내지 못하거나 질문을 했는데 바로바로 답을 하지 않을 때 교사는 답답함을 느낄 수 있다. 이럴 때 교사가 답답함을 참지 못하고 아동에게 짜증을 내며 재촉을 하거나 아동을 비난하게 되면 아동과 교사와의 관계는 틀어지게 된다. 아동들은 이해하고 표현하고 실행하는 데 성인에 비해 시간이 걸린다. 특히 어떤 아동들은 더 오랜 시간을 필요로 한다. 느린 학습자이거나 ADHD나 학습장애, 발달장애를 겪고 있는 아동들이 그러하다. 이런 문제가 없는 아동들도 성인에 비해 이해하고 반응하는 속도가 더디다. 아동과 긍정적인 상호작용을 하는 교사는 아동들의 발달수준 및 개별 아동의 특성에 대한 이해가 높기 때문에 아동들이 성인과 같은 방식으로 반응할 수 없으며 아동을 지도할 때는 인내심을 가져야 한다는 것을 잘 알고 있다. 또한 아동들이 새로운 것을 학습하고 행동에 변화를 가져오기까지 많은 시간이 걸린다는 것도 안다. 이런 교사는 조급함을 누르고 아동들에게 도움이 되는 방법을 찾으며 해야 할 일들을 끈기 있게 해 나가기 때문에 아동들도 안전감을 느끼며 교사를 믿고 지도에 따른다.

(5) 유머와 즐거움

유머감각이 있고 재밌는 사람은 아동이건 성인이건 모두 좋아한다. 유머는 그 자체로 즐거움을 제공하는 것이기에 유머감각이 있는 교사와 함께 할 때 아동은 기쁨, 재미, 신남과 같은 긍정적 정서를 느끼게 된다. 긍정적 정서는 그 자체로 스트레스를 줄여 주는 효과를 제공하며 안전과 안정감을 제공해 준다. 아동들은 행복감을 느낄 때 세상을 좋은 곳으로 여기며 즐거운 경험을 계속하고자 한다(Witherington, Campos, & Hertenstein, 2001).

교사의 유머는 아동들을 집중시킬 때도 유용하게 사용할 수 있다. 단조로운 말투나 지루한 설명보다 짧은 유머 한마디가 아동들의 주의를 끄는 데 더욱 효과적이다. 학습에도 도움이 되는 데 유머를 통해 편한 분위기가 만들어지면 아동들은 실수를 해도 용납된다고 생각해 어려운 과제에도 도전을 해 보려 한다. 유머는 경직된 분위기를 풀고 긴장된 관계를 해소하는 데도 큰 도움이 된다. 학급분위기가 무거워졌거나 지루해졌을 때 교사의 유쾌한 태도나 재밌는 이야기로 분위기를 전환시킬 수 있으며, 서먹한 관계도 가벼운 장난이나 농담으로 친밀감을 높일 수 있다. 초등학생들은 재밌는 이야기나 유머를 굉장히 좋아한다. 구체적 조작기가 되면 모호한 말의 뜻을 이해하고 시각적 요소가 없어도 말의 의미를 파악하며 웃을 수 있기 때문이다. 이러한 초등학생들에게 유머를 적절히 사용할 수 있는 교사는 매우 매력적인 사람으로 다가온다. 이처럼 유머는 아동과의 긍정적인 상호작용을 촉진하는 유용한 수단이지만 유머를 너무 남발할 경우 오히려 수업분위기가 흐트러질 수 있으므로 주의해야 한다.

2) 교사-아동의 비언어적 상호작용

초등학생의 언어능력은 거의 성인과 같은 수준이기 때문에 상호작용의 대부분은 언어를 통해 이루어진다. 하지만 여전히 표정, 몸짓, 터치처럼 말로 하지 않고 이루어지는 비언어적 행동은 사회적 상호작용에서 중요한 역할을 한다. 사람들은 비언어적 단서를 통해 메시지를 주고받으며, 전체 메시지의 의미를 해석한다. 예를 들어, 어떤 이야기를 할 때 얼굴표정에 따라 말하는 사람이 그 메시지에 대해 어떻게 생각하는지 알 수 있다. 미간을 찌푸리고 낮은 목소리로 말할 때와 들뜬 어조로 웃으면서 말할 때, 같은 내용의 말이라도 전달하는 메시지는 완전히 다르다. "나 지금 엄청 심각해." "난 그저 농담을 하는 거야."와 같은 말하는 사람의 의도는 이러한 비언어적 단서에서 가장 솔직하게 나타난다. 다른 예로, 상대의 말에 고개를 끄덕이거나, 시선을 피하는 등의 비언어적 행동은 "나는 너를 이해해." "이제 그만했으면 좋겠어."라는 메시지를 상대에게 전달한다. 이처럼 비언어적 행동은 생각과 감정을 전달하는 강력한 의사소통 수단으로 언어만큼이나 사회적 상호작용에 영향을 미치는 요소라 할 수 있다. 교사가 아동과 긍정적인 관계를 형성하고 싶다면 말뿐 아니라 비언어적 행동을 통한 상호작용에도 주의를 기울여야 한다.

(1) 비언어적 상호작용의 종류

비언어적 상호작용은 언어가 아닌 행동을 통해 이루어지는데 비언어적 상호작용을 구성하는 행동들로는 얼굴표정, 시선 처리, 손과 팔의 동작이나 몸과 다리, 발의 움직임, 자세, 공간에서의 거리나 위치 등이 있으며, 목소리의 높낮이나 강도, 말의 속도와 지속 시간 등과 같은 준언어적 행동이나 목소리 등이 있다(Gazda, 2006). 대부분의 사람은 자신의 비언어적 행동에 대해 평소 의식하지 않는다. 하지만 비언어적 행동들은 상호작용에 영향을 미치는 매우 중요한 요소로서 비언어적 행동을 감독하고 조절하고 통제할 수 있을 때 대인간 상호작용이 효율적으로 이루어질 수 있다. 따라서 교사는 자신이 무심코 한 행동이 상호작용을 방해하는 것은 아닌지 살펴보고 좀 더 의식적으로 비언어적 상호작용에 주의를 기울일 필요가 있다.

① 개인공간과 신체적 접촉

관계의 친밀성에 따라 편안함을 느끼는 거리는 달라진다. 친밀한 사이일 경우라면 0~45cm 정도로 가까이 있어도 편안함을 느끼지만 친한 사이가 아닌데 가까이 다가서면 불편감을 느낀다. 일상적인 상호작용이나 개인적인 접촉의 경우에는 45cm~1.2m, 사회적 접촉이나 상담을 하는 경우에는 1.2~3m, 그리고 공적인 상호작용일 경우 3m 이상의 개인공간이 있을 때 편안함을 느낀다(Krannich & Krannich, 2001). 개인 공간은 신체 부위나 기능에 따라 내적 공간, 인접 공간, 축 공간으로 나눌 수 있다(Machotka & Spiegel, 1982). 내적 공간은 입, 귀, 콧구멍, 항문, 질 등처럼 가장 친밀하고 개인적인 공간이며, 인접 공간은 신체와 신체를 덮고 있는 옷, 머리카락이나 장신구 사이의 영역으로 친한 사이가 아니라면 만질 수 있는 곳은 아니다. 인접 공간 중 손은 예외일 수 있는 데, 처음 만난 사이라도 인사로 악수를 하며 손을 만지는 것은 허용된다. 하지만 친한 사이가 아닌데 머리를 쓰다듬거나 볼을 매만지는 것은 상대에게 불쾌감과 거부감을 주며 실례가 되는 행동이다. 축 공간은 팔과 다리를 위, 아래, 양옆으로 완전히 뻗었을 때 포함되는 공간이다. 엘리베이터에 사람이 많을 때 우리는 불편감을 느끼며 몸을 피하게 되는 데, 이는 우리의 축 공간이 침해당했다고 느끼기 때문이다. 이처럼 개인 공간의 침입은 부정적 감정을 유발한다(Hall, 1966; Knapp & Hall, 2005). 따라서 교사는 아동의 개인 공간에 대해 존중해 주고 함부로 침범하지 않도록 주의해야 한다. 특히 내적 공간이 침범당했을 때 아동은 두려움과 분노를 느끼며 격하게 저항할 수 있다. 인접 공간이 침범당했다고 느낄 때도 아동들은 그러한 사람이나 상황을 피하려 하며, 회피가 허용되지 않을 때는 자신의 공간을 지키기 위해 방어태세를 취하기도 한다. 예를 들어, 교실에서 아동들을 줄 세웠을 때 너무 거리가 가까워 몸이 밀착되면 아동들은 서로 밀고 다투거나 아예 줄에서 이탈해 버리기도 한다. 교사는 이러한 점을 고려해 아동들이 너무 좁은 공간에 밀집되지 않도록 환경을 조정해야 하며, 아동과의 신체적 접촉에 주의해야 한다. 그렇다고 해서 아동과의 신체적 접촉을 전혀 하지 말라는 것이 아니다. 신체적 접촉은 정서적 유대감을 나타내는 신호이기도 하기 때문에 과도한 신체접촉은 삼가야 하지만 어깨를 두드리거나 등을 토닥여 주는 등의 적절한 터치는 아동들에게 안정감을 주며 긍정적인 상호작용을 촉진한다. 특히 위험한 상황에서 아동을 보호하기 위해서나 다친 아동을 토닥여 주는 등 위로가 필요할 때 신체접촉은 유용한 수단이 될 수 있다. 아동과 대화를 나누거나 지시를 할 때 너무 멀리 위치하는 것도 피해야 한다. 떨어진 거리에서 소통을 하게 되면 상대방이 보내는 메시지가 나에게 하는 것이 아니라고 여길 수 있기 때문이다.

② 신체동작과 자세

마주보고 있거나 몸을 약간 돌려 앉는 것, 아예 등지고 있는 것, 더 높은 위치에 있는 것, 몸을 잡아 당기는 것, 그리고 팔짱을 끼거나 다리를 꼬는 것 등의 신체동작들은 상호작용에 영향을 미치는 의미 있는 정보를 제공하는 행동들이다. 교사가 아동을 줄 세우려고 떠밀거나 말을 듣게 하기 위해 끌어당기는 행동을 하면 아동은 이러한 행동을 자신의 인접공간에 대한 침입이라 생각해 교사와의 접촉을 피하려 할 수 있다. 평소 교사가 팔짱을 끼거나 다리를 꼬는 등의 닫힌 자세를 할 경우에도 아동들은 심리적 거리감을 느낄 수 있기 때문에 피하는 것이 좋다. 아동과 대화할 때 교사가 아동 쪽으로 몸을 기울이는 것은 흥미나 관심을 나타내는 것이지만 멀어지거나 닫힌 자세를 하는 것은 거리감, 불쾌감 혹은 관심 없음을 나타내는 신호로 비쳐질 수 있다. 아동과 함께 있을 때 수직적인 자세를 피하는 것도 필요한 데, 일반적으로 교사는 아동에 비해 몸집이 크고 권력이 있다. 그래서 교사는 아동의 눈높이에 맞게 허리를 숙이거나 높이를 맞춰 의자에 앉는 등 아동과의 수직 공간을 줄이려는 노력을 해야 한다. 이렇게 하는 것은 상대에 대한 호의나 협력적으로 상호작용하려는 의도를 나타내는 것이다.

③ **얼굴표정**

사람은 자신의 감정이나 전하고자 하는 정보를 전달하기 위해 말과 함께 몸짓과 얼굴표정을 사용한다(Bavelas & Chovil, 2006). 얼굴표정은 신체언어 중 가장 분명하게 드러나는 것으로 언어적 메시지를 보충하고 완성해 주는 역할을 담당하는데, 특히 정서를 표현하는 중요한 수단이 된다. 아주 어린 유아들도 타인의 얼굴표정을 정확히 이해하기 때문에 초등학생들은 교사의 얼굴표정을 통해 교사가 자신을 어떻게 생각하고 느끼는지를 추론할 수 있다. 교사가 말로는 칭찬을 해도 찡그린 얼굴표정을 하고 있다면 아동들은 교사의 칭찬이 진실되지 않다고 느낀다.

얼굴표정에서 중요한 것은 눈 맞춤과 미소이다. 누군가를 응시하며 쳐다보는 것은 지배, 권력, 공격성과 관련되며 애착, 양육과도 관련이 있다(Matsumoto, 2006). 서로 눈을 맞추는 것은 친밀한 상호작용을 나타내는 것으로 떨어져 있어도 서로에 대한 긍정적인 감정을 불러일으킨다. 교사가 학생들을 바라볼 때 따뜻한 시선으로 응시하면 긍정적 상호작용의 빈도가 높아질 수 있다.

교사의 밝은 미소는 아동들에게 편안함을 주고 긍정적인 학급 분위기를 만드는 데 일조한다. 교사는 가장된 미소를 짓지 않아야 하는데, 표정이 없는 단순한 미소는 불쾌하거나 받아들일 수 없는 감정을 숨기기 위해 사용되는 것(Key, 1975)으로 아동들과의 의사소통을 어렵게 만든다. 가장된 미소는 얼굴근육에서 긴장감이 느껴지는 미소로 입꼬리는 올라가지만 눈 주위는 변화가 거의 없어 어색하고 조화롭지 못하게 보인다. 교사가 이러한 가장된 미소나 무표정한 얼굴표정을 지으면 아동들은 교사가 자신에게 관심이 없다고 생각하거나 교사의 관심이나 행동을 거짓으로 여길 수 있어 상호작용이 심각하게 훼손될 수 있다. 또한 가장된 얼굴표정은 상대의 감정을 파악할 수 없게 하므로 혼란감을 야기할 수 있다(O'Hair & Friedrich, 2001). 따라서 교사는 아동에게 메시지를 전달할 때 표정에도 신중을 기해야 한다. 아동이 넘어져 다쳤는데, "저런, 아프겠다!"라고 말하면서 웃는 표정을 짓는다면 아동은 교사가 자신을 비웃는다고 생각할 수 있으므로 상황에 맞게 표정을 지어야 한다. 아동과 의사소통을 할 때에는 말과 얼굴표정을 포함한 행동을 일치시키는 게 중요하다.

④ 준언어

준언어는 완전한 언어체계로 간주되지는 않지만 특정한 목적이나 상황에서 언어와 유사한 기능을 수행하는 형태의 의사소통 방식을 의미한다. "아잉" "어-어-어" "윽"과 같은 말소리나 헛기침, 하품, 한숨짓기, 침묵과 같은 행동, 억양이나 리듬, 음량, 음의 높낮이, 어조 등과 같은 음성적 특징들이 모두 준언어에 포함이 된다. 이러한 준언어도 얼굴표정이나 신체동작처럼 말의 내용뿐 아니라 말하는 사람의 정서를 더 잘 이해할 수 있도록 추가적인 정보와 의미를 지원하는 역할을 한다. 아동이 말을 할 때 교사가 "아하!" "흠…" "와!"와 같은 추임새를 넣어 주면 아동은 교사가 자신의 말을 적극적으로 경청하고 있다고 느낀다. 반면, 한숨을 쉬거나 하품을 하면 아동은 교사가 자신과의 상호작용을 원치 않는다고 해석할 수 있다. 교사가 아동을 쳐다보면서 "김. 영. 훈."이라고 또박 또박 강조해서 말하는 것이나 "제~발"이라며 길게 끌며 말하는 것에도 모두 전달하고자 하는 메시지가 포함되어 있다. 음조와 음색도 다양한 정서적 메시지를 전달하는 데 사용된다. 높은 톤의 목소리는 큰 흥분이나 공포와 같은 강렬한 정서와 관련이 있으며 음조의 변화는 화난 목소리를 나타낸다(Bugental, Caporeal, & Shennum, 1980; Zuckerman, Lawrence, Speigel, & Klorman, 1981). 음조와 음색은 교사의 태도와 정서를 잘 나타내는 것으로 교사가 의식적으로 통제하지 못하면 교사의 부정적인 정서가 여과 없이 아동에게 전달될 수 있다. 긴급한 상황이 발생하면 교사는 당황해 자신도 모르게 날카롭고 불안정한 목소리로 빠르게 말하게 될 수 있는데, 아동들은 교사의 이런 모습을 보며 심각한 문제가 발생했으며 교사가 이러한 상황을 다루는 것을 어려워한다고 느껴 불안이 높아질 수 있다. 반면, 교사가 평소와 다름없는 톤와 음량으로 차분하게 말할 때 아동들은 교사가 그 상황에 잘 대처할 수 있다고 생각해 안정감을 찾는다(Mehrabian, 1972).

(2) 아동과 긍정적으로 비언어적 상호작용하기

교사는 비언어적 상호작용의 중요성을 인식하고, 자신의 비언어적 행동들에 대해 인식 · 수정 · 통제해야 하며 상호작용에 도움이 되는 방식으로 행동해야 한다. 이를 위해 교사는 다음과 같은 노력을 해야 한다(Marjorie et al., 2009).

① 개별 아동의 특성을 고려해 상호작용하기

- **아동의 비언어적 행동 관찰하기**: 아동이 또래와 교사 및 다른 성인들과 평소에 상호작용하는 모습을 관찰하면 그 아동이 하는 몸짓과 표정, 동작이 어떤 의미를 지닌 것인지 알 수 있다. 평소 활발하고 수다스러운 아동이 조용히 제자리에만 있다면 이는 그 아동이 아프거나 정서적인 문제가 있다는 신호일 수 있다. 따라서 교사는 아동의 행동이 평소와 다르다면 더욱 주의를 기울여 살펴보아야 한다.
- **아동의 개인 공간 존중하기**: 내적 공간의 침범은 절대 삼가야 하고, 아동의 등을 토닥여주고 악수를 하고 축하와 위로를 위한 포옹을 하는 정도는 괜찮으나 아동의 노출된 피부를 매만지거나 옷을 입었더라도 엉덩이나 가슴 부위를 만져서는 안 되며, 머리를 쓰다듬는 것도 아동을 함부로 대하거나 무시한다는 느낌을 줄 수 있고 때로는 선심을 쓰는 듯한 행동으로 비춰질 수도 있으므로 피하도록 한다.
- **주의집중을 위해 비언어적 신호 사용하기**: 아동들을 주의 집중시키기 위해 소리를 지르거나 잔소리를 하는 대신 비언어적 신호를 사용할 수 있다. 이러한 비언어적 신호로는 피아노를 치거나 전등을 껐다 켰다 하는 것, 손뼉 치기나 특정 노래를 부르는 것, 목소리 톤을 바꾸어 말하는 것 등이 있다. 교사는 아등들이 이러한 비언어적 신호가 무엇을 의미하는 지 알 수 있도록 설명해 준다. 예를 들어, "애들아, 선생님이 손뼉을 2번 치면 하던 것을 멈추고 선생님을 보는 거야. 자, 우리 연습해 보자." 라고 알려 주며 연습한 후 주의집중이 필요한 상황에서 사용하도록 한다.
- **아동과 눈높이 맞추기**: 개별 아동과 상호작용을 할 때는 아동의 주의를 끌고, "지금 네게 말하고 있어." 혹은 "선생님은 너와 상호작용을 하려 해."라는 메시지가 충분히 전달될 수 있도록 아동에게 가까이 다가가 얼굴을 마주봐야 한다. 이 때 교사는 상체를 숙이거나 무릎을 굽혀 아동과 눈높이를 맞추도록 한다. 아동이 교사의 얼굴을 볼 수 있을 때 메시지를 전달하고 상호작용한다.

- **아동이 속한 문화와 가족 특성 이해하기**: 문화에 따라 비언어적 신호의 의미가 다르게 해석될 수 있다. 다문화 가정이 급속히 증가하는 추세로 교사는 아동이 속한 문화의 특성에 대해 이해하도록 노력해야 하며, 이혼과 사별로 인한 한부모 가정, 조손 가정 등 다양한 가족의 형태를 고려해 아동과 상호작용하는 것도 잊지 않는다.

② 따뜻하며 배려하는 상호작용하기

- **아동에게 관심을 보여 주는 신체표현 사용하기**: 아동과 가까운 거리에 머물며 자주 눈을 맞추고 아동을 맞이할 때는 미소를 보여 준다. 아동을 향해 몸을 약간 기울이는 것은 아동으로 하여금 교사가 관심을 나타낸다고 느끼게 해 주기 때문에 중요하다. 아동과 상호작용할 때는 머리를 끄덕이거나 이해하고 있다는 것을 나타내는 몸짓을 한다. 이리저리 몸을 산만하게 움직이거나 탁자 두드리기, 다리 흔들기, 머리카락을 만지작거리는 행동들은 삼가야 한다. 아동이 말할 때는 되도록 대화가 방해되지 않도록 몸을 움직이지 않는다.
- **편안하면서도 분명하게 말하기**: 말의 속도는 너무 빠르지도 느리지도 않게 정상적인 템포여야 하며, 소리는 보통에서 부드러운 정도로 시끄럽지 않으면서도 잘 들릴 수 있게 말한다. 주의를 끌 때는 높은 음조로 말하는 것이 도움이 되나, 평상시 상호작용에서는 보통 수준에서 낮은 정도의 중저음의 목소리로 신뢰감과 안정감을 제공해 주는 것이 좋으며, 말을 할 때는 띄엄띄엄 말하거나 우물쭈물하지 않도록 한다. 질문에 대답하거나 설명과 지시를 할 때에는 분명하며 유창하게 하도록 한다.
- **아동의 상호작용에 응답하기**: 아동들도 표정이나 동작으로 상호작용의 신호를 보낸다. 교사는 이를 놓치지 않고 아동이 상호작용을 시도할 때 가능한 한 빨리 반응해 주도록 한다. 반응해 줄 시간적 여유가 없을 때는 아동에게 관심이 있지만 지금보다 나중에 더 잘 들어 줄 수 있다고 말해 준 후, 시간이 되었을 때 잊지 않고 아동과 상호작용해야 한다.

③ 권위있고 안전하게 상호작용하기

- **적절한 복장 착용하기**: 의상, 헤어스타일, 화장 등 겉으로 보이는 모습은 사람의 사회적 지위와 권위를 나타내는 것으로 교사의 복장이 너무 학생 같거나 집단 상황에

맞지 않거나, 지나치게 화려하게 꾸미거나 반대로 아무렇게나 하고 다니면 아동들은 교사를 신뢰하지 않으며 교사의 권위도 인정하지 않게 될 수 있다.

- **친절하면서도 자신감 있게 말하기:** 따뜻하고 유쾌하면서도 듣기에 지루하지 않게 리드미컬하게 말하는 것이 좋다. 힘이 없이 너무 가늘고 부드러운 목소리는 아동이 교사의 지시를 듣지 못하거나 무시하게 만들기 쉬우므로 아동에게 전해야 할 메시지가 있을 때는 명료하게 또박또박 힘 있게 말해야 한다. 아동에게 선택의 여지가 없을 때는 "~해 줄래?" "~할까?"라고 말하지 말고, "~를 하렴." "~를 시작해라."와 같이 말하도록 한다. 아주 중요한 메시지를 전달할 때는 목소리의 강도나 깊이를 더해 단호하게 말해야 한다.
- **똑바로 쳐다보고 말하기:** 아동에게 지시를 해야 하거나 중요한 메시지를 확실히 전해야 할 때는 눈을 똑바로 맞추고 평상시보다 오래 보도록 한다. 그러나 째려보거나 노려본다는 느낌을 주어서는 안 되며, 교사가 지금 진지하며 중요한 메시지를 전달하려고 한다고 여길 수 있게 쳐다보아야 한다. 이렇게 눈을 맞추며 말할 때는 교사가 아동을 내려다보거나 반대로 키가 큰 아동이 교사를 내려다보지 않도록 해야 한다. 교사가 아동을 내려다보는 것은 처벌과 경멸, 지배의 신호로 여겨질 수 있으며, 반대로 아동이 자신보다 키가 작은 교사를 내려다보게 되면 교사의 권위가 제대로 전달되지 못할 수 있다. 이럴 때에는 교사와 아동 모두 의자에 앉는 것이 좋다.

3) 교사-아동의 언어적 상호작용

교사와 아동의 언어적 상호작용을 살펴보면 교사가 아동을 대하는 태도, 그리고 아동과의 관계를 알 수 있다. 교사가 아동과 자주 그리고 긍정적인 방식으로 대화를 나눌 때 아동은 교사가 자신을 좋아하고 존중하며 자신이 가치 있는 존재라고 여겨 자아존중감이 높아지지만 교사와 지속적으로 부정적인 언어적 상호작용이 이루어지면 아동의 자아존중감은 크게 상처를 받게 될 수 있다. 따라서 교사는 아동에게 말을 할 때 말하고자 하는 내용뿐 아니라 그 말이 아동에게 미칠 정서적 영향에 대해서도 관심을 가져야 한다.

(1) 부정적인 언어적 상호작용

어떤 교사는 아동에게 부적절한 내용과 방식으로 말을 하거나, 때로는 아무 말도 하지 않음으로써 아동이 자신을 사랑받을 만한 가치가 없으며 무능한 존재라고 느끼게 만든다. 교사와 아동 간에 이루어지는 부정적인 언어적 상호작용의 나쁜 예로는 아동에게 욕하고 소리치거나 윽박지르는 것, 비웃고 무시하는 것, 악담을 하고 차별하는 말을 하는 것들이 있지만, 이외에도 〈표 4-1〉과 같은 언어적 반응들도 부정적인 상호작용을 이끄는 것이므로 피해야 한다.

표 4-1 | 교사의 부정적 언어반응

구분	내용
무관심	아동이 곁에 있어도 말을 걸지 않거나 상호작용하려는 아동에게 거의 반응하지 않는 것
피상적인 반응	아동의 말을 주의 깊게 듣지 않고 말과 관련 없는 질문을 하거나 부적절하게 답하는 것. 아동과 눈 맞춤을 하지 않은 채 말을 하거나 아동의 말을 중간에 끊는 것
무례한 반응	아동들 간의 대화를 방해하거나 "미안해." "고마워."와 같은 사회적 예의를 무시하는 것, 상황에 맞지 않는 목소리 톤을 사용하는 것
빈정거리는 반응	부정적인 단어나 톤을 사용해 말하는 것, 아동을 비꼬거나 농담의 대상으로 삼는 것
평가적인 반응	아동을 '이기적인' '산만한' '생각 없는' 등 부정적인 단어로 명명하거나 아동이 듣는 곳에서 아동을 낙인찍는 말을 하는 것
아동의 표현을 막거나 무시하기	아동이 말을 하려는데 "조금 있다가."라고 하고는 나중에 듣지 않는 것, "쉿!"이라며 조용히 하라고 하는 것, "지금 말고."라고 말하는 것, 아동에게 지금 말하는 것 말고 다른 이야기를 하라고 하는 것
대화가 아닌 통제를 위해서만 말하기	"조용히 해." "빨리 해." "싸우면 안 돼."처럼 지시하거나 규칙에 대해서만 말하는 등 아동과 최소한의 대화만 하는 것
아동의 이름을 부정적으로 사용하기	아동의 이름을 "안 돼." "하지 마."의 대용으로 사용하는 것
아동을 비판하기	아동이 못하는 것을 강조해 말하거나 놀리는 것, 아동의 바람직한 행동을 무시하는 것
성의 없거나 해로운 칭찬하기	"오늘은 웬일로 얌전하니?"처럼 아동의 긍정적인 행동을 부정적인 평가와 연결해 말하거나, "다른 아이들도 너처럼 했으면 좋겠다."와 같이 다른 아동을 깍아내리며 칭찬하는 것. "응, 잘했어."처럼 성의 없게 칭찬하는 것

출처: Marjorie et al. (2009).

(2) 긍정적인 언어적 상호작용

교사는 아동의 말을 적극적으로 경청하고, 특별히 해야 할 일이 있을 경우를 제외하고는 아동들과 대화하며 아동과 아동이 하는 일에 관심이 있음을 언어를 통해 표현해 주어야 한다. 교사는 아동에게도 공손하게 예의를 갖춰 말해야 하며, 아동의 흥미와 생각을 고려한 대화를 하도록 한다. 아동의 이름을 부정적인 명령어로 사용하는 게 아니라 긍정적 상황에서 사용해 아동이 자신에 대해 좋은 감정을 느낄 수 있도록 해야 한다. 아동을 격려하고, 아동을 지도할 때 아동의 자존감이 손상되지 않도록 주의 깊게 언어 선택을 하는 것도 필요하다. 교사는 아동이 올바른 행동을 하기를 기대하고 규칙을 지키라고 알려 주어야 할 때도 있다. 이때에도 교사는 아동을 비난하지 않으면서 자신의 행동이 어떻게 타인에게 영향을 주는지 이해하고 바람직한 행동과 그렇지 않은 행동을 비교할 수 있도록 메시지를 전달해야 한다. 이렇게 교사가 긍정적인 언어 환경 조성을 위해 노력하면 아동은 교사를 위안과 격려의 근원으로 보게 된다. 이러한 아동의 태도는 교사로 하여금 보다 적절히 행동을 하고자 하는 동기를 유발하고 교사로서의 유능감도 증진시켜 준다. 아동과 긍정적인 언어적 상호작용을 위한 구체적인 방법으로는 다음과 같은 것들이 있다.

① 행동반영하기

행동반영은 아동의 행동이나 아동에 대해 있는 그대로 말해 주는 것으로, 아동을 주의 깊게 관찰한 후 교사의 의견이나 평가가 아닌 교사가 본 것에 대해 비판단적으로 진술해 주는 것이다. 아동 둘이 가위바위보를 하고 있다면 교사는 "너희 둘이 가위바위보를 하고 있구나." 혹은 "가위바위보로 게임순서를 정하려 하는구나."와 같이 말해 줄 수 있으며, 운동화 끈을 묶는 아동에게는 "신발 끈이 풀어져서 묶고 있구나." 또는 "신발끈을 묶는 데 집중하고 있구나."라고 행동반영을 해줄 수 있다. 이러한 행동반영은 교사가 아동에게 관심이 있다는 것을 보여 주는 가장 강력한 방법으로 교사가 행동반영을 해주었을 때 아동은 자신이 대단히 특별한 것을 하지 않아도 교사가 관심을 보여 준다고 느껴 굳이 교사의 관심을 끌고자 튀는 행동이나 문제가 되는 행동을 하지 않게 된다. 또한 행동반영은 평가를 하지 않기 때문에 아동은 교사의 관심을 부담스러워하거나 위협적으로 받아들이지 않는다. 아동에 대해 행동반영을 하는 것은 교사에게도 이점이 있는 데, 아동을 관찰함으로써 아동의 관점을 수용하고 이해할 수 있게 되어 교사의 공감능력이 높아지며 아동과 보다 친밀한 관계를 형성할 수 있게 된다.

② 정서반영하기

정서반영은 아동이 특정 상황에서 경험하는 정서에 대해 말해 주는 것으로 교사가 일상생활에서 정서반영을 해주게 되면 아동의 정서적 유능성이 증진된다. 만일 한 학생이 미술작품을 완성하지 못했는데 수업시간이 끝났다고 투덜거린다면, "아직 작품을 끝내지 못했는데 시간이 다 되어 버렸구나. 그래서 속상하구나." 혹은 "시간이 부족해 작품을 완성하지 못해 아쉽구나."와 같이 정서반영을 해 줄 수 있다. 이러한 정서반영을 통해 아동은 자신의 정서를 인식할 수 있으며, 적절한 감정단어를 사용해 자신의 정서를 표현하는 법을 배운다. 또한 교사가 정서반영을 해 줄 때 아동은 교사가 자기 마음을 알아주고 수용, 존중해 준다고 느낀다. 올바른 정서반영을 위해 교사는 말하기 전에 아동을 주의 깊게 관찰해야 하며, 아동이 경험하는 정서를 무비판적으로 평가해야 한다. 정서는 행동에 비해 추상적이고 내적인 것이기에 교사가 단정적으로 "화났구나." "실망했네."와 같이 말하는 것은 위험하며, "화난 것 같구나." "실망한 것처럼 보이네."와 같이 아동의 정서를 유추하는 식의 표현을 쓰는 것이 좋다. 아동에게 정서반영을 할 때는 말이 너무 길어지지 않도록 주의하며 희노애락과 같은 기본 정서 외에도 질투, 분노, 좌절, 낙담, 흥분, 당황, 수치심 등 다양한 정서를 나타내는 감정단어를 사용하도록 노력한다.

③ 부연반영하기

부연반영은 아동이 말한 내용을 교사가 자신의 말로 다시 바꿔서 말하는 것으로 아동이 말한 내용을 주의 깊게 들은 후 원래 아동이 한 말을 확장하거나 재구성하여 되돌려주는 것이다. 부연반영 역시 행동 및 정서 반영과 마찬가지로 비판단적이어야 한다. 부연반영의 예는 다음과 같다.

아동: 선생님, 저기 고양이들이 있어요!

교사: 그러네. 화단 사이에 고양이 2마리가 서로 꼭 붙어 있네.

부연반영은 긍정적인 언어적 상호작용에 꼭 필요한 적극적 경청에 기반한 언어적 반응으로 부연반영을 하려면 아동의 말을 잘 듣고 그 말의 핵심 내용을 파악하는 것이 우선되어야 한다. 그 후 아이의 말을 단순히 반복하거나 요약하는 게 아니라 조금 더 구체적이거나 풍부하게 표현해 주는데, 이러한 부연반영은 아동으로 하여금 교사가 자신의 말에 관심이 있으며 이해하려고 애쓰는 신뢰할 수 있는 존재로 느끼게 한다. 이는 교사와 아동의 대화를 지속시키고 우호적인 상호작용으로 이어지게 한다.

④ 대화를 위한 질문하기

언어적 상호작용을 촉진해 주는 질문은 개방형 질문으로 대화를 유도하고 더 깊이 있는 대화를 나눌 수 있게 격려해 준다. 개방형 질문은 질문의 범위가 넓어 많은 대답이 가능하며, 정답이 정해져 있지 않기 때문에 아동이 자신의 의견과 생각을 자유롭게 표현할 수 있다. 개방형 질문의 반대는 폐쇄형 질문으로, 폐쇄형 질문은 "네." 혹은 '아니요."와 같이 단답형으로 답하거나 정답이 이미 정해져 있는 것들로, "이 동물의 이름은 뭐니?" "네가 사는 동네는 어디야?" "수학학원을 다니니?"와 같은 것들이 폐쇄형 질문이다. 정보를 얻거나 상태를 확인해야 할 때 폐쇄형 질문은 유용하지만 상호작용을 목적으로 할 때는 적절치 못하다. 폐쇄형 질문은 많은 경우 대화를 활성화하기보다는 종결시키며 아동의 참여를 적극적으로 유도하지 못하고 교사가 질문을 반복할 때 아동이 부담감을 느낄 수 있기 아동과의 언어적 상호작용을 활발히 하고자 한다면 개방형 질문을 보다 자주 사용하는 것이 좋다. 개방형 질문의 예로는 "다음에 무슨 일이 일어날까?" "우리가 어떻게 할 수 있을까?" "네 생각은 어떠니?" "너라면 어떻게 하고 싶어?" "…한다면 어떤 일이 일어날까?" "왜 그걸 좋아하니?"와 같은 것들이 있다.

⑤ 효과적으로 칭찬하기

칭찬은 아동의 자아존중감에 긍정적인 영향을 미치는 대표적인 언어적 상호작용이지만 이는 칭찬을 효과적으로 했을 때 해당되며, 비효과적인 칭찬은 오히려 해가 될 수 있다. 교사가 아동을 무분별하게 칭찬하면 아동은 칭찬을 대수롭지 않게 여기게 되며(Parsons, Kaczala, & Meece, 1982), 교사가 진심으로 칭찬한 것이 아닐지도 모른다고 생각할 수 있고, 이것이 교사와 아동의 관계에 부정적인 영향을 미칠 수도 있다(Damon,

1995). 또한 과도한 칭찬을 받게 되면 아동의 내적 동기나 흥미가 감소하고 자율성이 저해될 수 있으며(Lepper & Henderlong, 2000), 자만심에 빠지게 될 수도 있다(Harter, 2006).

효과적인 칭찬은 다음의 세 가지 준거를 충족해야 한다. 즉, 칭찬은 선택적이고, 구체적이며, 긍정적이어야 한다(Marjorie et al., 2009). 선택적인 칭찬은 칭찬받을 만한 행동에 대해서 칭찬해 주는 것으로 별 것도 아닌 일에 칭찬을 하거나 모든 아동에게 똑같은 칭찬을 하는 것은 칭찬의 효력을 떨어뜨린다. 구체적인 칭찬은 무엇을 칭찬하는 것인지 아동이 분명히 알 수 있도록 말해주는 것으로, "친구가 사물함에서 물건 찾는 것을 도와주었구나. 덕분에 친구가 과제를 완성할 수 있었네."처럼 칭찬받는 행동이 무엇인지 분명히 알려 주는 것이고, 마지막으로 효과적인 칭찬은 긍정적인 칭찬으로 누군가를 높이기 위해 다른 누군가를 낮추거나 비교하지 않고 칭찬하는 것이다. 만일 급식으로 나온 반찬을 골고루 잘 먹는 아이가 있다면, "음식을 골고루 잘 먹는구나."라고 칭찬해 주어야지, "와, 영준이는 시금치를 안 먹는데, 너는 시금치도 잘 먹는구나."처럼 칭찬하면 안 된다.

칭찬할 때는 "잘했다." "최고야."라는 평가적인 말보다는 "끈기 있게 그림을 그렸네." "이 문제를 풀기 위해 여러 가지 방식을 사용해 보았구나."처럼 행동반영을 통해 아동의 노력과 성취를 인정해 주는 게 좋으며, "연습을 많이 하더니 안무를 모두 외웠구나."와 같이 전에 비해 나아진 것과 같은 긍정적 변화, 그리고 결과와 상관없이 선한 의도를 갖고 행한 일(예: "이 문제를 풀기 위해 여러 가지 방법을 시도해 보았구나.")에 대해서도 잊지 않고 칭찬해 주도록 한다.

⑥ 개인적 메시지 사용하기

만일 아동의 행동이 자기 자신이나 타인, 환경의 안전에 위협이 되고, 권리를 침해한다고 느껴지면 교사는 아동이 부적절한 행동을 멈추고 보다 적절하게 행동할 수 있도록 안내해야 한다. 이때 사용하는 것이 개인적 메시지로 반영하기, 반응하기와 이유 제시하기, 규칙 제시하기로 구성되어 있다(Marjorie et al., 2009).

- **반영하기**: 아동의 행동이나 욕구, 감정을 행동·부연·정서 반영을 통해 말해 주는 것으로, 이를 통해 교사는 아동의 관점을 보다 분명히 알 수 있다. 아동들의 잘못된

행동은 대부분 욕구가 좌절되거나 욕구를 충족시키는 방법이 부적절했을 때 발생한다. 교사는 아동들의 잘못된 행동 자체가 아니라 어떤 욕구 때문에 그렇게 행동했는지에 대해 주의를 기울여야 한다. 수업시간이 끝났는데도 그림 그리기를 멈추지 않는 아동은 교사의 지시에 반항하고자 했다기보다 '그림을 완성하고 싶은 욕구' 때문에 그렇게 했을 가능성이 높다. 이럴 때 교사는 "시간이 다 됐는데 뭐하는 거야?" 혹은 "이제 그만해!"라고 아동을 비난하거나 일방적인 명령 대신 "그림을 끝까지 완성하고 싶구나." "그림 그리는 것이 아주 재미있나 보구나."와 같은 반영을 통해 아동의 욕구를 이해하고 존중해주어야 한다. 아동은 자신이 존중받는다고 느꼈을 때 보다 문제해결에 협조적인 태도를 보인다.

- **반응하기와 이유 제시하기:** 교사가 느끼는 감정을 말해 주고 아동의 어떤 행동이 그러한 감정을 불러일으켰는지 이유를 말해 주어 아동에게 하지 말아야 하는 행동이 무엇인지 분명하게 알려 주는 것이다. "지금 그림 그리기를 멈추지 않으면 선생님 마음이 조급해져. 이제 이 교실에서 다른 수업이 진행될 거라 교실을 비워 줘야 하거든."처럼 아이를 비난하지 않으면서 자신의 행동이 타인에게 어떤 영향을 끼치는지를 알게 하면 아동은 교사가 제시한 이유를 듣고 어떤 행동을 해야 하는지 스스로 판단·행동할 수 있게 된다. 만일 교사가 아동의 행동을 제한하려 할 때 그래야만 하는 분명한 이유를 생각하지 못한다면 행동 제한은 교사의 부정적인 감정이나 아동의 올바른 행동에 대한 지나친 기대 때문이었을 가능성이 높다. 아동에게 제시되는 이유는 그 근거가 타당해야 하며, "선생님 말을 들어야지." "그래야 착한 아이야." "그렇게 해야 좋은 거야." "그게 규칙이잖아."와 같이 애매모호해서는 안 된다.
- **규칙 제시하기:** 어떤 아동들에게는 보다 분명히 규칙을 알려주어 상황에 맞는 올바른 행동을 할 수 있도록 지도하는 것이 필요하다. 교사가 반영과 설명, 이유 제시를 해 주었지만 아동이 그 후에 어떻게 행동해야 하는지 스스로 생각하지 못한다면 교사는 아동이 해야 하는 행동지침을 알려 주어야 한다. 이때 "지금은 그림을 책상 서랍에 넣으렴. 네가 원하면 쉬는 시간에 마저 그릴 수 있고 집에 가져가서 완성할 수 있단다."처럼 아동이 따라야 할 행동과 함께 아동의 욕구를 충족시킬 수 있는 대안도 함께 제시해 주면 더욱 좋다. 아동에게 제시되는 규칙은 아동이 따를 수 있는 합리적인 규칙이어야 하며, 부정적 행동보다는 해야 할 행동에 초점을 두는 것이 좋

다. 교실에서 뛰어다니는 아동이 있다면 "교실에서는 뛰어다니지 말라 그랬지!"라고 말하는 대신에 "교실에서는 걸어 다녀야 해."라고 하면 된다. 규칙을 따르거나 규칙에 가깝게 행동하는 아동에게는 잊지 말고 인정과 칭찬을 해 주도록 한다.

3 또래 간 상호작용

친구를 사귀고 또래집단에 받아들여지는 것은 아동기의 가장 중요한 과제이기 때문에 교사는 아동이 또래와 우호적인 관계를 맺고 지속할 수 있도록 도와야 한다. 또래는 아동의 사회화에 있어 중요한 기능을 담당하는 존재로, 또래관계를 통해 아동은 자신과 타인에 대한 이해를 발달시키며 사회적 구조에서 자신이 어디에 속하는지와 같은 사회적 정체감을 획득한다. 또한 아동이 새로운 사회적 기술을 배우고 현재의 기술을 정교하게 다듬으며 정서와 행동을 조절하는 법을 배우는 데도 또래는 매우 중요한 역할을 담당하며, 또래와 함께하는 즐거운 경험은 아동이 학교나 가정에서 겪는 스트레스를 감소시켜 주고 학교 적응력을 높여 준다.

반면, 또래 상호작용이 원활하지 않을 때 아동은 고립감과 외로움, 자존감 저하, 불안과 우울감 증가와 같은 정서적인 문제를 겪을 수 있으며, 사회성 기술을 발달시키지 못해 대인관계의 어려움을 갖게 될 수 있다. 또한 친구들과의 관계가 좋지 않으면 학교에 대한 적응이 어려워지고 학업에 집중하지 못할 수 있으며, 학교생활에 즐거움을 느끼지 못해 외톨이가 되면 학습에 대한 의욕도 잃을 수 있다. 또래관계의 어려움은 여러 가지 행동문제를 발생시키기도 한다. 친구들에게 소외되거나 놀림을 당하면 공격적인 행동을 나타낼 수 있고, 반대로 너무 소극적으로 변하여 친구들과의 관계를 회피하거나 자신을 드러내지 못할 수도 있다. 따라서 교사는 아동의 또래관계에 대해 주의 깊게 살펴보며 긍정적인 또래 간 상호작용이 이루어질 수 있도록 다양한 지원을 해야 한다.

1) 또래관계 촉진하기

아동들마다 또래관계를 형성하고 유지하는 능력은 각기 다르다. 어떤 아동은 뛰어난 사교성으로 수월하게 친구를 사귀지만 또래가 다가와 주기만을 기다리는 아동도 있다. 이처럼 아동마다 교사의 지원을 필요로 하는 정도가 다르기 때문에 교사는 도움이 필요한 아동을 위해 특별한 지원을 해야 하지만, 이와 함께 학급 내 모든 아동이 서로 긍정적인 상호작용을 할 수 있도록 또래관계가 존중되고 촉진하는 교실환경을 구성하는 것에도 힘써야 한다.

(1) 또래와 함께할 수 있는 기회 제공하기

교사는 매일의 일과에서 아동들이 서로에게 관심을 갖고 말하고 놀고 함께 있을 수 있는 기회를 자주 제공해 주어야 한다. 이러한 기회는 모둠활동이나 협동 작업처럼 또래와 함께하는 활동을 계획하는 식의 구조화된 활동이 될 수도 있고, 쉬는 시간이나 자유 시간에 아동들이 자유롭게 서로에게 반응할 수 있는 비구조화된 활동으로도 제공될 수 있다. 아동들을 짝지어 주는 것도 친구 만들기에 도움이 되는데, 짝과 함께 공동 작업을 하며 협력하고 돕는 경험을 하게 되면 아이들은 서로에 대한 친밀감이 높아진다.

(2) 서로의 이름을 알게 하기

친하게 지내려면 상대의 이름을 알고 있어야 한다. 대부분의 아동은 이름을 모르는 아동보다 알고 있는 아동을 편하게 여기기 때문에 아동들이 서로의 이름에 대해 알 수 있도록 교사는 아동들의 이름을 정확히 불러주어야 한다. 특히 아동을 칭찬할 때 이름을 강조해 불러 주면 다른 아동들이 그 아동에 대해 긍정적인 이미지를 갖게 되어 또래관계에 도움이 된다.

(3) 또래와의 유사성 발견하기

"끼리끼리 논다."는 말처럼 사람들은 비슷한 점이 있다고 생각되는 상대에게 이끌리며 그들을 친구로 선택한다. 따라서 교사는 평소에 아동들끼리의 유사성을 찾아내 말해주도록 한다. '내가 좋아하는 스포츠'라는 주제로 대화를 나누는 중에 같은 야구팀을 좋아하는 아동들이 있다면 이를 강조해서 말해 주거나, "너희 둘이 모두 좋아하는 것을 찾아 보자."라며 공통점을 찾는 활동을 해 볼 수 있다. 이를 통해 아동은 또래가 자신과 비슷한 태도, 흥미, 관심을 갖고 있음을 알게 되며 친밀감을 느끼게 된다.

(4) 또래의 의도 파악하기

상대의 의도를 어떻게 해석하느냐에 따라 관계의 질이 결정된다. 만일 상대를 경쟁자나 적대적인 존재로 여기게 되면 갈등이 발생하게 될 가능성이 높다. 간혹 아동들은 상대의 의도를 잘못 해석할 때가 있다. 이럴 때 교사는 그 상황에 개입하여 아동이 다른 아동의 의도를 오해하지 않고 상호작용할 수 있도록 돕는다. 예를 들어, 배가 아파 엎드려 있는 진영이에게 명훈이가 달려와 "야, 뭐 해? 빨리 놀자!"라며 손을 잡자, 진영이가 이를 뿌리치며 "저리 가!"라고 소리를 질렀다고 해 보자. 명훈이는 진영이가 자기를 싫어한다고 생각해 화를 내거나 울적해할 수 있으며, 진영이 역시 명훈이가 자신을 괴롭혔다고 생각할 수 있다. 이때 교사는 아동들에게 상대의 행동에 대한 의도를 부정적으로 해석하지 않게 도울 수 있다. "명훈아, 지금 진영이는 배가 많이 아파서 힘들대. 아프지 않으면 명훈이랑 재밌게 놀고 뛰어다닐 텐데, 몸이 아프니 조금만 건드려도 짜증이 나는 것 같네. 명훈이랑 놀 수 없어서 화도 난 것 같고." "진영아, 명훈이는 네가 아픈 줄 몰랐구나. 명훈이는 너랑 노는 게 좋아서 함께 놀자고 온 거야. 네가 아픈 줄 알았다면 그렇게 하지 않았을 거야."라고 말해 줄 수 있다. 이렇게 교사가 제공해 준 정보를 통해 아이들이 그 상황을 긍정적인 시각으로 볼 수 있게 되며 또래관계를 이어 나갈 수 있게 된다.

(5) 자신의 행동이 타인에게 미치는 영향 알게 하기

아동은 자신의 행동이 타인에게 어떤 영향을 미치는지 알게 되면 좀 더 적절히 행동할 수 있다. 만일 아이가 자신의 행동과 다른 사람의 반응과의 연관관계를 잘 알지 못한다면 교사는 이에 대해 알 수 있게 정보를 제공해 주어야 한다.

명지는 게임에서 이겨서 신이 나 크게 소리를 질렀다. 그 소리를 들은 나영이는 인상을 찌푸리며 귀를 막는다. 하지만 명지는 나영이의 이러한 행동을 인식하지 못한 채 계속 소리를 지른다면 나영이는 명지를 피하거나 명지에게 공격적으로 행동하게 될 수 있다. 이때 교사는 명지의 행동을 비난 없이 반영해 주면서 이러한 행동이 나영이의 어떤 행동을 유발했는지 알 수 있게 지도해 준다. "명지야, 게임에서 이겨서 정말 신이 났구나. 너무 크게 소리를 지르지는 마. 나영이를 보렴. 나영이가 큰 소리에 깜짝 놀라 귀를 막고 있네. 조금 소리를 줄이자."라고 말해 주고 명지가 이에 따르면, "하하, 이제 나영이가 귀에서 손을 뗐구나. 나영이의 기분이 훨씬 편해 보이는 걸! 명지가 큰소리를 듣기 힘들어하는 친구를 위해 소리를 줄여 주었구나."라며 긍정적인 피드백을 해주도록 한다.

평소 교사가 반영을 사용해 아동들의 얼굴표정이나 몸짓, 말을 통해 추측한 정서와 생각을 말해 주고 같은 상황에서도 각자 다른 정서를 느낄 수 있음을 알려 주면 아동들도 자신과 타인의 정서에 대해 보다 잘 인식할 수 있으며, 자신의 감정과 생각을 반영하는 자기표현능력과 행동을 조절하는 능력 또한 발달한다.

(6) 올바르게 대화하기

또래에게 인기가 있는 아동은 다른 아동과 상호작용할 때 적절한 방식으로 정보를 나누고 대화를 한다. 대화를 잘하기 위해서는 서로에게 관심 있는 주제를 찾고, 같은 주제로 대화를 지속하며 정보를 공유해야 하며(Sharp, 1988), 말을 할 때 상대를 쳐다보는 것도 중요하다. 교사는 아동이 이러한 기술들을 사용해 또래와 대화할 수 있도록 지도해 주어야 한다. 이를 위해 교사는 다음과 같은 것들을 해 볼 수 있다

① 아동 간의 대화 연결해 주기

또래에게 물어야 할 말을 교사에게 하거나 제대로 들리지 않게 한다면 다른 아동에게 아동이 한 질문이나 말을 말해 주어 아동들이 서로 대화할 수 있게 연결해준다. 예를 들어, 게임을 하고 있는 아동을 본 한 아동이 교사에게 다가와 "선생님, 나도 저거 하고 싶어요."라고 한다면, 교사는 대신 답해 주는 게 아니라 그 아동이 직접 게임을 하는 아동에게 물을 수 있도록 지도해 준다. "아, 은률이도 저 게임을 함께하고 싶구나. 그럼 현준이에게 물어보렴."이라고 말해 준다. 만일 아동이 이를 어려워한다면 아동에게 어떻게 말하는 게 좋은지 알려 주거나 함께 다른 아이에게 다가가 "현준아, 은률이가 네게 묻고 싶은 게 있대."라며 상호작용의 시작을 돕는다.

② 대화가 지속되도록 돕기

아동들이 대화를 하게 되면 방해하지 않아야 하지만 만일 대화가 잘 이어지지 않는다고 여겨지면 개입한다. 아동들은 종종 상대의 말을 듣지 않고 자기 말만 하거나 주제에서 벗어난 이야기를 해 대화 상대를 당황하게 할 때가 있다. 이때 교사는 "잠깐, 아직 지영이의 말이 끝나지 않았구나. 지영이의 말을 좀 더 들어보자." "지금 어벤저스에 대해 이야기를 나누는 중이었지. 그러니까 현준아, 네가 좋아하는 어벤저스가 누구라고?"처럼 아동의 주의를 환기시켜 주제에 맞게 대화가 지속될 수 있도록 도와준다. 아동이 상대의 말을 경청하고 대화를 잘 나눌 때 교사는 이에 대해 잊지 않고 칭찬해 주어 올바른 대화법을 익힐 수 있도록 해 준다.

(7) 또래관계와 관련된 활동하기

교사가 또래관계와 관련된 책을 아동들과 함께 읽거나 그림을 그리는 등의 교육활동을 할 기회를 자주 갖고, 이러한 활동 시 친구에 대해 생각해 볼 수 있는 질문을 던지고 이야기하는 시간을 가지면 아동들은 자연스럽게 또래관계에 대한 관심이 높아지고 친구 사귀기의 기술도 발달시킬 수 있게 된다. 함께 팀을 이루어 하는 게임이나 놀이, 공동작품을 만드는 것, 연극 등이 또래와 접촉하고 협력할 수 있는 기회를 제공해 사회성 발달을 촉진할 수 있는 대표적인 활동들이다.

2) 또래갈등 중재하기

또래는 함께 즐거움을 공유하는 사이이지만 동시에 자주 대립하고 갈등하는 존재이기도 하다. 초등학생이 되면서 언어·인지 능력이 발달해 갈등이 일어날 때 신체적 방법보다는 조롱하고 놀리기, 별명 부르기와 같은 언어적 방법을 더 많이 사용하는 경향이 있다. 아동들은 경쟁이 심한 환경에서 보다 공격적이 되는 경향이 있다. 또래의 성취에 위협을 느끼게 되고 다른 아동을 눌러 버림으로써 자신의 위치를 확고히 하려 들면서 적대적 공격성이 높아진다. 학령기 아동, 특히 남학생들은 정당하다고 믿거나 또래들 사이에서 체면을 유지하기 위한 보복적인 행동을 나쁘다고 생각하지 않는다(Shaffer & Kipp, 2006). 만일 교사가 아동들 사이에서 발생하는 갈등을 무시하거나 적절히 다루지 못한다면 학급은 혼란스럽고 갈등은 증폭되며, 아동들은 갈등을 다루는 방법으로 공격성을 계속 사용하게 될 것이다.

갈등 상황이 꼭 부정적인 것만은 아니다. 여러 사람이 함께 살아가는 환경에서 사람들 간의 의견에 차이가 있고 행동하는 방식이 다른 것은 자연스런 일이다. 갈등 상황을 해결하는 경험을 통해 아동은 사회적 유능성을 발달시켜 나간다. 교사는 또래 간의 갈등이 발생했을 때 스스로 해결할 수 있는 기회를 주어야 하지만 공격적인 헝동이 일어날 가능성이 높다고 판단되면 갈등중재자로서 개입해 아동들이 올바른 갈등해결 방법을 익힐 수 있도록 도와야 한다. 갈등중재는 다음과 같은 단계로 구성된다.

(1) 중재 시작하기

교사는 아동들의 공격적 행동을 멈추게 하고, 싸우는 아동들을 떼어 놓고 아동들 사이에서 발생한 갈등이 무엇 때문인지 문제를 정의해 준다. 만일 아동들이 하나의 물건을 두고 서로 먼저 하겠다고 다툰다면, 교사는 "지후야, 세빈아. 너희 둘 다 이걸 하고 싶구나. 그런데 어떻게 할지에 대해서는 둘의 생각이 다른 것 같네."라고 말해 준 후, 갈등이 해결될 때까지 교사가 그 물건을 일시적으로 갖고 있을 것이라고 알린다. "어떻게 할지 결정될 때까지 이건 선생님이 갖고 있을게. 잘 의논해 보렴." 이렇게 하면 아동들은 물건을 쟁탈하는 것을 멈추고 문제해결에 관심을 기울이게 된다.

(2) 각 아동의 관점을 분명히 하기

"자, 지후야, 네가 원하는 게 무엇인지 말해 봐. 지후가 말한 후에는 세빈이가 말할 거야. 한 사람이 말하는 동안은 잘 들어 주자."와 같이 각각의 아동들이 원하는 게 무엇인지 차례대로 말하게 하는 과정으로 한 아동이 말하는 동안 다른 아동이 끼어들지 못하게 해 각 아동이 충분히 자신이 생각을 말할 수 있도록 한다. 교사가 효율적인 중재자가 되려면 아동들은 교사가 어느 한쪽 편을 들지 않는 사람이라고 생각해야 하므로 교사는 각 아동의 생각에 대해 평가하지 않고 중립적인 자세를 취하며 각 아동의 입장을 명확하게 정리해 말해 준다.

(3) 갈등 요약하기

아동들 사이에서 발생한 갈등에 대해 누구를 편들거나 평가하지 않고 중립적으로 정의한 후, 각 아동이 문제를 해결할 방법을 찾아낼 책임이 있다는 것을 분명히 말한다. "지후야, 세빈아, 너희 둘 다 이것을 갖고 놀고 싶어 해. 그래서 문제가 생겼지. 이제는 너희 둘 다 만족할 만한 해결책을 찾아야 해."라고 말해 주며 갈등해결의 단계로 나아간다.

(4) 대안 찾기

문제를 해결하기 위한 가능한 해결책들을 찾는 단계로 갈등을 일으킨 아동들이 스스로 해결책을 생각해 제시할 수도 있고 주변에 있던 아동들이 의견을 낼 수 있다. 교사는 아동들이 생각해 낸 대안에 대해 어떠한 평가도 하지 않아야 하며, 칠판이나 종이에 대안들을 적어 놓도록 한다. 교사는 아동들이 대안을 찾는 과정에 참여하도록 격려하고 아동들이 대안 찾기를 어려워한다면 가능한 한 다양한 대안을 제시해 줄 수 있다. "둘이 동시에 함께 나눌 수 없을 땐, 사람들은 가위바위보나 묵찌빠 같은 것을 해서 순서를 정하기도 해. 이것 말고도 순서를 정할 수 있는 방법은 여러 가지가 있지."처럼 말해 주어 아이들의 대안 찾기를 포기하지 않도록 도와줄 수 있다.

(5) 해결책 정하기

찾아낸 대안들 중에서 갈등과 관계된 아동들이 서로 만족하는 행동 계획을 정하도록 돕는다. 적어 놓은 대안들을 하나씩 살펴보며, "지후는 이 방법에 대해 어떻게 생각하니? 세빈이는?"과 같이 갈등에 관계된 아동들의 의견을 묻고 한 아동이라도 반대하는 방안은 포함시키지 않는다. 여러 대안 중에서 하나의 해결책으로 좁혀지면 교사는 아동들이 해결책을 찾아낸 것에 대해 기뻐하며 칭찬해 준다.

(6) 해결책 실행하기

이제 아동들이 찾아낸 해결책을 실행할 단계이다. 교사는 아동들에게 어떻게 하기로 했는지 결정된 사항을 분명하게 말해 준 후, 아동들이 합의한 대로 수행하는지 주변에서 지켜본다. 만약 계획대로 잘 되지 않으면 아동들에게 다가가 어떻게 수정하면 좋을지 논의하며 실행될 수 있도록 도와준다.

3) 또래 괴롭힘 다루기

아동들 간의 단순한 일상적 다툼을 넘어서 지속적으로 한 아동이나 집단의 사람들에게 부정적인 힘을 행사할 때 이를 '또래 괴롭힘'이라고 한다. 또래 괴롭힘에는 피해자, 가해자 및 목격자가 있는데, 가해아동과 피해아동 모두 장기적으로 볼 때 학업 및 사회적으로 성공하지 못할 가능성이 높으며 목격자 역시 부정적인 영향을 받는다. 교사는 또래 괴롭힘을 심각하게 받아들여야 하며, 아동이 스스로 알아서 해결할 것이라 생각해서도 안 된다. 교사는 또래 괴롭힘을 예방할 수 있도록 교육활동을 계획하며, 또래 괴롭힘이 발생했을 때는 반드시 가정과 학교가 협력해 중재에 나서야 한다. 또래 괴롭힘을 예방하기 위해 교사가 할 수 있는 일들은 다음과 같다.

(1) 또래 괴롭힘에 대해 이야기 나누기

아이들과 함께 또래 괴롭힘이 무엇인지 이야기를 나누고 이와 관계된 책을 읽거나 글과 그림으로 표현하는 활동을 통해 또래 괴롭힘의 문제를 이해할 수 있게 한다. 또래 괴롭힘을 목격한 적이 있는지, 또래 괴롭힘을 당하면 어떤 기분일지, 또래 괴롭힘이 일어나는 상황에서 할 수 있는 일들은 무엇일지 아동들과 자유롭게 이야기하며 또래 괴롭힘이 묵과해서는 안 되는 일임을 알게 해 준다.

(2) 또래 괴롭힘에 대한 규칙 만들기

또래 괴롭힘이 없는 환경을 만들기 위한 책임이 교실 내 모든 아동에게 있음을 알리고 아동들과 함께 학급 내 또래 괴롭힘을 없애기 위한 규칙을 만들어 본다. 규칙이 정해졌으면 교사는 아동들이 규칙을 지킬 수 있도록 격려한다. 대부분의 또래 괴롭힘은 교사가 또래 괴롭힘을 보지 못했을 때 발생하므로 또래 괴롭힘이라고 생각될 때 교사에게 말할 수 있게 하는 것이 가장 중요한 규칙이 된다. 그런데 어떤 아동들은 교사에게 말하는 것을 고자질하는 것으로 생각하고 고자질은 나쁜 것으로 생각할 수 있기 때문에 아동들에게 '고자질'과 '알려야 하는 것'의 차이를 알려 주어야 한다. 고자질은 위험하지 않은 행동에 대해 일일이 지적하는 것이라면 알려야 하는 것은 또래 괴롭힘과 같은 위험한 상황을 알려서 교사가 다룰 수 있게 해주는 것임을 말해 준다. Beane(2005)는 또래 괴롭힘에 대한 규칙을 다음과 같이 제시했다.

- 누군가 괴롭힘을 당하는 것을 보면 교사에게 이야기한다.
- 누군가 괴롭힘을 당하는 것을 알면 교사에게 이야기한다.
- 누군가 괴롭힘을 당하고 있다고 생각하면 교사에게 이야기한다.
- 또래 괴롭힘에 대해 아무것도 안 하면 또래 괴롭힘이 괜찮다고 하는 것이다.
- 우리는 함께 노력하여 학급에서 또래 괴롭힘을 멈출 수 있다.

(3) 또래 괴롭힘을 목격했을 때 동참하지 않기

또래 괴롭힘을 목격했을 때 함께 괴롭힘에 동참하거나 동참을 요구받게 될 수 있다. 평소 교사는 또래 괴롭힘을 목격했을 때 할 수 있는 일들에 대해 아동들과 이야기를 나누어 괴롭힘에 동참하지 않도록 가르쳐야 한다. 괴롭힘에 동참하라는 요구를 거절하고 더 나아가 괴롭히는 것은 안 된다고 말하거나 가해자 앞에서 피해자를 지지해 줄 수 있도록 한다. 이런 수준의 행동을 하는 것을 부담스러워하는 아동이라면 피해자를 개인적으로 지원하거나 피해자를 보호하기 위해 다른 친구들을 불러올 수 있으며, 알고 있거나 목격한 또래 괴롭힘에 대해 교사에게 말하면 된다(Beane, 2005; Jackson, 2003; McCain, 2001). 이러한 모든 행동이 또래 괴롭힘을 당하는 아동을 도와주는 방법임을 아동들에게 알려 주어야 한다.

(4) 또래 괴롭힘의 희생자가 되지 않는 방법 알려 주기

신체적으로 허약하고 언어능력이나 자아존중감이 낮으며 사회적으로 고립되어 있거나 사회적 기술이 부족한 아동들이 또래 괴롭힘의 희생자가 될 가능성이 높다. 이러한 아동들은 또래가 괴롭히거나 놀릴 때 소극적으로 반응하는 경우가 많은데 이때 보다 자신감 있게 말하고 “하지 마!”라고 자기주장을 할 수 있게 지도하면 또래 괴롭힘을 줄일 수 있다. 하지만 이러한 자기주장을 할 수 있게 되기까지는 연습할 시간이 필요하므로 괴롭히는 상황이 발생했을 때 빨리 교사에게 말해 도움을 청할 수 있도록 해야 하고, 혼자 있지 말고 친구들과 함께 다니기, 괴롭히는 아동과 떨어져 있기 등과 같은 방법도 지도해 주어야 한다. 친구가 한 명이라도 있으면 또래 괴롭힘을 당하게 될 가능성이 줄어

들게 되므로 친구를 사귈 수 있는 기회와 도움을 제공하는 것도 함께 고려해야 한다. 어떤 아동은 또래의 행동을 잘못 해석해 상황에 맞지 않는 과하고 부적절한 반응을 하여 또래 괴롭힘의 빌미를 제공하기도 한다. 이러한 아동의 경우 사회적 단서를 제대로 해석할 수 있도록 지원하는 교사의 도움이 필요하다.

(5) 또래를 괴롭히는 아동에게 분노 충동을 통제하는 법 알려 주기

일반적으로 또래를 괴롭히는 아동은 두려움이 없고 충동성이 높은 편으로 문제가 있을 때 쉽게 흥분하고 힘을 사용해 해결하려는 경향이 많다. 이러한 아동들에게는 공격적인 방식으로 행동하는 것은 절대 허용되지 않는다는 것을 분명히 해야 하며, 이와 함께 공격성을 행사하게 만드는 강한 감정을 조절하는 법을 지도해주는 것이 필요하다. 강한 분노감정이 언제, 무엇 때문에 올라오는지에 대해 아동과 이야기를 나누며 분노충동을 조절하고 평정심을 유지할 수 있는 방법들에 대해 알려 준다. 감정을 다스릴 수 있도록 감정 모니터링을 할 수 있게 하고, 심호흡하기, 기분이 좋아지는 상상해 보기, 숫자를 세어 보기, 자리 옮기기, 또는 '괜찮아. 신경쓰지 마!' '때리면 안 돼.' 등 혼잣말하기 등 화가 났을 때 할 수 있는 대안도 찾아보게 한다. 또한 상대방의 감정이나 관점을 이해할 수 있도록 괴롭힘의 피해자가 느낄 수 있는 감정을 알려 주어 감정이입과 공감능력을 높여 주는 것도 중요하다.

참고문헌

박선웅 외(2012). 고등학교 사회문화. 금성출판사.

윤초희(2004). 또래 협동학습 맥락에서의 아동담화: Vygotsky식 견해의 확대. **교육학연구**, 42(3), 91-122.

차인영, 최미미, 서영숙(2016). 교사-유아 상호작용 및 교실환경과 유아의 또래상호작용이 유아의 언어. 인지발달에 미치는 영향: 한국아동패널 5차년도 자료를 중심으로. **육아정책연구**, 10(1), 95-117.

Bavelas, J. B., & Chovil, N. (2006). Nonverbal and verbal communication: Hand gestures and facial displays as part of language use in face to face dialogues, In V. Manusov & M. Patterson (Eds.), *The Sage handbook of nonverbal communication* (pp. 97-118). Sage Publications.

Beane, A. L. (2005). *The bully free classroom*. Free Spirit Publishing.

Bugental, D., Caporeal, L., & Shennum, W. A. (1980). Experimentally produced child uncontrollability: Effects on the potency of adult communication patterns. *Child Development*, *51*, 520-528.

Damon, W. (1995). *Greater expectations: Overcoming the culture of indulgence in America's homes and schools*. Free Press.

Gazda, G. M., Balzer, F., Childers, W., Nealy, A., Phelps, R., & Walters, W. (2006). *Human relations development-a manual for educators* (7th ed.). Allyn and Bacon, Inc.

Hall, E. T. (1966). *The hidden dimentions*. Doubleday & Company, Inc.

Harter, S. (2006). The self. In N. Eisenberg, W. Damon, & R. M. Lerner (Eds.), *Handbook of child psychology* (pp. 505-570). Jon Wiley & Sons.

Hyson, M. (2004). *The emotional development of young children*. Teachers College Press.

Jackson, J. S. (2003). *Bye-bye, Bully! A kid's guide for dealing with bullies*. Abbey Press.

Key, M. R. (1975). *Paralanguage and kinesics*. Scarecrow Press.

Knapp, M. L., & Hall, J. (2005). *Nonverbal communication in human interaction*. Thompson Learning.

Krannich, C., & Krannich, R. (2001). *Savvy interviewing: The nonverbal advantage*. Impact Publications.

Lagattuta, K. H., & Wellman, H. M. (2001). Thinking about the past: Early knowledge about links between past experiences, thinking and emotions. *Developmental Psychology*,

38, 564–580.

Lepper, M. R., & Henderlong, J. (2000). Turning "play" into "work" and "work" into "play": 25 years of research on intrinsic versus extrinsic motivation. In C. Sanson & J. M. Harackiewicz (Eds.), *Intrinsic and extrinsic motivation: The search for optimal motivation and performance* (pp. 257–307). Academic Press.

Machotka, P., & Spiegel, J. (1982). *The articulate body*. Irvington Publishers.

Marjorie J. Kostelnik, Alice Phipps Whiren, Anne K. Soderman, Kara M. Gregory. (2009). *Guiding Children's Social Development & Learning* (6th Ed.), 박경자 외 공역. 교문사.

Mashburn, A. J., Pianta, R. C., Hamre, B. K., Downer, J. T., Barbarin, C. A., Bryant, D.B., et al. (2008). Measures of classroom quality in prekindergarten and children's development of academic, language, and social skills. *Child Development*, *79*(3), 732–749.

Matsumoto, D. (2006). Culture and nonverbal behavior. In V. Manusov & M. Patterson (Eds.), *The Sage handbook of nonverbal communication* (pp. 219–336). Sage Publications.

McCain, B. R. (2001). *Nobody knew what to do: A story about bullying*. Albert Whitman & Company.

Mehrabian, A. (1972). *Nonverval communication*. Aldin–Atherton.

O'Hair, D., & Friedrich, G. (2001). *Strategic communication*. Houghton–Mifflin.

Parsons, J. E., Kaczala, C. M., & Meece, J. L. (1982). Socialization of achievement attitudes and beliefs: Classroom influences. *Child Development*, *53*, 322–339.

Rubin, K. H., Bukowski, W. M., & Parker, J. G. (2006). Peer interactions, relationships, and groups. In N. Eisenberg, W. Damon, & R. M. Lerner (Eds.), *Handbook of child psychology* (pp. 571–645). Wiley.

Shaffer, D. R., & Kipp, K. (2006). *Developmental psychology: Childhood and adolescence* (7th ed.). Brooks/Cole.

Sharp, C. (1988). *Between you and me: Facilitating child to child conversations*. Educational Productions.

Wasserstein, S. B., & La Greca, A. M. (1996). Can peer support buffer against behavioral consequences of parental discord? *Journal of Clinical Psychology*, *25*, 177–182.

Witherington, D. C., Campos, J. J., & Hertenstein, M. J. (2001). Principles of emotion and its development in infancy. In G. Bremner & A. Fogel (Eds.). *Blackwell Handbook of Infant Development* (pp. 427–464). Blackwell.

Zuckerman, M. et al. (1981). Controlling nonverbal cues: Facial expressions and tone of voice. *Journal of Experimental Social Psychology*, *17*, 506–524.

Chapter 05

미술을 활용한 초등학생 사회정서발달 지도

길은영

1. 아동발달과 미술
2. 미술을 활용한 아동 사회정서발달 지도 프로그램 개발
3. 미술을 활용한 아동 사회정서발달 지도 프로그램 실제

미술은 회화, 조각, 건축, 공예 등 시각적으로 표현되는 예술의 한 분야이다. 미술은 시대와 사회의 변화에 따라 영향을 받으며 다양한 의미를 가진다. 인간은 물질이나 매체를 이용하여 조형의 의지를 시각적 공간적으로 표현한다. 인간은 미술을 통해 조형의지를 가지고 그들의 심상이나 정서, 생각 등을 조형요소인 형태, 선, 색, 기호 등 다양한 요소를 조합하여 의도나 감정을 전달한다. 미술은 작업자의 조형의지를 표현하는 제작활동과 그것을 보고 감상하고 즐기는 활동으로 나뉠 수 있다. 시각적으로 표현한 미술은 내용과 형식을 기본 구조로 하여 작품이 담고 있는 형식과 내용을 미적 지각, 관찰활동을 통해 감상하는 것이다.

미술의 정의에서 알수 있듯이, 미술은 인간의 표현주제를 시각적 · 공간적 · 조형적으로 표현하는 방법과 관련된다.

미술교육은 미술과 교육이 개별적인 개념을 가지고 있는 것이 아닌 인간, 사회, 문화, 교육 등과 관련을 가지며 전체적인 맥락으로 이해되어야 한다. 미술교육은 인간을 주체로 하는 교육이므로 인간에 대한 이해를 필요로 하며, 미술을 통해 얻을 수 있는 감정, 창의성, 전인교육과 같은 능력을 함양하는 목적을 가진다. 학교에서 실시되는 미술교과는 미술을 가르치는 것과 미술을 통한 교육, 둘 다를 내포하고 있다. 미술활동을 통해 미술을 배우면서 정서를 표현하고 창의성을 발달시키고 미술작업을 하는 등안 문제해결력이 증가됨과 동시에 심리감과 성취감을 획득할 수 있다.

미술과 교육은 인간의 가능성이 최대한 신장될 수 있도록 돕고 인간의 내면을 시각적 · 공간적 · 조형적으로 표현하며 그것을 이해하며 감상하는 교육이다. 이렇듯 미술은 우리 자신과 주변의 세계를 이해하고 살펴보면서 풍부하게 활용하게 할 수 있다. 미술경험은 시각적 판단능력을 가지게 하며, 개인과 공동의 미적차원을 향상시킬 수 있다. 이와 같이 미술이 가진 특성과 의미를 바탕으로 발달단계를 고려하여 계획된다면 아동이 미술을 활용하여 자신을 표현하고 상호작용하며 또래 간의 관계와 환경과 적응력을 향상시키는 것이 가능하다. 이 장에서는 미술과 아동발달을 알아보고 실제 미술을 활용한 프로그램을 계획하는 데 필요한 지도안을 제시하고자 한다.

1 아동발달과 미술

1) 미술과 정서발달

정서란 자극에 대해 나타나는 생리적 변화 또는 얼굴표정이나 행동반응을 말하며, 일반적으로 감정 또는 느낌이라고 한다. 의식적으로 경험된 인간의 정서는 기분상태 및 행위경향성이 이를 촉발할 상황과 자기가 결합될 때 생겨나는 경험이다. 따라서 정서는 여러 가지 수준의 처리과정이 통합된 것으로 볼 수 있다. 아동의 정서는 태어나면서부터 '쾌'와 '불쾌'로 시작하여 행복, 분노, 놀람, 공포, 혐오, 슬픔, 기쁨 등의 기본정서인 1차 정서로 분화한다. 1차 정서는 영아기 초기에 나타나며, 이후에 수치, 부러움, 죄책감, 자부심과 같은 2차 정서인 복합정서가 나타난다. 정서는 2세가 되면 이미 11종류의 성인의 정서와 같이 분화 · 발달한다(최은실, 방희정, 2013).

미술재료를 통해 느끼는 감각은 아동의 정서발달에 도움을 준다. 보다 어린 아동은 자신의 감각에 호소하는 다양한 물질들과 마주침 속에서 관심과 흥미가 촉발된다. 미술재료는 아동에게 자신과 환경을 이해하고 관계를 형성하게 하는 물질이 될 수 있다. 부드럽고 촉촉한 재료는 아동에게 긍정적인 정서를 불러일으킬 수 있다. 딱딱하고 거친 재료는 아동에게 새로운 감각을 일깨운다. 재료에 대한 감각을 느낄 수 있는 시간을 제공하고, 경험한 감각을 언어로 표현하는 과정에서 아동은 정서를 표출하는 규칙에 대한 이해가 증가한다. 아동은 성장과정에서 자신의 얼굴표정에 진짜 정서를 표현하는 것이 어렵거나 제한되어 있기 때문에 미술활동 중 감각과 정서의 만남은 긍정적 · 부정적 정서, 크고 작은 정서표현의 정도를 동시에 경험하게 한다. 성장기 동안 아동은 자기개념과 학교생활 적응, 또래 관계, 부모 및 교사와의 관계, 학업 등 다양한 문제를 가질 수 있고 이에 대한 정서를 가질 수 있다. 미술활동은 아동의 다양한 정서를 표현할 수 있게 도와주며, 자기표현을 통해 정서를 순화시킬 수 있게 한다. 아동에게 그림은 아동이 세상을 어떻게 보고 느끼고 생각하고 있는지를 나타내는 만국 공통어이며, 아직 논리적 사고력과 언어적 유창성이 발달하기 전의 11세 이전의 아동에게는 그림이 자신의 마음을 나타내는 자연스러운 수단이다. 그림에는 말로 표현하지 못하는 느낌과 생각, 공상,

갈등, 걱정, 자신을 둘러싼 세상에 대한 지각이 담겨 있다. 그림에는 언어의 표징, 아동이 획득한 개념과 생활경험, 자아상의 표현, 아동의 욕구표현, 환경에 대한 태도, 성격의 투사, 무의식의 투사, 정신과 신체적 병리에 관련된 상징까지 담고 있다. 미술을 매개로 하는 미술치료에서는 이러한 부분을 활용하여 아동은 진단하고 치료한다.

미술교육현장에도 아동의 자기표현과 감각경험, 생각을 표현하면서 정서 안정과 순화, 성장을 북돋울 수 있다. 아동에게 억제된 부정적 정서가 미술활동으로 표출되고 이러한 과정을 교사가 수용할 수 있다면 부정적 정서는 긍정적으로 변화되며, 자신의 감정을 이해하고 조절할 수 있도록 도울 수 있다. 따라서 미술활동은 정서적 측면과 심리치료적 기능을 동시에 가진다.

미술재료에서 감각을 일깨우는 물기가 많은 습식재료나 매체가 심리를 촉진하거나 건조한 매체가 심리를 통제한다는 것을 이해하고, 자신의 감정을 표현하기 힘들어하는 위축된 정서를 가진 아동에게 부드러운 천사점토나 찰흙을 적당한 양으로 제공하여 자유롭게 탐색하는 과정에서 다양한 정서발달이 일어날 수 있다.

정서발달은 개인이 자신의 감정을 이해하고 표현하며 조절하는 능력을 습득하는 과정으로 성격 형성, 대인관계, 인지능력 등에 큰 영향을 미친다. 정서발달의 단계는 학자마다 조금씩 다르지만 일반적으로 다음과 같이 구분되며, 미술을 통해 아동에게 각 단계별로 교사가 가져야 할 태도와 미술접근을 제안하고자 한다.

(1) 출생~1세

출생 후 처음 몇 개월 동안 아기는 주로 미소, 울음, 하품 등의 간단한 감정을 표현한다. 생후 6개월경에는 불쾌감, 만족감, 놀람 등의 감정을 좀 더 명확하게 표현하기 시작하며, 1세경에는 기쁨, 슬픔, 분노, 공포 등의 기본 정서를 뚜렷하게 표현할 수 있다. 이 시기의 아기는 부모와의 상호작용을 통해 정서적 안정감을 습득하며, 이를 바탕으로 사회성과 인지능력을 발달시킨다. 이 시기에 형성된 애착은 이후의 정서발달에 중요한 영향을 미친다.

아동은 미술활동을 하면서 다양한 감정을 시각화하고 재료를 만지면서 자신의 감각을 언어화하는 과정에서 긍정적 · 부정적인 정서를 표출한다. 이때 아동은 말이 많아질 수 있고, 재료에 대해 교사에게 질문을 하면서 교실이 소란스러울 수 있다. 교사는 조용하고 집중하는 미술시간을 만들고자 하나, 재료에 반응하며 아동이 감정과 정서를 표출할 때 수용적인 태도를 가져야 한다. 이 과정에서 아동은 재료에 애착을 가질 수 있고, 교사와 긍정적인 애착을 형성할 수 있다.

따라서 교사는 미술활동과 활동에서 표현되는 아동의 신체 움직임, 표정, 재료를 만지고 느끼는 감각활동을 권장하고 완성작에 연연하지 않고 억압된 정서를 가능하면 표현하여 정화를 할 수 있도록 도와야 한다. 재현된 정서는 아동이 스스로 그 정서를 다룰 수 있고 긍정적으로 변화할 수 있는 계기가 된다.

(2) 1～3세

이 시기의 아이는 감정을 더욱 세분화하여 표현할 수 있게 되며, 타인의 감정을 이해하고 공감하는 능력이 발달한다. 자신의 욕구를 충족시키기 위해 떼를 쓰거나 고집을 부리는 등의 행동을 보이기도 하며, 주도성이 증가하고 자기의 개념이 생긴다. 부모나 교사 등의 성인들은 아이의 감정을 이해하고 적절히 대처하여 아이가 건강한 정서를 발달시킬 수 있도록 도와야 한다.

'나'라는 자아 개념이 형성되는 시기이므로 미술재료는 다양하게 주어져야 하며, 주제는 아동 자신, '나'에 대한 주제를 가지고 계획한다. 내가 좋아하는 색, 내가 좋아하는 음식, 싫어하는 것, 나의 신체(손, 발, 전신상, 자소상 등) 등 자신에 대해 이야기할 수 있는 주제를 자유롭게 그리고 활동할 수 있다.

(3) 3～6세

아이는 자아 개념이 발달하고, 독립심이 강해지며, 친구들과의 상호작용을 통해 사회성을 발달시킨다. 이 시기에는 감정조절능력이 중요한데, 부모나 교사는 아이가 감정을 조절할 수 있도록 도와주어야 한다. 미술재료는 건식재료와 통제도가 높은 정형매체를 사용하고, 나와 또래, 나와 환경, 나와 세계, 경험한 것들을 이해하는 주제들이 추가되면 좋다.

(4) 6세 이후

유치원에서 초등학교 입학 이후에는 집단생활을 하면서 다양한 감정을 경험하게 된다. 이 시기에는 자신의 감정을 솔직하게 표현하고, 타인의 감정을 존중하는 것이 중요하다. 또한 부모나 교사는 아이가 올바른 가치관을 가지고 성장할 수 있도록 지도해야 한다. 미술재료에 익숙해진 아동은 이제 활동에서 또래와 나누고 상호작용하는 것을 배워야 한다. 미술활동에서 짝작업과 그룹활동은 함께 의논하고 협동하는 활동을 통해 사회성을 향상할 수 있다. 이때 교사는 중재와 촉진자의 역할을 담당한다.

각 단계에서는 아이가 자신의 감정을 이해하고 표현하는 능력을 습득하고, 타인의 감정을 이해하고 공감하는 능력을 발달시켜야 한다. 이를 위해서는 부모나 교사 등의 성인들이 아이와 함께 대화를 나누고, 놀이를 하는 등의 적극적인 상호작용이 필요하다.

2) 미술과 인지발달

인지는 자신과 대상, 환경에 대한 이해와 앎으로 이끄는 정신의 내적 과정과 소산물이다. 아동의 주의력, 기억력, 범주화, 상징화, 계획, 추론능력, 문제해결력, 창조력, 상상력 등 모든 정신활동을 포함한다.

인지과정은 아동에게 주변환경을 이해하며 적용할 수 있도록 도와주고 주의, 지각, 학습, 사고, 기억과 같은 관찰되기 어려운 사건과 활동을 포함한다. 아동이 외부세계와 대상을 인식하고 알아 가며 그에 따른 사고나 문제를 해결하는 모든 과정을 인지과정이라고 한다.

인지발달 학자들은 인지 또는 지능의 발달은 주변 환경과 끊임없는 상호작용에 의해 영향을 받으면 발달한다고 한다. 시각과 촉각을 비롯한 감각적 미술은 이러한 인지과정에 발달을 이끌어 낼 수 있다. 다양한 감각적 자극을 제공하는 미술환경은 아동에게 인지발달에 도움을 제공한다(조용주, 김선아, 2011).

먼저, 시각적 자극이 주된 감각인 미술은 눈이라는 감각을 통해 외부의 자극을 받아들이고 이를 지각하며 이전에 알고 있던 형태, 지식과 정보와 비교하여 판독하며 인식한다. 이러한 시지각 과정은 인지와 깊은 관련성을 가지고 있다.

아동이 딸기에 대한 색, 모양, 냄새, 촉감을 기억하고 있다면 이것은 기억 속에 저장되고 반복된 경험을 가지게 되면 이것은 장기기억으로 내면에 '딸기'에 대한 원형을 가지게 된다. 딸기라는 '감각'자료는 곧 '지각'자료가 되는 것이다. 이것은 아동의 인지자료로 하나의 개념과 지식을 획득하게 되는 것이다. 아동이 만약 딸기를 만지고 보고(주의, attention) 그리고(관찰) 만들(조형) 기회를 가진다면, 아동은 딸기에 대한 자기만의 인지력을 가지게 된다.

또한 기억 속에 저장된 딸기를 '눈과 손의 협응'을 통해 표현한다면 저장된 딸기의 상태를 평가하고 알 수 있게 된다. '딸기를 그리는 과정'은 바로 대상물인 딸기, 눈, 손, 두뇌와의 합작품인 것이다. 따라서 아동의 그림은 아동이 대상과 자신에 대해 가지는 개념과 지식의 정도를 알아볼 수 있는 자료가 된다. 따라서 그림은 아동의 표현발달, 인지발달, 지식과 정보, 생각과 내면, 정서를 모두 담고 있다고 할 수 있다.

미술을 통한 아동의 문제해결은 아동의 인지발달을 이끌어 내는 것과 같다. 미술활동은 자신의 의도와 생각을 구현하기 위해 전개되는 과정이다. 주제에 대한 탐색과 사고가 필요하며, 조형활동은 접기, 가위질, 다양한 미술재료를 자신만의 방식으로, 또는 주어진 지침을 따르면서 재료의 사용과 방법을 고려하여 진행된다. 이러한 활동은 아동이 집중하고 몰입하게 할 뿐만 아니라 스스로 문제를 해결하는 방법을 생각하게 하고 모색한다.

미술은 재료 없이 표현이 불가능하다. 아동이 구현하고자 하는 주제와 재료가 만나면, 재료는 아동과 미술을 연결하는 매체가 된다. 아동이 다양한 재료를 다루면서 촉각을 느끼고 일차적 정보를 시각에서 얻었다면, 만지고 움직이는 활동에서 2차적 정보를 습득하게 된다. 사물(재료)을 인지하는 과정에서 공감각이 형성되고 감각의 확장은 확산적 사고를 가질 수 있게 한다.

확산적 사고는 개방적 문제에 다양한 답을 산출하는 능력으로 한가지 답만을 가지는 경직성에서 다양한 관점에서 사고할 수 있는 유연성을 가지게 되며 이는 곧 창의성으로 연결된다.

3) 미술과 뇌발달

미술을 감상할 수 있는 시각도 중요하지만, 이것은 뇌의 기능과 역할에 의해 이루어진다. 뇌는 합리적이고 이성적인 사고를 주관하며 느낌을 제공하는 정서의 핵심이다. 작품을 보고 느끼면 이해할 수 있는 시지각의 역할을 담당하는 것이 뇌이다. 눈과 두뇌는 형태, 색채, 모양, 의미를 즉각적으로 탐지하며 함께 작동한다. 이러한 기능을 신속하고 정확하게 수행하며, 인간의 전뇌[1]는 행동과 정서 기능에 복잡성과 정교함을 가질 수 있게 도와주는 중요한 부분이다. 전뇌를 구성하는 대뇌는 뇌의 다른 부분을 둘러싸고 있는 구조로서 감각과 지각, 운동과 기술, 사고력, 상상력, 언어능력 등을 관장한다. 이러한 대뇌는 좌반구와 우반구로 구분되며 각 역할의 기능에 차이가 있다([그림 5-1] 참조).

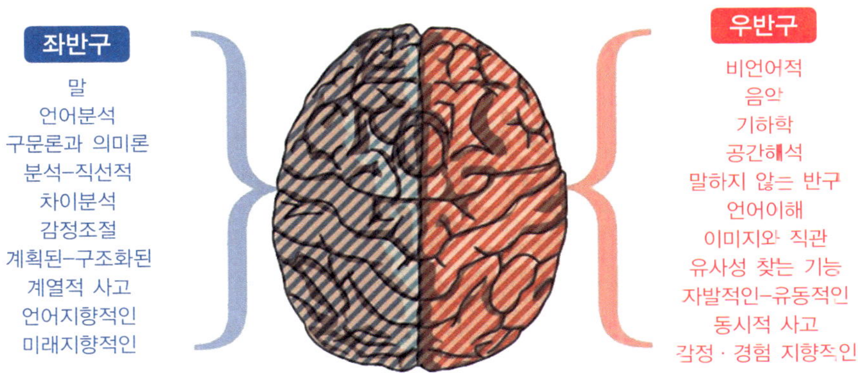

| 그림 5-1 | 좌뇌와 우뇌의 기능

미술활동에서 좌뇌는 재료, 도구의 사용, 방법의 기능과 관련을 가지는 반면, 우뇌는 작품의 전체 이미지, 정서, 흐름 등을 담당한다. 이것은 그림을 그리거나 작품을 만들거나 감상하는 데는 좌우뇌의 역할과 기능이 필요하다는 의미이다. 그리기, 만들기, 감상활동과 같은 다양한 활동은 시각에 의해 자극을 받고 대상을 표현하는 활동이므로 양쪽 뇌의 상호작용에 의해 이루어진다. 따라서 다양한 미술활동은 아동의 양쪽 뇌의 발달과

1) 인간의 뇌는 전뇌, 중뇌, 후뇌의 3개의 부분으로 이루어져 있으며, 전뇌는 시상부, 시상하부, 기저핵, 변연계, 대뇌로 구성된다.

균형을 가지게 하는 데 도움이 된다. 왼손을 움직일 때 우뇌가 자극을 받아 개방성, 수용력, 주체성, 활력, 감정, 동기, 그리고 감각적이고 상상력이 풍부한 정보처리를 할 수 있고, 오른손을 움직일 때 좌뇌가 자극을 받아 훈련, 논리, 객관성, 합리성, 판단력, 지식, 기술, 언어의 발달을 가져온다(김민교, 2009).

뇌발달과 관련된 신체활동을 미술활동과 연결 지어 볼 때 손을 움직이는 활동에서 다양한 재료를 가지고 아동이 양손을 사용할 때 미술활동은 좌우뇌의 발달과 상호작용을 가져올 수 있다.

다양한 시각의 자극을 받을수록 아동의 뇌는 활성화된다. 가령, 색채와 자연물을 보고 만지거나 그림을 그리고 만드는 과정에서 단계적이고 조직적으로 사물을 파악하는 것, 아동이 작품을 구현하기 위해 문제를 해결하고 상징을 사용하는 것, 작업에 대해 논리적으로 분석하는 활동은 좌뇌의 도움을 받는다. 또한 미술활동의 전체적인 인식 및 계획, 느낌, 부분과 전체의 관계, 이미지 등은 우뇌의 도움을 받아서 이루어진다. 따라서 뇌의 균형적인 발달을 위해 아동미술은 시각과 촉각이 동시에 제공되어야 하며, 미술활동을 할 수 있는 환경은 다양한 촉각 및 시각 재료가 필요하다.

4) 아동의 전인적 발달을 돕는 미술의 역할

살펴보았듯이, 미술은 아동의 발달과정에서 여러 영역의 발달에 관계된다. 미술은 기능과 기술의 문제가 아니라, 정서와 인지, 균형적인 성장을 돕는다. 아동에게 미술은 자신이 언어를 완성하기 이전의 마음을 표현하게 하고, 이것은 아동이 어떤 상황인지 알 수 있는 기회를 제공하며, 아동 자신에게도 무엇인가 새롭고 유일한 자신만의 것을 창조하는 경험임과 동시에 이 모든 과정을 결합시켜 주는 과정이다. 따라서 미술은 정의와 목적에 따라 성장기 아동에게 긍정적인 영향을 가질 수 있다(박수정 외, 2022).

첫째, 아동의 정서를 안정시킨다. 미술활동은 아동의 정서 안정에 도움을 준다. 정서란 생리적 각성, 표현적 행동, 그리고 사고와 감정을 포함한 의식적 경험의 혼합체이다. 긍정적인 정서는 작품을 만드는 과정에서 스트레스를 해소하고, 성취감을 느끼며, 자신감을 얻을 수 있다. 또한 작품을 감상하면서 타인의 감정을 이해하고 공감하는 능력을 키울 수 있다(김태완, 2012).

둘째, 창의력을 향상시킨다. 미술활동은 아동이 자신만의 아이디어를 자유롭게 표현하고, 새로운 것을 창조하는 능력을 키울 수 있도록 도와준다. 창의성은 독창성, 상상력, 직관력, 새로움과 같은 의미를 포함하며 문제를 새로운 시각으로 보는 것으로 정의한다. 미술활동을 통해 아동은 자신만의 생각을 표현하게 하고 자신만의 방법으로 결과물을 만들어 낸다(문정희, 이혜숙, 2021; 최옥희, 2012).

셋째, 표현력을 강화한다. 미술활동은 아동이 자신의 감정이나 생각을 시각적으로 표현하는 능력을 강화한다. 이를 통해 자신의 내면을 탐색하고, 타인과 소통하는 데에도 도움이 된다. 미술은 그 자체로 비언어적인 표현이며, 언어적 표현을 포함하여 자신에 대해 자신의 환경과 세계에 대해 표현하면서 점차 표현력이 강화되며, 이러한 표현력은 자신에 대한 확신과 소통에 영향을 준다(김민정, 2022).

넷째, 미술은 인지발달을 향상시킨다. 미술활동을 하면서 색상이나 모양을 구분하고, 물체의 크기나 위치를 파악하는 등의 능력을 키울 수 있다. 또한 미술재료를 가지고 자기만의 활동을 전개하면서 사고가 확산된다. 재료와 대상은 조형요소를 만나 형태를 만들어 나가면서 조형능력이 생기고 자신의 마음속의 이미지, 생각, 상상을 가시화하는 과정은 그 자체로 인지를 기반으로 한다. 대상의 본질을 지각하고 인식하고 이해하는 기능을 하고 이것은 아동의 사고와 관련성이 깊다(김창식, 2009; 박정애, 2003; 이재영, 2008).

다섯째, 성취감을 증진시킨다. 미술활동을 통해 작품을 완성하면서 성취감을 느낄 수 있다. 성취감은 작품의 완성과 관련된 정서를 포함한다. 만족감, 행복감과 일맥상통하는 것으로 아동이 스스로 정한 목표를 이루었을 때 얻는 감정이다. 따라서 성취감은 즐거움과 연결되는 긍정적인 정서와 감정이다. 아동은 자신만의 완결을 통해, 그리고 그러한 완성을 교사가 지지한다면, 작품을 다른 사람들에게 보여 주면서 자신감을 얻을 수도 있고, 완성에 대한 자신감은 미술활동의 다른 기능과 다시 연결될 수 있다(김애자, 박경애, 2024).

여섯째, 문제해결능력을 향상시킨다. 미술활동은 문제를 해결하는 능력을 키우는 데에도 도움이 된다. 문제해결능력은 어떤 과제와 상황이 주어졌을 때 자신만의 창조적인 생각과 방법으로 적절하게 해결하는 능력이다. 아동은 작품을 완성하는 과정에서 어려움을 겪을 때, 이를 해결하기 위해 다양한 방법을 시도하고, 그중에서 가장 적절한 방법을 선택하는 능력을 키울 수 있다. 이때 아동이 선택하는 재료와 방법이 반드시 보편적인 방식을 따르지 않을 수 있다(홍기태, 2007).

일곱째, 사회성을 발달시킨다. 아동은 다른 사람들과 함께 미술활동을 하면서 사회성을 발달시킬 수 있다. 미술감상은 외부세계에 대한 아동의 흥미와 세계와의 관계를 맺게 한다. 뿐만 아니라, 친구와 의견을 나누고, 서로 협력하는 과정에서 타인을 존중하고 배려하는 태도를 배울 수 있다. 아동이 미술활동과 작품에 대해 친구와 대화하고 감정과 생각을 나누는 과정에서 감상능력과 타인을 이해하고 긍정적인 관계를 경험한다면 아동은 자신이 속한 사회의 구성원으로 성장해 갈 수 있다. 또래의 언어, 또래의 사고, 집단 안에서 습관, 규범들을 익히고 적응하게 된다(이하림, 2020).

아동의 연령과 수준에 맞는 재료와 도구를 사용하고, 안전에 유의하면서 아동이 작품을 완성하는 과정에서 자유로운 표현의 기회가 주어진다면 아동의 정서발달, 사회성발달을 가져온다.

이 외에도 미술활동은 아동이 자신의 잠재력을 발견하고, 이를 발전시키는 데 도움을 준다. 작품을 만들면서 자신의 강점과 약점을 파악하고, 이를 보완하는 노력을 할 수 있으며, 이를 통해 자신의 역량을 향상시킬 수 있다. 미술작품을 감상하고, 이를 통해 작가의 의도와 작품의 의미를 이해하는 과정에서 아동은 문화적 소양을 키울 수 있다. 이를 통해 다양한 문화와 역사를 이해하고, 자신의 삶에 적용하는 능력을 키울 수 있다.

결론적으로, 미술은 아동의 창의력, 표현력, 인지발달, 정서안정, 사회성발달, 자기계발, 문화적 소양 증진 등에 긍정적인 영향을 미치는 중요한 교육 수단이다.

2 미술을 활용한 아동 사회정서발달 지도 프로그램 개발

아동지도를 위한 미술 프로그램의 핵심은 재미와 흥미를 유발하고 기술과 지식을 전달하고 발전하는 것만을 의미하지 않는다. 사회성과 정서를 기반으로 한 미술활동은 아동의 발달적 교육목적에 부합하는 활동이어야 한다. 이 절에서는 이러한 프로그램 개발을 위해 체계적인 프로그램 구성을 위한 전략, 세부 미술활동을 진행할 때 고려해야 할 요소, 교사의 역할, 그리고 프로그램에 필요한 미술재료의 발달적 맥락을 이해하고자 한다.

1) 구조화

학교 내에서 발생하는 많은 정서적 문제가 성장기 아동에게 표출되어 학교 현장의 왕따나 폭력의 문제, 주의력결핍장애, 학습장애, 과잉행동장애 등의 정서행동장애 아동이 많이 증가되고 있는 것에서 학교 안에서 사회정서적 접근의 필요성이 제기된다. 2023년 '학생 정서행동특성검사현황'에 따르면, 초 · 중 · 고등학생 173만여 명 중 4.8%인 8만 명이 '관심군', 1.3%인 2만여 명이 '자살위험군'으로 조사되었다(의학신문, 2023. 10 16.). 또한 교육부의 최근 5년간 학교 폭력 통계 자료에 따르면, 2023년 학교폭력은 전국 6만 1,445건으로 전년도보다 6% 증가한 것으로 보고되고 있다. 이렇듯, 행동장애, 정서장애 등의 장애아동이 꾸준히 증가함에 따라 이에 대처하는 방안을 연구해야 하는 실정이지만 실제로 학교의 교사들은 학생들을 가르치는 데 중점을 둘 수밖에 없다. 아동이 겪는 정서적 · 사회적 문제를 보완하기 위한 방법으로 미술교육에 인성교육과 정서교육을 강조하여 미술활동의 중요성을 부각하여 실시되어야 할 것이다. 주지교과의 중요성에 편중되지 않도록 미술교육에서 현 상황에 맞게 아동의 심리와 정서 및 인성을 다루는 미술 프로그램에서 제공할 수 있다. Cole, Cane, Lowenfeld, Robertson 등 많은 미술교육학자가 학교 미술 프로그램이 정상아동에게 미치는 치료적인 면을 소개하였다(Janet, 2008). 아동이 미술활동의 다양한 표현과 자신의 표출을 통해 긍정적 · 부정적 자기표현과 공감능력을 향상시킬 수 있는 교육적 환경이 제공되고 미술치료를 미술교육에 활용하면, 아동의 전인교육에 도움을 주며 개인적으로는 자아개념의 형성, 스트레스 해소 등의 심리적 · 정서적 문제를 해결하는 데 도움을 줄 수 있다. 또한 교실 안에서 집단으로 실시될 때, 집단 따돌림, 교내 폭력 문제를 해결하는 데 도움을 준다. 미술치료는 학교에서 아동들에게 익숙한 매체로 미술작업을 통해 즐거움과 흥미를 주어 심리적 긴장을 이완시켜 정서적 안정감을 제공한다(이근매, 2016). 외국에서는 이미 학교 상담의 일환으로 학교미술치료가 도입 · 실행되고 있다. 미국에서는 1977년에 처음으로 위스콘신의 웨스트 엘리스 등 사립 · 공립학교에서 1979년과 1980년도에 데이드 카운티(Dade County) 공립학교들이 시범적으로 미술치료 프로그램을 실시한 후 발전되어 확대되었다. 이와 같은 미술치료 프로그램은 당시 미술교육 프로그램의 연장선으로 시작하게 되었으며, 위스콘신주 앨리스에서는 특수교육에서 학교미술치료사들이 미술치료, 특수교육, 미술교육을 훈련받으며 실시하였다.

이때 일반아동과 특수아동을 함께 다루었으며, 치료적 입장을 넘어 예방적 입장에서 실시되었다. 영국(ATISS, 학교 내에 미술치료사 고용)에서도 학교미술치료[2)]가 시행되고 그 효과를 인정 받아 정규 프로그램으로 진행하고 있다(안성수, 2010). 공교육체제에서 학교 교육의 목적을 달성하는 데 이를 지원하고, 학생들이 학교에 적응할 수 있도록 도우며, 이를 위해 학교, 가족, 지역사회 등의 환경적 요소의 예방적 접근까지를 포함한다(옥금자, 2008). 이러한 접근은 교육환경에 적응하지 못하는 학생을 교실에 적응하도록 이끌 수 있고, 장기 프로그램으로 학생의 부정적인 감정을 개선시키는 효과를 볼 수 있다는 장점을 제시하고 있다(Glassman & Prasad, 2013).

이 절에서는 학교미술치료의 관점에서 아동의 사회정서발달을 돕고, 나아가 예방적 목적의 미술치료기법을 가지고 아동의 발달단계를 고려하여 학교환경과 교과과정을 연계함으로써 교실 안 모든 아동에게 적용 가능한 사회정서발달 미술 프로그램의 구조화를 제안하고자 한다.

첫째, 학교 안에서 실시되는 미술을 통한 아동지도 프로그램은 미술재료, 활동과정, 작업 결과에 대한 정서와 사회성 발달 관점에서 바라보는 시각이 필요하다. 이러한 시각을 가지려면 아동의 발달단계의 이해와 과제를 숙지해야 하며, 개인의 발달은 물론, 집단 안에서 상호작용, 또래관계를 통해 발달하는 상호작용 영역을 숙지하고 실제로 이끌어 줄 수 있어야 한다.

둘째, 다양한 미술재료가 아동의 발달을 이끌어 내는 데 장점이 된다. 재료는 곧 활동과정을 결정하고, 결과물로 이어진다. 이때 미술작업의 결과 시각적인 완성도와 심미적 목적은 부차적이다. 재료를 탐색하고 다루는 과정에서 아동이 집중하고 경험하는 충분한 시간적 안배가 필요하다. 즉, 결과보다는 '과정중심'의 프로그램이 제공되어야 하며, 이 과정에서 지도자는 과정을 관찰하고 아동과 상호작용할 수 있어야 한다.

2) 학교미술치료는 모든 교육 시스템과 연관되어, 프로그램이 필요한 학생, 교사, 행정관 그리고 다른 학교 관계자 및 가족 등에게 제공된다. 즉, 학교미술치료란 '학교'와 '미술치료'가 합해진 개념으로 학교라는 교육기관에서 전문적인 능력과 자질을 갖춘 미술치료사가 제공하는 치료 형태이다.

셋째, 미술재료가 아동의 놀잇감이 되고 미술활동이 창조적인 놀이가 되려면 교실환경은 미술활동을 하는 동안만큼은 허용적이고 자유로운 공간이 되도록 한다. 그러나 학교 교실은 이미 구조를 가지고 있고, 허용과 제한, 자유가 공존해야 함을 알고 지도해야 한다. 미술활동은 개인의 창조적 발달을 위해 제공되는 시간이므로 자발성과 자율성은 수용하되, 교실이 주는 안전한 울타리는 유지되어야 한다. 이때 집단에서 지켜야 할 규칙과 활동 시 유의사항은 자유롭고 홍미를 유발하는 활동을 하는 아동에게 안전감을 주고 조절력을 배울 수 있게 한다.

넷째, 보통 집단활동은 도입(재료에 대한 탐색 또는 수업 안내), 활동(과정 동안 지침을 유지하면서 지지적인 자세로 아동이 미술재료와 과정에 몰입하고 집중하도록 돕기), 마무리(결과물에 대한 나눔에서 아동 간의 상호작용, 아동개인의 감상을 나누기, 전체 작업감상하기)로 구조화된다. 따라서 미술재료에 대한 감각경험, 목표에 따른 주제의식, 집단을 운영하는 리더십은 집단으로 실시되는 지도자에게 필수 덕목이다.

2) 미술매체의 원리

재료는 표현에 직접 쓰이는 것이고 매체는 표현에 매개가 되는 것이다(Lowenfeld, 1982). 사회정서발달을 위해 사용되는 미술재료는 아동이 불필요한 시행착오와 좌절감을 거치지 않고도 적절한 선택을 할수 있도록 고안되고 제공되어야 한다(Rubin, 2001).

미술매체는 대상자에 따라 심리를 촉진하거나 통제하는 기능을 담당한다. 따라서 아동의 성격, 현 상태, 정서나 감정, 관계 등을 고려하여 이에 맞는 미술매체를 제시해 주어야 한다. 즉, 주의가 산만하고 집중이 안 되는 아동에게는 통제가 높은 연필이나 색연필 등의 매체로 활동을 제공한다. 반대로 너무나 강박적이고 자기 통제가 강한 아동에게는 통제가 낮은 젖은 점토나 그림물감을 제공해 주어 그들의 심리 · 정서를 매체를 통해 촉진 또는 통제한다(〈표 5-1〉 참조).

표 5-1 | 미술매체의 특성

젖은 점토	그림 물감	부드러운 점토	오일 파스텔	두꺼운 펠트지	콜라주	단단한 점토	얇은 펠트지	색연필	연필
1	2	3	4	5	6	7	8	9	10
가장 낮게 통제 ←									→ 가장 높게 통제

출처: Landgarten (1987).

이와 같은 과정을 통해 아동은 자신의 성격이나 심리상태의 반대적인 매체를 다루고 표현함으로써 통합의 관점을 가질 수 있게 된다. 미술매체는 촉진과 통제 외에도 다양한 색, 선재, 면재, 입체의 구성에 따른 차이, 매체에 따른 공간의 활용 등 모든 장면이 작업하는 아동의 심리에 영향을 준다. 교사는 미술재료가 가지는 특성이 아동의 정서와 심리에 영향을 줄 수 있음을 이해하고 프로그램을 계획할 때 참고할 수 있다.

매체는 회화매체(연필, 펜, 크레파스 등), 조소매체(찰흙, 점토류), 공예매체(수수깡, 철사, 각종 끈 등)으로 분류되며, 건식과 습식, 평면과 입체 등으로 구분될 수 있다. 중요한 것은 각 매체가 아동의 발달단계에 맞는 것인지, 아동이 자발적이고 자율적으로 선택하고 활용할 수 있는 것인지, 아동에게 여러 가지 감각을 자극할 수 있는 것인지를 알아야 한다. 이를 위해서 매체의 특성을 알아야 하며, 이 재료들로 아동이 받는 정서적 · 감각적 · 인지적 영향을 고려해야 할 것이다.

예를 들어, 유동적인 물감만을 가지고 자유롭게 손으로 낙서하는 수업을 시도하였을 때, 완성보다는 촉각과 시각을 매개로 놀이할 수 있다.

아동에게 자신의 몸보다 더 큰 도화지에 파스텔(건식, 채색재료)만 주어졌을 때 아동은 자유롭게 신체, 색, 촉감을 탐색할 수 있고, 스스로 주제를 만들어 갈 수 있다.

3) 미술매체의 종류

매체는 아동에게 다양한 감각경험을 제공하고 탐색하는 과정 동안 인지와 정서를 통합적으로 발달하게 한다. 따라서 좋은 매체를 사용해야 하고, 아동에게 좋은 매체란 인체에 무해하고 독소가 없는 것을 말한다. 또한 안전하고 깨끗하게 보관되어야 하므로 보관 사물함과 장소를 마련해야 한다. 따라서 매체와 매체를 사용할 수 있는 부재료[티슈, 토시, 앞치마, 책상비닐, 바닥에 깔 비닐 또는 신문지(매트) 등]가 구비되어야 한다.

학교에서 실시되는 미술활동에 개수대가 멀리 있는 경우, 교사는 물을 미리 통에 담아 준비하거나, 물티슈를 활용하여 재료를 사용하기 전과 사용하고 난 후에 교실이 원상복구되어야 한다. 이것은 아동이 창의적인 활동을 할 수 있는 공간을 교사가 제공하고 그 시간 전후에는 학습공간으로 되돌려 놓아야 하며, 다른 활동수업과 함께 사용하는 교실일 경우에도 마찬가지이다.

- 회화매체
  - 건식매체: 연필, 색연필, 크레파스, 크레용, 사인펜, 마커, 매직, 파스텔, 목탄, 콩테, 기타
  - 습식매체: 수채물감, 불투명 수채물감, 아크릴 물감, 유화물감, 포스터물감, 템페라물감, 마블링물감

- **조소매체**
  - 습식매체: 찰흙, 지점토, 종이죽, 컬러믹스, 컬러점토, 석고 등
  - 건식매체: 타일, 양초, 목재 등
- **공예매체**
  - 선재: 선을 표현할수 있는 매체(끈, 철사 등)
  - 선재 외의 매체: 다른 회화 매체와 함께 사용 하는 매체(다양한 오브제)
- **도구**: 붓, 팔레트(플라스틱, 철제, 종이), 물통, 지우개, 물, 접착제(순간접착제, 오공본드 등), 가위(아동용, 성인용), 핑킹가위, 칼, 기타

이는 범주별로 볼수 있는 기본 매체에 대한 것이고, 아동의 미술활동을 위해 미술재료는 계속 개발되고 있는 추세이며, 현장의 선호도에 따라 사용하는 미술재료가 변화되고 있다. 교사는 이에 대한 정보를 알고 사용해 보면서 아동에게 미치는 인지와 정서의 영향을 미리 숙지하고 선택해야 할 것이다.

4) 미술활동 중재전략

미술교육에서 조형요소는 미술의 구조를 이루는 뼈대와 같은 중요한 요소이다. 미술은 시각체제의 특정 속성인 점, 선, 형태, 움직임과 같은 시지각적 처리과정을 통해 조형요소를 읽어나가며 표현하는 활동이다(이현아, 2008). 이와 같은 조형요소는 아동의 개인적 · 주관적인 특성에 따라 심리적 요소로 변환된다. 현장 교사는 미술의 조형요소를 심리적 요소로 이해하며 학습자가 표현한 시각 자극들을 이해하는 관점이 필요하다. 나아가 미술 시간에 아동의 심리적 요소를 읽고 이해할 수 있는 교수 · 학습 내용을 마련하여야 한다.

실제로 정서적 문제를 가지는 아동 혹은 후천적 아스퍼거 증후군을 가진 아동은 사람을 그릴 때 발과 다리부터 머리 순으로 역방향으로 그리거나 정육면체를 평면적으로 표현한다. 이와 같은 아동을 교실에서 보았을 때 '그림을 못 그린다' 혹은 '이상하게 그린다'라고 이해하기보다는 정서적인 문제나 다른 문제가 있다는 전문적 진단의 시안을 가질 수 있어야 할 것이다. 나아가 공격성이 많은 아동은 그림을 그릴 때 공격성 표출

의 일환으로 빨간색이나 검은색을 사용하거나 천둥, 번개 등의 상징을 포함하는 경우가 있다. 즉, 아동이 그린 조형요소와 원리는 심리적 요소와 원리의 상징을 가진다. 따라서 아동화를 읽어 나갈 때 그들의 심리적 요소와 원리를 읽고, 나아가 자기표현을 유도하여 미술활동을 통해 부정적 감정을 해소시키도록 하며, 순화된 공격성으로 전환할 수 있도록 하는 계기를 마련해 주어야 한다. 이와 같이 아동을 대하는 현장 교사는 그들을 정서적으로 깊게 이해하는 심리적 안목을 갖추어야 한다. 그리고 미술교육에 미술치료의 치료적 속성을 활용함으로써 학습자를 이해하고 진단하는 데 도움을 받을 수 있다. 이 절에서는 주리애(2010)가 소개한 표현을 이해하고 돕는 방법을 미술활동에 적용하여 설명하겠다.

(1) 표현할 수 없는 아동

미술활동은 아동에게 정서변화를 가져오므로 단순하고 편안한 미술작업만으로도 일상의 스트레스를 다루고 줄일 수 있다. 이는 아동이 미술재료를 사용하면서 현재 자신의 상태와 마음을 표현하기 때문이다. 아동은 도화지와 물감, 점토를 활용해서 자유롭게 속마음을 시각화한다. 아동이 표현을 하고 있다면 건강하고, 놀이하고 있는 것이며, 더 풍부하게 표현하고 놀이할 수 있다는 증거이다. 표현하는 것이 아동의 건강한 심리발달에 도움을 줄 수 있다면, 학급과 집단에서 표현을 할 수 없는 아동에 대해 이해하고 도울 수 있을 것이다.

첫째, 미술활동을 하지 못하는 아동이다. 이들은 종종 미술 재료에 흥미를 느끼지 못하고 수업에 관심이 없거나, 교사의 지시에 따라 하기는 하는데 과정에 집중하지 못하고, 결과적으로 무엇을 했는지 알 수 없는 시간을 보낸다. 아동이 표현을 할 수 없다면, 아동에게 표현할 수 있는 환경이 조성되지 않았을 가능성을 염두에 두고 놀이와 표현이 가능하고 안전하다는 것을 알려 주어야 한다. 미술은 비언어적 표현이기 때문에 안전함이 보장된다면 억제했던 감정과 표현되지 못했던 마음을 드러내게 한다. 이때 교사는 이러한 표현의 결과가 보기에 좋은 작품이 되거나 계획했던 작업과는 다르게 나올 수 있음을 미리 알고, 미술의 조형요소인 선, 작은 형태, 점 하나라도 표현되었다면 어떠한 표현에도 지지적이고 반응적이어야 한다. 표현이 언어라면, 기꺼이 들어주는 사람에 의해서 더 많이 이야기(표현)하게 될 것이다.

둘째, 아동이 표현을 할 수 없다면, 주로 몸으로 표현하는 수준을 의미한다. 착석이 잘 안 되어서 표현에 방해가 된다면 기질적인 문제이거나 집중력이 낮아서일 수 있으므로 이에 대한 접근을 고려해야 한다. 인지력이 낮고 주의가 산만하다면 발달수준에 맞는 재료와 단순한 방법으로 접근하여 아동이 표현할 수 있도록 도와야 한다. 이러한 아동의 경우, 화려하고 흥미로운 재료보다 오히려 단순한 기본 재료로 수업하는 것이 좋다.

이 밖에 무언가 열심히 표현하고 어느 정도 발달수준을 가지고 있지만, 교사가 제시한 주제나 수업의 방식을 따르지 않고 자기중심적으로 수업을 주도하거나 재미있다고는 하나 표현의 결과는 그에 미치지 못하는 경우이다. 이러한 아동은 창의적이고 주도적이고 수준 이상으로 보여지나 외부 환경에 대한 수용과 사회성의 영역에서 도움이 필요할 수 있다. 이 경우, 협동을 통해 배울 기회를 제공하여 자신의 표현이 타인에게 도움이 되고 타인의 생각과 표현을 바라볼 수 있는 시간을 가지게 하는 것이 좋다.

(2) 표현에 실패한 아동

첫째, 수업에 참여도 하고 활동하는 것처럼 보이나, 표현에 실패하는 아동이 있다. '도화지에 그림을 그리다가 마음에 안 든다고 연필을 집어 던지거나 도화지를 구겨 버리고 찢는다. 찰흙으로 형상을 만들다가 원하는 대로 되지 않는다고 뭉개 버린다. 그림을 그리고 활동을 했지만 어쩐지 재료를 함부로 다루고 그림도 휘갈긴 형태이다. 수업에 대해 나눌 때도 자신의 작업에 무관심하고 중요하지 않다는 태도를 취한다'. 이것은 '행동화'로 자신의 마음이 직접적인 행동으로 분출되는 것을 의미한다. 행동화는 엄밀하게 말해 표현은 아니며, 아동이 어떤 이유로 인해 저항하는 경우이다. 아동이 의도를 가지고 하는 행동은 아니지만, 행동의 이면에는 이유가 숨어 있다. 매우 개별적인 이유이기 때문에 왜 그런 행동을 하고 어떻게 이런 행동이 습관처럼 자기표현이 되었는지를 탐색해야 한다. 교사는 아동의 심리적 상황이 행동화가 아닌 건강한 자기표현이 될 수 있도록 아동을 이해하고 관찰하면서 아동이 선호하는 재료를 제공할 수 있다. 이들은 대체로 자신의 감정에 대한 소화능력이 약하고 어떻게 자기 감정을 표현해야 할지를 모르기 때문에, 교사는 공감적인 방식으로 언어화해서 되돌려 주어 자신이 수용받으면서 자신의 행동을 돌아볼 시간을 가져야 한다. "네가 찰흙을 던지고 싶구나. 아주 세게 던지는구나. 화가 많이 났나 보네." 하며 아동의 감정을 읽고 말로 되돌려 주면서 진정시키는 것이 우선이다. 교사의 심리적 안목과 상호작용이 아동의 표현을 도울 수 있다.

둘째, 내용이 빈약한 경우이다. 교사가 제시한 주제에 대해 아동은 무엇을 그려야 할지 아무 생각이 없는 것처럼 움직이지 않거나 간신히 한두 개만 그린다. 또는 그림을 그리다가 중간에 그만두거나 작업에 대해 이야기해 보면 '그냥 그렸다'고 답한다. 내용이 빈약한 표현은 인지의 문제일 수 있다. 또는 심한 트라우마로 표현하기 힘든 경우에도 표현하는 것이 어렵다. 인지와 트라우마의 문제가 아님에도 빈약한 표현은 정서표현이 안 되는 경우로, 말로는 자신의 이야기를 하지만 정작 그림으로 표현하라고 하면 그리거나 만들지 못하는 경우이다. 아동은 자연스럽게 미술로 자신의 정서를 표현하지만, 이러한 아동은 정서를 억제하거나 감정과 느낌이 풍부하지 않아서 표현이 빈약할 수 있으므로 재미있고 정서표현을 할 수 있는 미술활동을 하면 변화한다. 빈약한 표현의 다른 경우로는, 하고 싶은 이야기가 너무 많지만 집중이 되지 않아서 그리다 만 경우이다. 표현할 것이 없는 것이 아니기 때문에 교사가 민감하게 알아차리고 다음 과정으로 안내하면서 지도해야 한다.

(3) 표현을 공감하고 이해하기

아동의 표현을 공감하고 이해하는 것은 표현을 도와주는 첫 번째이자 최선의 방법이다. 표현이 안 되는 아동을 위한 교사의 지침은 기다림이다. 그리고 '그럴 수 있다'라고 공감해 주는 것이다. 교사는 아동의 어떤 표현이든 소중하게 여기고 따라가면서 언어로 공감하고 되돌려 준다. 이러한 상호작용은 아동에게 주관적인 자기가 괜찮은 존재임을 느끼게 한다. 이러한 상호작용이 반복되면 아동의 자존감은 향상되며, 자기표현은 활발해진다. 아동은 놀이할 수 있고 '날것' 같은 표현이지만 힘이 실려 있는 색과 선을 사용하게 되고, 그에 대한 즐거움을 말로 표현하기 시작한다.

아동의 표현을 도울 수 있는 방법으로 다음과 같은 것이 있다.

첫째, 방법을 바꿀 수 있다. 준비한 주제가 아동에게는 어려울 수 있다면 아동이 표현하고자 하는 것을 하게 한다. 또는 '소풍가는 날'이었다면 '엄마와의 외출'로 수정할 수 있다. 생각이 많아지는 큰 주제보다 아동 자신이 금방 떠올릴 수 있는 주제로 전환하여 쉽게 자기표현을 하게 할 수 있다. 또는 교사가 같이 도우면서 작업할 수 있다. 아동이 시작하면 교사가 그다음에 그려 줄 수도 있고, 교사가 먼저 그려 주고 그 다음에 아동이 추가하여 완성할 수 있다. 함께 하는 방법은 결과적으로 아동이 완결하여 자신의 작업으로 완성되어야 한다. 함께 했지만, 결과물은 아동의 소유가 되어야 표현이 풍성해진다.

둘째, 재료를 바꾸어 준다. 재료는 아동에게 세상과 연결하는 물질이자 환경이 될 수 있다. 교사는 아동에 맞는 환경을 제공하는 안내자 역할을 할 수 있다. 예를 들어, 그리기 작업에서 재료를 바꾸어 크레파스 대신 물감을 사용하기, 흰 종이 대신 따라서 색칠할 수 있는 밑그림이 있는 종이에 덧칠하기, 사진을 가지고 콜라주해 보기, 같은 주제를 입체로 표현해 보기, 회화작업 대신 찰흙이나 점토를 사용하기 등이 있다. 재료를 바꾸어 준다는 것의 목적은 아동이 더욱 자기표현을 할 수 있도록 돕는 것이고, 교사가 아동을 위해 고려하고 세심한 주의를 기울이는 것이다.

셋째, 발달적인 관점에서 작업한다. 교실에서 실시되는 미술교육은 작업의 기술과 밀도를 향한 목적이 포함된다. 그러나 아동이 표현에 어려움이 있다면, 발달적 관점에서 감각운동기 단계에서 할 수 있는 작업을 계획해 볼 수 있다. 놀이와 감각을 활성화하는 재료를 제공하여 어떤 결과보다 과정에서 즐겁게 놀이할 수 있고 다양한 재료를 탐색하고 경험할 수 있는 시간부터 출발하여 아동에게 미술시간이 즐겁고 안전하며 안정감과 편안함을 제공하는 것이다.

아동의 표현을 이해하고 돕기 위해 어떤 방법을 사용하든 간에 표현을 촉진하는 가장 최선의 방법은 아동을 이해하고자 하는 교사의 진심이다. 자신을 이해해 주고 자신의 마음을 읽어 주고 진심으로 고개를 끄덕여 주는 누군가로 인해 아동의 자기표현이 일어난다.

(4) 교실에서 할 수 있는 그림진단 소개

아동의 내면과 미술표현을 이해하기 위한 그림심리진단기법에는 다양한 종류가 있으나 학교 안 교실을 감안하여 미술활동으로도 응용할 수 있는 진단기법을 소개하겠다.

① 물고기 가족화

물고기 가족화(Kinetic Fishes Family Drawing)는 아동 또는 내담자가 물고기로 가족을 표현하도록 하여 가족관계, 정서, 자아상, 갈등 등을 간접적으로 탐색할 수 있는 미술치료기법이다. 이 검사는 주로 아동의 가족 내 역할 인식, 애착 관계, 감정 표현, 갈등 인식 등을 파악하기 위해 사용된다. 물고기는 감정 표현이 어려운 아동도 쉽게 그릴 수 있는 친근한 소재이며, 인물화보다 부담이 적고, 창의적인 표현을 통해 가족 내 위치나 관계를 드러낼 수 있다.

실시 방법

- **도구**: A4용지, 색연필, 크레용 등 미술도구
- **지시문 예시**: "너와 네 가족을 물속에 사는 물고기로 표현해 보자. 각각의 물고기는 가족을 나타내고, 어떤 모습인지 자유롭게 그려 보렴."
- **유의사항**: 대상자의 연령과 발달수준에 따라 지시문을 조정할 수 있다. 그림 후에 자기 설명 또는 질문 인터뷰를 통해 의미를 더 깊이 탐색한다(예: "이 물고기는 누구야?" "이 물고기들은 서로 어떤 사이야?" "가장 크고 튼튼한 물고기는 누구야?" "어떤 물고기가 제일 혼자 있는 것 같아?" "이 물고기들은 서로 어떻게 지내?")

분석

항목	분석 포인트
물고기 크기	자신 혹은 특정 가족 구성원의 중요성 또는 권위 상징
배치(거리, 방향)	정서적 거리, 친밀감, 갈등 관계
색상	감정 상태(어두운 색은 우울감, 밝은 색은 긍정적 감정 등)
움직임 및 방향성	갈등 회피/대면, 독립성, 의존성 표현
물의 표현 유무	환경에 대한 인식, 정서적 안정감
공간 사용 (빈 공간 여부)	정서적 결핍, 위축 또는 개방성 등

교실에서 실시한 물고기가족화: 다양한 재료로 그리고 있다.

② 빗속의 사람

빗속의 사람(Person in the Rain) 그림 검사는 투사적 그림 검사 중 하나로, 스트레스 상황에서의 대처 능력과 정서 상태, 자아 강도, 사회적 지지 등을 파악하기 위해 사용된다. 학교환경에서 아동은 스트레스를 받을 수 있고 정서적 어려움을 가질 수 있다. 빗속의 사람 그림은 그 스트레스를 어떻게 견디고 있는지를 보여 준다. 이 검사는 비교적 간단하지만, 비의 선으로 아동의 환경에 대한 느낌을, 인물화로 아동의 자아상을 표현할 수 있다.

실시 방법

- **도구:** A4나 A3 도화지, 연필, 지우개(필요시 색연필)
- **지시문 예시:** "비 오는 날의 사람을 그려 주세요. 어떤 사람이든 괜찮고, 자세히 그려 주세요. 시간은 얼마든지 써도 좋아요."
- **유의사항:** 교실에서 중간에 간섭하지 않고, 아동이 자유롭게 표현할 수 있도록 한다. 그림이 끝난 뒤, 후속 면담을 통해 그림에 대한 설명을 들으면 분석에 도움이 된다.

분석

분석은 크게 다음의 요소를 중심으로 이루어진다.

- **사람의 모습:** 자세, 표정, 크기, 성별, 나이 등은 자아 이미지, 자신감, 심리적 안정감과 관련되어 있다. 작고 움츠린 모습은 위축과 불안을 시사하며, 크고 똑바른 자세는 자신감, 안정감을 나타낸다. 인물의 표정이 없다면 감정이 억제된 상황일 수 있다. 성별의 혼동은 정체성 혼란과 관련된다.
- 비(환경적 스트레스)의 표현에서 비의 양, 세기, 방향은 스트레스의 강도나 종류를 상징하며, 폭우, 번개, 우박 등은 강한 스트레스 상황일 수 있다. 잔잔한 비는 일상적인 스트레스나 슬픔을 시사하며, 비가 없는 그림은 회피나 상황과 환경에 대한 부정일 수 있으니 질문이 필요하다.
- **우산, 비옷, 지붕 등의 방어기제:** 우산, 비옷, 건물 지붕 등은 자신을 보호하는 방어기

제 또는 사회적 지지체계를 상징한다. 잘 갖춰진 보호수단은 아동의 건강한 대처 전략이 되며, 우산이 없거나 비로부터 인물을 보호할 수 없는 크기 또는 망가진 우산은 취약한 방어기제일 수 있다. 다른 사람이 함께 있다면 지지체계의 존재를 보여 주며, 혼자 있고 보호물이 없다면 외로움과 무기력을 보여 준다.

- **배경과 주변 요소**: 나무, 동물, 집, 자동차 등은 환경에 대한 인식, 현실 감각, 정서적 안정성과 관련된다. 배경이 풍부하면 외부 세계에 대한 관심이 크고, 배경이 없음은 내면에 집중하거나 회피 경향이 있을 수 있다.

학습으로 스트레스를 받고 있는 아동의 그림으로 비의 양이 많다.

출처: 교육플러스(2023. 11. 27.).

③ 학교생활화 그림검사

학교생활화 그림검사(Kinetic School Drawing)는 주로 아동 및 청소년의 학교생활 적응 상태, 또래 관계, 교사와의 관계, 자아 개념, 스트레스 요인 등을 파악하기 위해 활용되는 투사적 그림검사이다. 학교라는 특정 공간은 아동·청소년의 사회적, 정서적 기능이 활발히 발현되는 장소이기 때문에, 이 공간 속에서 자신을 어떻게 위치시키는지를 그림으로 표현함으로써 내면의 감정 상태와 대인관계를 자연스럽게 보여 준다. 주로 학교 부적응, 또래갈등, 교사관계 어려움, 정서적 위축, ADHD, 불안 등의 평가에서 활용된다.

실시 방법

- **도구**: A4 용지, 연필 또는 색연필
- **지시문 예시**: "학교에서 있었던 일을 떠올려서 그림을 그려 보세요. 기쁘거나 슬펐던 일, 재미있거나 속상했던 일, 어떤 일이든 괜찮아요. 그리고 그 상황 속에 있는 나를 꼭 그려 주세요." (또는) "학교생활 중 기억에 남는 장면을 그림으로 표현해 주세요."
- **유의사항**: 구체적인 설명 없이 최대한 자유롭게 그리도록 유도하고 그림이 끝난 뒤, 면담을 통해 상황 설명을 듣는 것이 해석에 중요하다.

분석

- **인물과 자아상: 자신의 모습**: 크기, 위치, 표정, 행동 등을 통해 자아 개념과 자신감을 파악할 수 있다. 매우 작거나 구석에 있는 경우 위축, 소외감을 가질수 있으며, 중앙에 있고 활동 중이면 자신감, 소속감을 나타낸다. 자신 외 인물인 교사, 친구, 부모 등의 존재와 위치는 대인관계 양상을 반영한다. 만약, 교사만 있고 친구가 없다면 또래관계에 어려움이 있거나, 모두 등을 돌리고 있는 인물표현은 소외감, 거절 경험일 수 있고 원근을 사용한 방법일 수 있다.
- **공간과 배경 요소**: 교실, 운동장, 복도 등 공간 표현을 통해 학교에 대한 정서적 인식을 파악할 수 있다. 폐쇄된 교실은 억압된 정서표현일 수 있으며, 넓은 운동장은 자유로움과 개방성을 상징한다. 배경이 없다면 정서적 단절이나 회피상황을 유추해 볼 수 있다.
- **행동과 상호작용**: 인물 간 행동이나 관계 양상을 분석할 수 있으며(예: 대화, 싸움, 협동, 무시 등) 적극적인 상호작용은 사회적 유능감을 나타내며, 혼자 멍하니 있다면 소외감이나 우울을, 싸움, 왕따 장면은 또래관계의 갈등과 공격성, 피해 의식을 보여줄 수 있다.
- **정서 및 상징**: 얼굴 표정, 색감, 선의 강도를 통해 내면 감정을 파악할 수 있다. 굵고 어두운 선은 분노, 불안을, 밝고 다양한 색감은 긍정 정서를, 반복된 사물 표현은 집착, 불안을 의미한다.

교실에서 실시하는 학교생활화

교실에서 실시해 볼 수 있는 진단기법과 미술활동 주제로도 응용이 가능한 진단기법을 소개하였다. 교사는 실시하는 검사기법이 검사 본래의 목적을 왜곡할 수 있다는 점을 이해하고, "이 그림은 우울하다네요." "왕따인가 봐요." 같은 섣부른 해석은 낙인 효과를 불러일으키고 아동이나 학부모에게 불필요한 불안과 오해를 유발할 수 있음에 유의해야 한다.

다양한 진단기법은 흥미롭고 단순한 '그림 보기'가 아니라, 아동의 마음을 다루는 정밀한 전문 과정이므로 꼭 훈련된 전문가에 의해 윤리적이고 신중하게 실시되어야 하며, 보조적 진단 수단으로 사용되어야지 절대 단독 판단 기준이 되어서는 안 된다. 각 검사에 대한 세부적이고 전문적인 해석은 대상자의 연령, 발달수준, 심리적 특성, 현재 상태에 대한 정보가 필요하며, 별도의 검사환경과 개별적으로 실시되는 것을 전제로 한다.

이 장에서는 미술 활동의 중재전략으로서 아동을 이해하고 교육적 관점에서 잘 이끌어 주기 위해 응용할 수 있음을 밝힌다.

3 미술을 활용한 아동 사회정서발달 지도 프로그램 실제

이 장에서는 아동의 발달단계와 목표에 따라 미술활동을 제안하고 이를 통합적으로 구성한 프로그램의 예시를 제공한다. 교사의 창의성에 따라 제안 프로그램에서 재료를 바꿀 수도 있고 목표를 수정했을 때 전개과정이 변형 가능하다. 초등 저학년은 자기표현이 서툴고, 미술활동에 익숙하지 않을 수 있으므로, 난이도와 흥미를 고려하여 프로그램을 구성해야 한다. 미술재료는 날카롭거나 위험한 것을 피하고, 사용 방법을 충분히 설명해야 한다. 교육과정과 연계하여 진행하면 아동의 학습에도 도움이 될 수 있다. 예를 들어, 사회 과목에서 지역사회 문제를 다루고 있다면, 미술 프로그램에서 지역사회 문제를 주제로 하여 아동들의 창의적인 해결 방안을 모색하는 활동을 할 수 있을 것이다. 프로그램을 진행하기 전에 학교와 협의하여 일정과 장소를 정하고, 필요한 경우에는 교사나 학부모의 협조를 받아야 한다. 프로그램의 효과를 평가하고, 아동들의 변화와 성장을 확인하면서 이 프로그램을 개선하고, 아동들의 성장을 도울 수 있어야 한다.

1) 자기표현과 타인의 감정을 이해하는 미술 프로그램

미술활동은 자신의 감정을 자유롭게 표현할 수 있는 도구이고 글이나 말로는 표현하기 어려운 감정을 그림이나 조각 등의 형태로 나타낼 수 있기 때문에 이를 통해 자신의 내면을 탐색하고, 스트레스를 해소하며, 정서적 안정감을 얻을 수 있기 위해서는 아동이 스스로 미술재료를 활용하면 가장 좋다. 그러나 학교 현장은 스스로 작업을 창의적으로 이끌어 갈 수 있는 여건이 되지 않을 수 있다. 따라서 차시별 미술수업은 도입 시 미술재료의 특성에 대한 안내를 꼼꼼하게 하는 것이 중요하다. 다양한 미술재료를 소개하고 재료를 탐색하는 과정에서 아동은 자신의 감각에 집중할 수 있고, 경험한 것을 이야기할 때 자기표현과 타인을 이해하는 것을 배울 수 있다. 자신이 무엇을 느꼈고 이 과정을 통해 지금 현재 자신이 경험한 과정을 소개하고 듣는 아동이 있을 때, 자기표현과 타인의 감정을 이해하는 과정이 함께 발전하게 된다. 자기표현능력은 아동이 자신의 감정과 생각을 자유롭게 표현할 수 있도록 도와주는 것이 첫 단계이다. 교사는 아동이 자신의 내면을 탐색하고, 자신의 감정을 시각적으로 나타내는 방법을 배울 수 있도록 도와야 한다.

- 자기소개하기: 자신의 이름, 나이, 좋아하는 것, 싫어하는 것 등을 소개하는 작품을 만든다. 아동은 작품을 소개하면서 자신의 생각과 감정을 표현하고, 타인과 소통하는 능력을 키울 수 있다.

- 활동의 예: 이름표 만들기, 자기소개 카드 만들기, 자화상 그리기

- **자존감 향상**: 아동이 자신의 작품에 대한 성취감을 느끼고, 자신감을 키울 수 있도록 한다. 아동이 작품을 만드는 과정에서 어려움을 겪을 때는 격려와 지지를 해 주고, 작품을 완성했을 때는 칭찬과 보상을 해 준다.
  - 활동의 예: 가장 소중한 것, 마음상자
- **스트레스 해소**: 미술로 아동이 스트레스를 해소하고, 정서적 안정감을 얻을 수 있는 좋은 방법이 될 수 있기에 재료를 뭉치고 찢는 방법도 제안해 본다. 아동이 작품을 만드는 과정에서 집중력을 발휘하고, 결과물을 보면서 성취감을 느낄 수 있도록 한다.
  - 활동의 예: 신문지놀이, 찰흙놀이
- **창의력과 상상력 발달**: 아동의 창의력과 상상력을 발달시키기 위해 아동이 자신만의 독특한 아이디어를 바탕으로 새로운 작품을 만들어 내는 과정에서 창의력과 상상력을 향상시킬 수 있도록 한다.
  - 활동의 예: 재활용품, 생활용품으로 나무 만들기
- **문제해결능력 향상**: 아동이 작품을 만드는 과정에서 발생하는 문제를 해결하는 과정에서 문제해결능력을 향상시킨다.
  - 활동의 예: 종이상자로 다리 건설하기

교실에서 실시하는 마음상자 만들기

이와 같은 목표를 고려하여 아동의 특성과 요구에 맞는 미술 프로그램을 계획한다면, 아동의 자기표현과 정서발달에 긍정적인 영향을 줄 수 있다.

2) 사회성 향상을 위한 미술 프로그램

미술과 사회성은 밀접한 관계를 가지고 있다. 사회성은 단순히 친구를 잘 사귀는 것만이 아니라 사회 속에서 타인과 건강한 상호작용을 하는 전반적인 능력이다. 미술은 개인의 감정과 생각을 표현하는 동시에, 타인과 소통하고 협력하는 과정을 통해 사회성을 발달시키는 데에도 큰 역할을 한다. 사회성발달은 여러 명이 함께 작품을 만드는 활동을 통해 타인과 소통하고 협력하는 능력을 통해 향상된다. 각자의 역할을 분담하고, 서로의 의견을 존중하며, 함께 작품을 완성하는 과정에서 타인과의 소통 능력과 협동심을 키울 수 있다.

- **감정탐색과 인식하고 표현하기**: 사회성을 향상하기 위해서는 자기조절력이 우선되어야 한다. 아동은 미술을 통해 자신의 감정을 조절하고 사회적으로 적절하게 표현하는 능력을 기를 수 있다.
  - 활동: 내 마음의 날씨, 화가 났을 때(슬플 때) 나만의 진정법 만들기, 감정나무
- **협동 작품 만들기**: 아동들이 함께 작품을 만드는 활동을 통해 소통하고 협력하는 능력을 키울 수 있다. 서로 마주보고, 의논해서 주제를 정하고, 순서를 정하면서 배려와 공감을 키울 수 있다. 또 다른 예로, 연극적 요소를 가미하여 작품 속 인물의 역할을 맡아 연기하는 활동을 통해 타인의 입장을 이해하고, 타인과의 소통 능력을 키울 수 있다.
  - 활동: 공동 벽화 그리기, 조각 퍼즐 맞추기, 협동화 그리기
- **작품 감상 및 토론**: 다른 사람들의 작품을 감상하고, 그 작품에 대한 자신의 생각을 나누는 활동을 통해 타인의 감정을 이해하고 공감하는 능력을 키울 수 있고 작품을 통해 서로의 생각을 공유하고, 서로의 의견을 존중하는 태도를 배울 수 있다.
  - 활동: 조별 협동 작업으로 마을 만들기, 포스터 제작하기, 서로 다른 나무로 숲 만들기

교실에서 함께하는 협동작품 만들기

교실에서 집단으로 실시되는 미술활동을 통해 아동들은 자신의 능력을 인정받고, 성취감을 느끼며, 자신감을 키울 수 있다. 이는 자아존중감을 높이고, 긍정적이고 안정된 정서를 발달시키는 데 기여한다.

교과과정에서 미술치료기법을 활용하거나, 미술 관련 직업 체험하기, 미술 관련 동아리 활동하기, 미술 관련 봉사활동하기, 미술 관련 전시회 관람하기, 미술 관련 책 읽기와 같은 방법으로 미술을 통해 사회성을 발달시킬 수 있다. 하지만 사회성은 개인의 성격과 환경 등에 따라 다르기 때문에 개인에게 맞는 방법을 찾아 실천하는 것이 중요하다. 또한 사회성을 발달시키기 위해서는 꾸준한 노력과 시간이 필요하다.

3) 세부 진행과정

진행에 앞서 교사는 해당 프로그램의 목표와 방향성을 설명하고, 아동과 보호자의 동의를 얻고, 프로그램의 목적과 목표를 명확히 제시한다. 예를 들어, '자신의 감정을 자유롭게 표현하고, 타인과 소통하는 능력을 키우기' 등의 목표를 설정할 수 있다.

(1) 도입 단계

오늘 할 활동에 대해 소개하고, 규칙과 지침에 대해 안내하고, 주제를 소개하고, 재료를 소개하고, 예측가능한 범위와 환경을 만든다.

① **소개 및 라포 형성:** 교사와 아동들이 서로 인사를 나누고, 친밀감을 형성한다. 아동들의 이름과 특징을 소개하고, 교사는 아동들의 관심사를 파악한다.

② **규칙 설명:** 프로그램 진행 시 지켜야 할 규칙을 설명하고, 아동들의 동의를 받는다. 예를 들어, '서로의 작품을 존중하기' '시간을 지키기' 등의 규칙을 정할 수 있다.

③ **재료 소개:** 사용할 미술재료를 소개하고, 아동들이 재료를 탐색하고 익숙해질 수 있도록 한다.

④ **초기 평가:** 아동의 미술능력, 성향, 선호도 등을 파악하고 기록한다.

⑤ **라포 형성:** 아동과 교사 간의 신뢰 관계를 구축하며, 이를 위해 아동의 관심사를 파악하고, 그에 맞는 대화를 나누며, 친밀감을 쌓는다.

(2) 진행 단계

이미 교사는 목표에 따라, 아동의 관심사와 발달 수준에 맞는 주제를 선정했을 것이다. 예를 들어, '감정 표현하기' '협동 작품 만들기' 등의 주제를 선택할 수 있다. 이러한 주제에 맞게 활동을 계획하고, 재료와 도구를 준비했다면, 진행은 아동에게 활동의 시간이다. 사회정서발달을 위한 미술활동은 '과정중심'의 미술 프로그램이다. 교사에게 이 과정의 진행은 아동이 활동하는 동안 자율성과 자발성을 허용하고 최대한 자유롭게 놀이하고 미술재료가 자신을 표현하는 매체로 활용되는 것을 관찰하고 지지한다. 만약 이러한 활동에 진입하는 것이 어려운 아동이 있다면, 해당 문제를 파악하여 세심한 접근을 해야 한다. 아동이 미술활동을 하게 되면 발화가 증가하고 표정의 변화가 일어나며 산만하게 보일 수 있다. 미술은 아동을 유연하고 창의적으로 변화하게 하므로 자신이 무엇을 하고 있는지 교사와 친구에게 말하고자 하는 욕구가 증가하는 것은 자연스러운 현상이다. 진행은 아동들이 적극적으로 참여할 수 있도록 유도하고, 아동들의 작품을 관찰하고 기록하며, 아동들의 작품에 대한 피드백을 제공하고, 개선점을 제시할 수 있다. 공감하고 활동을 반영하고 읽어 주는 교사와 아동 간의 상호작용은 아동의 자존감과 자신감을 향상시킨다. 주어진 시간 내에 완성되는 미술활동을 계획했다면, 아동은 작품을 완성하게 된다. 진행할 때는 아동들의 안전과 편안함을 최우선으로 고려해야 하며, 아동들의 반응을 세심하게 관찰하고, 필요한 경우에는 수정 · 보완해야 한다.

표 5-2 | 차시별 진행과정 예시

<table>
<tr><td>차시</td><td colspan="2">자기표현이 자유롭게 되고, 타인과의 관계를 인식하는 단계로 진행될 때 진행하면 좋음</td></tr>
<tr><td>교과 연계 목표</td><td>[2바01-02] 나를 이해하고 존중하며 생활한다.
[2바01-03] 가족이나 주변 사람을 배려하며 관계를 맺는다.
[2바02-03] 차이나 다양성을 서로 존중하면서 생활한다.
[2바02-04] 새로운 활동에 호기심을 갖고 도전한다.
[2슬01-02] 나를 탐색하여 나에 대해 설명한다.
[2슬01-04] 사람과 자연, 동식물이 어우러져 사는 생태를 탐구한다.
[2슬03-03] 관심 있는 대상의 과거와 현재를 살펴보고 미래를 상상한다.
[2슬04-02] 상상한 것을 다양한 매체와 재료로 구현한다.</td><td>교사는 교과과정에서 연계할수 있는 목표를 확인하고 미술활동을 겨획할 수 있다.</td></tr>
<tr><td>차시목표</td><td>1. 다양한 재료 경험와 자기표현
2. 소중한 대상에 대한 인식
3. 친구를 인식하고 배려하기
4. 애착대상과 관계 보상</td><td>돌, 일회용 용기, 쵸핑종이, 풀, 색종이, 가위, 세라믹펜, 눈알 등</td></tr>
<tr><td></td><td>진행과정</td><td>참고</td></tr>
<tr><td>도입</td><td>◆ 수업 소개
• 함께 세운 규칙을 함께 따라 읽는다.
• 수업목표와 내용 및 재료들을 안내한다.
• 수업 시 유의할 점 등을 안내한다.
• 수업 진행과정을 설명한다.</td><td>아동의 발달에 따라 참고할 만한 시청각 자료(새둥지사진, 반려동물사진 등)를 제시함</td></tr>
<tr><td>진행</td><td>◆ 자신이 키우고 싶은 애완돌에 대해 이야기를 나눈다.
• 평소에 좋아하는 동물, 키우고 있는 동물, 키우고 싶은 동물, 식물에 대해서 발표하고 자유롭게 이야기 한다.
• 그 동물과 식물이 건강하게 자라려면 어떤 것들이 필요한지 생각하고 발표한다.
◆ 주어진 재료의 활용에 대해 배운다.
• 주어진 돌을 자신이 기를 수 있는 동물로 꾸며 준다.
• 주어진 용기를 동물이 안전하게 잘 살 수 있는 집과 환경으로 구며 준다.
</td><td></td></tr>
</table>

	◆ 애완돌과 집이 완성이 되면, 이 돌을 맡기고 여행을 가야 하는 상황을 제시하고 메모지에 돌보미에게 부탁의 메시지를 적는다. • 자신이 만든 애완돌과 집을 발표할 때 부탁의 메시지를 읽고 소개한다. • 부탁의 메시지를 들은 집단원을 자신이 맡아서 돌볼 수 있는 애완돌을 지정하고 잘 돌볼 수 있음을 지지한다. • 서로 돌보는 과정에서 느껴지는 감정, 배려, 친밀함에 대해 나누고 마무리한다.	
정리 및 마무리	◆ 감상 및 정리 • 애완돌집에 대한 소감을 이야기하고 어떤 부분을 느꼈는지 코칭한다. • 교사가 발문을 통해 다시 한번 수업내용을 전달하고 정리한다. ◆ 정리정돈 및 다음 차시 예고	각자 만든 둥지를 모아서 감상하게 할 수 있다. 돌봄에 대한 인지, 필요한 욕구, 소망을 인식하게 한다.

(3) 마무리 단계

집단으로 실시되는 미술활동의 마무리 단계는 진행과정에 이어 아동들 간의 상호작용을 촉진하고, 교사가 아동의 행동을 관찰하고 피드백을 제공하는 것이 계속 이어진다. 서로의 작품을 감상하고 의견을 나누는 시간을 가지기, 학교에서 집단미술활동에서는 이 과정이 매우 중요하다. 미술활동이 아동의 사회성발달을 목표로 했을 때, 아동의 자기표현을 향상하고자 할 때, 또래관계를 향상하기 위해서 동일하게 적용된다.

① 개별적인 발표와 상호작용을 촉진하는 것이 차시별 마무리의 목표이다. 활동을 정리하고, 아동들이 작품을 바라보며 나눌 수 있도록 구조화한다. 발표는 활동에 따라 앞에서 나와서 설명하기, 모둠별로 앉아서 발표하기, 작품을 가운데 두고 모여서 감상하면서 할 수도 있다. 아동들과 소감을 나누는 시간에는 아동들이 느낀 점과 배운 점을 자유롭게 이야기하고, 교사는 이를 듣고 언어로 정리해 주는 데 촉진자, 중재자, 반영하는 역할을 한다.

② **다음 차시 안내:** 다음 차시의 주제와 활동을 미리 안내하고, 아동들의 기대감을 높여 준다.

③ **차시별 활동에 대한 평가와 기록하기:** 프로그램의 효과를 평가하고, 아동의 변화를

기록하는 것은 교사에게 다음 활동에 대한 수정이나, 방법, 자료 선정에 도움이 된다.

④ **후속 조치**: 프로그램 종료 후에도 지속적인 관심과 지원을 제공한다.

집단미술 프로그램의 효과를 극대화하기 위해서는 미술에 참여하는 교사의 전문성과 경험이 중요하며, 아동과 보호자의 적극적인 참여와 협조가 있다면 더욱 발전할 것이다.

4) 미술을 활용한 아동 사회정서발달 지도 프로그램

표 5-3 | 숙명 늘봄창의센터 '미술로 마음튼튼, 미술로 we+(위플러스) 프로그램'

<table>
<tr><th>프로그램명</th><td colspan="3">미술로 마음튼튼, 미술로 위플러스</td></tr>
<tr><th>대상</th><td>1학년</td><th>적정 인원</th><td>20명</td></tr>
<tr><th>차시</th><td>총 80차시(1학기 40차시, 2학기 40차시), 1차시는 40분</td><th>운영 횟수</th><td>1회 방문 시 2차시
총 40회</td></tr>
<tr><th>교육과정 연계</th><td colspan="3">◆ 2022 개정 교육과정
[1-2국] 일상의 경험과 생각을 글과 그림으로 표현한다.
[1-2수] 삼각형, 사각형, 원을 직관적으로 이해하고 모양을 그릴 수 있다.
[1-2즐] 다양한 세상을 상상하고 표현한다/바르고 고운 말로 서로의 감정을 나누고 듣고 말한다/상대방의 말을 집중하여 듣고 차례를 지키며 대화한다.
[1-2슬] 경험한 것 중에서 관심 있는 주제를 정하고 조사한다.
[1-2바] 새로운 활동에 호기심을 갖고 도전한다/다양한 생각이나 의견에 대해 개방적인 태도를 형성한다/여럿이 하는 활동에 관심을 갖고 자발적으로 협력한다/차이나 다양성을 서로 존중하면서 생활한다/공동체 속에서 내가 할수 있는 것을 찾아보고 실천한다.</td></tr>
<tr><th>키워드</th><td colspan="3">#자기인식 #자기표현 #친구감정이해 #정서조절 #긍정적 상호작용 #즐거운 학교생활</td></tr>
<tr><th>프로그램 주요 내용</th><td colspan="3">◆ 프로그램 주제
– 미술매체 경험을 통한 감각을 활성화하여 긍정적인 정서발달 유도

◆ 기획 의도
– 자존감과 자기효능감을 확인할 수 있는 미술치료 프로그램 제공
– 협동작업을 통해 타인을 인식하고 또래관계기술을 증진시켜 학교생활 적응을 도모함</td></tr>
</table>

◆ 교육 목표

• 인지적 목표
  - 미술로 자기인식과 표현
  - 재료와 감각경험을 통한 인지
  - 미술창작과정의 이해

• 심동적 목표
  - 타인을 이해하고 배려하기
  - 그룹 내 적절한 행동 수행

• 정의적 목표
  - 자기 이해 증진
  - 긍정적 생활 태도 형성
  - 자신감 향상
  - 공동체 적응력 향상

	차시(시수)	주제	활동내용
1학기 (40차시) 수업 개요 미술로 마음튼튼	1-2	내 이름은요	수업과 교사/강사 소개하고 그룹과 개인의 정서 수준, 사회성 파악 및 평가하기
	3-4	물감으로 말해요	유동적인 재료와 고형재료를 제시하여 느낌과 감각을 확장하고 경험하기
	5-6	긍정적인 정서와 부정적인 정서 만나기	자신이 싫어하는 것, 좋아하는 것을 연상하고 콜라주로 표현하기
	7-8	다양한 표정과 감정 표현하기	다양한 표정 그림을 통해 여러 가지 감정을 이해하고 표현하면서 정서 조절하기
	9-10	나의 마음상자	마음속 감정을 인식하고 마음상자를 꾸미고 담은 후 보호장치 마련하기
	11-12	나의 인형 친구	인형의 모습이 된 친구들과 함께 소개하고 정서표현을 연습하고 연결하기
	13-14	동물가족	나를 동물에 비유하고 동물가족을 그려 보기
	15-16	내 안의 여러 가지 모습	마트료시카를 활용하여 자신의 다양한 모습을 연상하기
	17-18	서로 그려 줘요	마주 보고 그려 주는 활동을 통해 타인에 대한 인식하기
	19-20	서로 채워 줘요	자신의 그릇을 만들고, 짝과 협동하여 서로 필요한 것을 만들어 주기

	21-22	미술로 게임해요	함께 의논하여 땅에 대한 이미지를 완성하는 과정에서 협동을 배우기
	23-24	인사이드 아웃	감정카드를 가지고 서로의 감정을 선택하고 나누고 이해하기
	25-26	협동해요	다양한 오브제를 가지고 공동화를 나누어 그리기
	27-28	함께 노는 놀이터	함께 놀 수 있는 놀이터와 마을에 대한 생각을 친구와 나누고 모둠별로 꾸미기
	29-30	함께 그리고 완성해요	한 장의 도화지 자유롭게 또는 손작업하면서 배려와 수용을 연습하기
	31-32	가면을 통해 말해요	가면을 꾸미고 바꾸어 가면서 타인을 이해하고 배려하는 놀이를 통해 또래관계 인식하기
	33-34	우리들의 왕국	자신이 살고 싶은 마을(학교)을 만들면서 협동과 규칙를 이해하고 작업하기
	35-36	우리들의 추억액자	액자 속에 준비해 온 사진를 다양한 재료로 꾸미면서 서로의 장점을 나누기
	37-38	Healing Book	전체 여정을 돌아보며 자신만의 책을 만들고 발표하기
	39-40	종결과 마무리	소중한 나 작업 소개하기 개인의 정서수준, 사회성 파악 및 평가

	차시 (시수)	주제	활동내용
2학기 (40차시) 수업 개요 미술로 위플러스	1-2	우리학교에서 나는요~	교사/강사와 수업 소개, 규칙 안내하기 학교 생활화 그리기
	3-4	나의 느낌과 감정은?	주어진 매체를 만지고 탐색하기
	5-6	나의 정서와 감정표현 연습	친구와 서로 다른 감정에 대해 설명하기
	7-8	색지으로 표현하고 만나요	음악을 듣고 색습자지를 만지고 구기고 붙이고 찍기와 연상활동하기
	9-10	나의 손은 너와 무엇을 할 수 있을까?	자신의 손과 친구의 손을 그려 주고 오린 후 다양한 손으로 주제 확장하기
	11-12	호흡으로 만나는 우리	하나의 도화지에 물감을 불기 놀이 후 친구와 협동하여 완성하기
	13-14	그래도 나무는 자란다	나무가 잘 자랄 수 있는 환경을 친구와 함께 꾸미기
	15-16	서로 그려 주기	친구의 얼굴을 관찰하고 서로의 얼굴을 그려 주기

	17-18	마음상자	친구, 교사, 부모에게 원하는 소원과 하고 싶은 이야기를 쓰기
	19-20	친구와 수호천사	자신과 학교에서 사귄 친구의 호명과 특징을 인식하고 꾸미고 서로의 수호천사가 되어 주기
	21-22	스트레스 날려 보자	신문지와 습자지를 찢고 구기면서 감정을 해소하기 전체 놀잇감을 가지고 규칙에 따라 함께 놀이하기
	23-24	함께 만드는 세상	바다, 도시, 산을 모둠별로 정하고 서로 의논한 후 완성하기
	25-26	나, 너, 그리고 우리	자신이 좋아하는 그림을 그리고 함께 합쳐서 작업을 완성하면서 협동과 배려를 배우기
	27-28	내 친구를 돌봐주세요	자기가 키우는 애완돌을 만들고 친구에게 맡기는 시간을 통해 돌봄과 배려 알기
	29-30	우리는 하나	모둠활동으로 그림을 함께 그리고 같은 주제에 도달하는 과정을 경험하기
	31-32	우리들 세상	모둠활동으로 순서와 규칙 안에서 찰흙 던지기 놀이를 하며 놀이동산 꾸미기
	33-34	우리가 만드는 학교	자신의 집과 학교가 있는 마을을 함께 만들고 꾸며 보기
	35-36	함께 만드는 다리	모둠별로 함께 튼튼한 다리를 만들고 채색하기
	37-38	서로에게 선물 주고받기	자신이 받고 싶은 선물을 소개하고 친구에게 주고 싶은 선물을 만들어 교환하기
	39-40	종결과 마무리	학교 생활화 그리기

참고문헌

김민정(2022). 동시대 미술감상 기반 통합적 미술활동이 유아의 창의적 미술표현력, 정서창의성에 미치는 영향. 학습자중심교과교육학회지, 22(22).

길은영(2014). 아트테라피 놀이북. 이끼북스.

김창식(2009). 고등 사고 발달을 위한 미술교육. 미술과 교육, 10(1).

김애자, 박경애(2024). 초등학교 부적응 아동의 문제 행동 개선을 위한 활동중심 미술치료 사례연구. 사)한국아동발달지원연구소, 14(2).

김향미(2000). 한국 초등미술교육에 있어서의 교과서의 변천 및 발전 방향에 관한 연구. 미술교육논총, 9, 83-100.

김형민(2015). 집단미술치료가 초등학생의 정서지능과 스트레스에 미치는 영향. 동국대학교 대학원 석사학위논문.

김형숙(2011). 융합 인재 교육에서 미술교육의 관계와 중요성 고찰. 기초조형학 연구, 13(5).

김태완(2012). 교과 통합적 미술치료가 초등학생의 정서지능에 미치는 영향. 한국보육학회지, 12(2).

문정희, 이혜숙(2021). 미술놀이가 유아의 창의력에 미치는 효과에 대한 신경학적 고찰. 미술과 교육, 22(3).

박성혜, 길은영, 곽진영(2021). 미술심리치료이론과 실제. 박영스토리.

박정애(2003). 존 듀이의 실용주의 전통: 일상생활에서의 미술과 생활중심 학습. 미술과 교육.

안성수(2010). 7차 개정 미술교육과정과 관련한 학교미술치료의 필요성 연구. 공주대학교 교육대학원 석사학위논문.

오소원(2016). 집단미술치료가 아동의 공감능력과 또래관계에 미치는 효과. 명지대학교 사회교육대학원 석사학위논문.

오석준(2011). 놀이 중심 학급 단위 집단상담이 초등학생의 학급 응집력에 미치는 효과. 광주교육대학교 교육대학원 석사학위논문.

옥금자(2006). 집단미술치료 방법론 I: 이론과 기법. 하나의학사.

옥금자(2008). 학교미술치료의 실제. 시그마프레스.

이근매(2016). 학교미술치료의 현황과 발전방향. 미술치료연구, 23(4), 925-945.

이재영(2008). 탐구의 정의적 영역과 예술적 발달의 특성. 미술과 교육, 9(2).

이하림(2020). 포스트휴먼 시대 핵심 인성 역량 강화를 위한 초등 미술과 중심 교과 통합 프로그램 개발 및 적용. 미술교육논총, 60.

이현아(2013). 정서행동장애아동의 내면화, 외현화 문제의 완화 및 감소를 위한 미술치료사례연구. 미술치료학회, 20(4).

이현아(2008). 시각지능과 미술교육과의 관계연구. 미술교육논총, 22(1), 116.

조용주, 김선아(2011). 통합적 인지발달을 위한 아동미술교육 연구: 게슈탈트 이론을 바탕으로. 한국조형교육학회, 40.

주리애(2010). 미술치료학. 학지사.

최은실, 방희정(2013). 정서인식 및 표현 능력 향상 프로그램의 효과 연구(1): 정서단어와 얼굴 표정을 중심으로. 한국심리학회, 26(1).

최옥희(2012). 미술의 잠재적 공간: 창의력, 감응과 관습에 대한 도전. 미술과교육, 12(1).

한국건강증진개발원(2023). KHEPI 아동 정신건강증진 교육자료: 마음튼튼 프로그램. 건강실천팀.

홍기태(2007). 문제해결력과 사고력 중심 미술교과 평가. 미술교육논총, 21(3).

Eisner, E. W. (2003). 새로운 눈으로 보는 미술교육(*Educating artistic vision*). 서울교육대학교 미술교육연구회 역. 도서출판 예경. (원저 1972년 출판).

Eisner, E. W. (2007). 예술 교육론(*The Arts and the creation mind*). 강현석, 김혜숙, 박승배, 손민호, 이은적, 이자현, 황연주 역. 아카데미프레스. (원저 2002년 출판).

Eisner, E. W., Bougton, D., & Ligtvoet, J. (2006). 시각예술교육에서 평가란 무엇인가(*Evaluation and a ssessing the visual arts in education*). 김형숙, 김현정, 류진희, 박혜원, 우주희, 이경희, 최윤아, 한주연, 한형승 역. 교육과학사. (원저 1996년 출판).

Glassman, E, L., & Prasad, S. (2013). Using art therapy with diverse population: Crossing cultures and abilities. *Art Therapy Schools*, 126.

Janet, B. (2008). 학교미술치료 핸드북(*A handbook of school art therapy*). 노용, 이경원 역. 학지사. (원저 1997년 출판).

Judith, A. R. (2003). 이구동성 미술치료. 주리애 역. 학지사. (원저 2001년 출판).

Landgarten, H. B. (1987). *Family Art Psychotherapy: A Clinical Guide And Casebook*. Routledge.

Lowenfeld, V., & Btittain, W. L. (2002). 인간을 위한 미술교육. 서울교육대학교 미술교육연구회 역. 미진사. (원저 1982년 출판).

Chapter 06

음악을 활용한 초등학생 사회정서발달 지도

김영신

1. 아동발달과 음악
2. 음악을 활용한 아동 사회정서발달 지도 프로그램 개발
3. 음악을 활용한 아동 사회정서발달 지도 프로그램 실제

인간은 본질적으로 음악적 존재이다. 인류는 음악을 창조하고 의도적으로 활용하는 유일한 생명체로서, 이는 다른 동물과 차별화되는 인간의 고유한 특징 중 하나이다. 음악은 단순한 예술 양식이나 오락 수단을 넘어서는 의미를 지닌다. 음악은 인간 경험의 중심에서 정서를 표현하고, 관계를 형성하며, 의사소통을 매개하는 핵심적 역할을 해왔다. Nordoff와 Robbins(1971)에 따르면, 모든 인간은 선천적 음악성을 지닌 음악 아동을 가지고 태어난다. 인간은 음악을 학습하는 존재가 아니라, 음악과 함께 태어나고 발달하는 존재인 것이다. 이는 음악적 훈련을 전혀 받지 않은 유아들이 브여 주는 자연스러운 옹알이와 리듬감 있는 움직임, 그리고 다양한 음색에 대한 반응을 통해 확인할 수 있다. 이러한 선천적 음악성은 개인이 처한 환경에 따라 다양한 형태로 발현될 수 있으나, 이는 근본적으로 모든 인간에게 잠재된 공통적 특성으로 이해된다(Ncrdoff & Robbins, 1971).

음악은 인류의 보편적인 비언어적 의사소통 매체이다. Gaston(1960)이 지적한 바와 같이, 음악은 언어의 장벽을 넘어 감정과 생각을 전달할 수 있는 강력한 도구로 기능한다. 이러한 특성은 문화적 배경이나 연령, 지적 능력의 차이에 구애받지 않고 사람들 간의 유대를 가능하게 하며, 특히 발달 초기 단계에 있는 아동과의 상호작용에서 뛰어난 효과를 보인다.

음악은 또한 특별한 환경이나 조건에서만 존재하는 것이 아닌, 인간의 일상생활 전반에 자연스럽게 스며든 평생의 활동이다. 아동들은 일상적인 놀이와 생활 속 리듬, 선율을 통해 음악을 경험하고 학습하며, 이 과정에서 자신과 세상을 이해하는 고유한 방식을 발달시킨다. 이러한 자연스러운 음악 경험은 아동 사회정서발달 지도의 핵심적 자원이 될 수 있다.

이 장에서는 이와 같은 음악의 본질적 특성을 토대로, 아동을 이해하고 지도하는 과정에서 음악이 어떻게 효과적으로 활용될 수 있는지를 탐구하고자 한다. 이를 통해 음악과 아동발달 간의 긴밀한 상호작용을 심도 있게 살펴보며, 실제적이고 창의적인 사회정서발달 지도 방안을 제시하고자 한다.

1 아동발달과 음악

1) Piaget의 인지발달이론에 기반한 아동의 음악적 행동발달 특성

Piaget의 인지발달이론은 아동의 발달 수준을 이해하고 적절한 지도 방식을 설계하는 데 핵심적인 이론적 토대를 제공한다(Ginsburg, 2006). Piaget는 아동의 인지발달이 연령에 따라 단계적으로 이루어진다고 보며, 각 단계에서 아동은 환경과의 상호작용을 통해 사고 구조를 점진적으로 발달시킨다고 설명하였다. 이 이론에서는 아동의 인지발달을 감각운동기(출생~2세), 전조작기(2~7세), 구체적 조작기(7~11세), 형식적 조작기(11세 이후)의 네 단계로 나누고, 각 단계는 이전 단계의 경험을 기반으로 새로운 사고 능력이 형성되는 과정을 설명한다. Piaget는 이러한 발달이 단순히 지식의 양적 증가가 아니라 질적 변화임을 강조하며, 이를 통해 아동이 점차 복잡하고 논리적인 사고 능력을 획득한다고 보았다.

감각운동기(0~2세)는 아동이 자신의 감각과 움직임을 통해 주변 환경을 탐구하는 시기로, 반사적 행동에서 시작하여 점차 의도적이고 조율된 행동으로 발전해 나간다. 신생아의 청각 기능은 완전히 성숙하지 않지만, 영유아는 소리를 식별하고 소리의 출처를 파악하는 능력을 보인다(McDonald & Simons, 1989; Standley & Madsen, 1990). 특히 생후 18개월 이후에는 청취능력이 급속히 발달하여 음의 세기, 음색, 음의 고저, 리듬을 구별할 수 있게 된다(Greenberg, 1979; Moog, 1976). 이 시기 아동은 리듬 있는 소리에 반응하며(Spiegler, 1968), 신체 움직임이나 간단한 악기 탐색을 통해 감각적 자극을 경험한다.

전조작기(2~7세)는 상징적 사고와 언어가 급격히 발달하는 시기로, 아동은 자기중심적 관점에서 세상을 이해하는 특징을 보인다. 이 시기의 아동은 논리적 사고보다는 직관적 사고가 지배적이며, 음악을 통해 상징적으로 생각하고 감정을 표현한다(Gfeller, 2002). 특히 이 시기에는 음악적 사물이나 사건에 이름을 붙이고 이를 신체적 개입 없이도 표현할 수 있게 된다. 따라서 전조작기 아동에게는 음악을 통한 상징적 사고와 창의적' 표현 활동이 효과적이다. 예컨대, '비가 오는 날의 소리'를 주제로 레인스틱이나 오션 드럼과 같은 간단한 타악기를 사용하여 빗방울을 상징적으로 표현하거나, 음악 놀이를 통해 리듬과 선율을 직관적으로 조합하여 창의적으로 표현할 수 있다. 이 시기는 특히 음악활동 중 음성화가 증가하는 특징을 보인다.

구체적 조작기(7~11세)는 논리적 사고와 조작적 사고가 발달하는 시기로, 아동은 구체적 경험을 토대로 문제를 해결하는 능력을 발달시킨다. 이 단계에서는 음악의 구조와 규칙성에 대한 이해가 깊어지며, 협력적 활동에 참여하는 능력이 증가한다(Gfeller, 2002). 또한 기보법을 익히고 리듬과 화성의 개념을 습득하기에 최적의 시기이다. 이 시기 아동은 간단한 선율을 듣고 이를 재현하거나 변형하여 자신만의 음악을 창작할 수 있으며, 합주 활동을 통해 협동심과 팀워크를 배울 수 있다. 이러한 과정은 아동의 논리적 사고력과 음악적 창의성을 통합적으로 발달시킨다.

형식적 조작기(11세 이상)는 추상적 사고와 가설적 사고가 발달하는 시기로, 아동은 다양한 관점을 고려하며 복잡한 논리적 사고를 통해 문제를 해결할 수 있게 된다. 이 시기의 청소년은 음악의 사회문화적 맥락을 탐구하고, 음악을 통해 감정과 아이디어를 표현하는 보다 심화된 활동을 할 수 있다(Gfeller, 2002). 구체적으로, 제시곡의 화성 구조를 분석하거나 이를 바탕으로 창의적인 선율을 작곡하는 등 고차원적 음악활동에 참여할 수 있으며, 음악적 논의를 통해 자신의 음악 경험을 타인과 비교하고 심층적으로 이해할 수 있다.

지금까지 살펴본 바와 같이(〈표 6-1〉 참조), Piaget의 아동 인지발달 이론은 음악 교육에서 발달단계별 특성에 부합하는 지도 방식을 설계하는 데 중요한 역할을 한다. 따라서 교사는 이러한 발달과정에 대한 깊이 있는 이해를 바탕으로, 이를 교육 현장에서 실천함으로써 보다 효과적이고 의미 있는 음악 경험을 제공할 수 있을 것이다.

표 6-1 | Piaget 인지발달 단계에 따른 아동의 음악적 행동 특성

인지발달 단계	주요 발달 특성	음악적 행동 특성
감각운동기 (0~2세)	감각과 움직임을 통해 주변 환경을 탐색하며, 반사적 행동에서 점차 의도적인 행동으로 발전함	다양한 소리를 식별하고, 리듬 있는 소리에 반응하며, 신체 움직임과 간단한 악기 탐색을 통해 감각적 경험을 확장함
전조작기 (2~7세)	상징적 사고와 언어 능력이 급격히 발달하며, 직관적 사고가 지배적임	음악을 활용하여 상징적으로 사고하고, 감정을 표현하며, 놀이 속에서 창의적 음악활동과 음성 탐색이 증가함
구체적 조작기 (7~11세)	논리적 사고와 조작적 사고가 발달하며, 구체적인 경험을 토대로 문제해결 능력이 향상됨	음악의 구조와 규칙성을 이해하고, 기보법을 습득하며, 합주 활동을 통해 협력과 조화를 경험함
형식적 조작기 (11세 이상)	추상적 사고와 가설적 사고가 발달하며, 다양한 관점을 고려한 복잡한 사고가 가능해짐	음악의 화성 구조를 분석하고, 창의적으로 작곡하며, 음악적 토론을 통해 심층적인 이해와 자기 표현 능력을 발전시킴

2) 음악과 뇌발달

최근 뇌 과학의 발전과 함께 음악이 인간의 뇌에 미치는 영향에 대한 연구가 활발히 진행되고 있다. 신경 가소성(neuroplasticity)은 이러한 연구의 핵심 개념으로, 뇌가 경험과 학습, 환경 변화에 따라 스스로 구조와 기능을 변화시키는 능력을 의미한다(Roederer, 1974; Zatorre, Fields, & Johansen-Berg, 2012). 연구에 따르면, 음악은 이러한 신경 가소성을 촉진하여 뇌의 신경망을 재구성하고 강화하는 과정을 활성화한다(Abrams et al., 2013; Fandakova & Hartley, 2020; Vuust et al., 2002).

뇌는 고정된 상태로 존재하는 것이 아니라, 새로운 경험을 통해 지속적으로 변화하고 발달한다. 예를 들어, 아동이 악기를 배울 때 뇌는 연주에 필요한 운동 기능, 청각 정보 처리, 감정적 경험을 통합하기 위해 관련 신경망을 새롭게 형성하거나 강화한다. 이러한 과정은 아동기의 뇌발달에 특히 중요한 의미를 지닌다. 아동기는 외부 자극에 가장 민감하게 반응하며, 새로운 정보와 기술을 습득하는 잠재력이 가장 큰 시기이기 때문이다.

음악 경험은 뇌의 여러 영역을 동시에 자극하는 통합적 활동이다. 음악을 연주하거나 감상하는 과정에서 청각, 운동, 인지, 정서 영역이 동시에 활성화되며([그림 6-1] 참조),

이는 뇌의 전반적 발달을 촉진한다(Vuust et al., 2002). 특히 음악은 뇌 영역 간의 동기화를 촉진하여 신경 네트워크의 연결성을 강화하고, 정보 처리의 효율성을 높인다(Abrams et al., 2013).

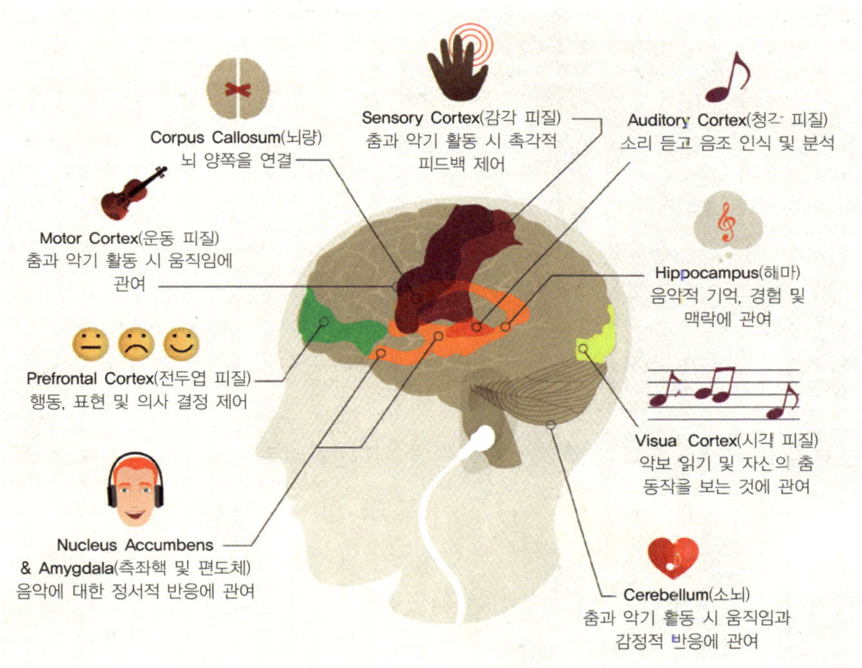

| 그림 6-1 | 음악과 뇌

출처: lifehacker.com 외, n.d.

음악 신호는 외이, 중이, 내이를 통과한 후 뇌의 청각 시스템에서 처리된다. 먼저, 내이의 달팽이관에서 기계적 진동이 전기 신호로 변환되어 청신경을 통해 뇌간으로 전달된다. 이 신호는 중뇌를 거쳐 시상을 통과한 후 대뇌의 1차 청각 피질에 도달하여, 음높이, 음색, 리듬, 강도와 같은 기본적 음향 정보가 분석된다. 이후 2차 청각 피질과 측두엽 연합 영역에서 선율이나 화음과 같은 복잡한 음악적 요소가 통합적으로 처리된다([그림 6-2] 참조). 특히 음악 처리는 우반구가 주도적 역할을 하지만, 좌반구의 언어 처리 영역과도 밀접하게 연결되어 있어 음악 경험이 아동의 언어발달에도 긍정적 영향을 미친다.

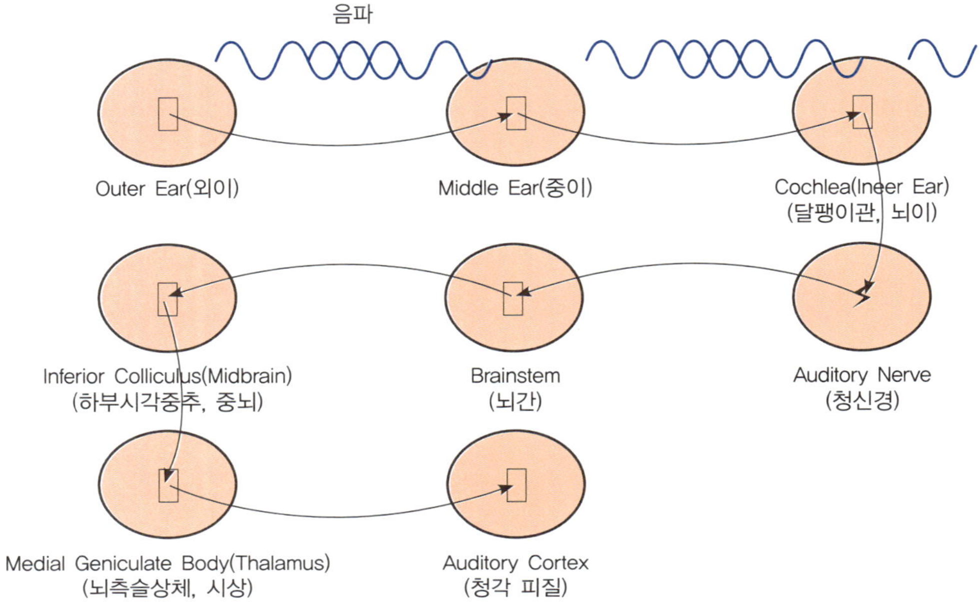

| 그림 6-2 | 청각 정보 처리 경로

음악은 뇌의 운동 피질을 적극적으로 활성화한다. 악기 연주나 리듬에 맞춘 신체 움직임은 대뇌 운동 피질과 소뇌의 긴밀한 협력을 요구하며, 이는 대근육과 소근육의 협응력 발달을 촉진한다. 특히 청각 정보를 분석하고 이를 움직임으로 변환하는 과정은 운동 관련 뇌 영역 간의 신경망을 강화하여 전반적인 뇌발달에 기여한다.

더불어 음악은 변연계와 보상 시스템을 활성화하여 정서적 반응을 유도한다(Roederer, 1974). 음악 감상 시 편도체는 정서적 강도와 유형을 처리하고, 측좌핵은 도파민을 분비하여 즐거움과 만족감을 생성한다. 이러한 긍정적 정서 경험은 아동의 학습 동기를 강화하고 적극적인 참여를 촉진한다. 특히 음악이 유발하는 정서적 반응은 해마와도 연결되어 기억 형성과 정서적 기억의 강화에 기여하며, 이는 장기적인 학습 효과로 이어진다. 또한 음악활동 중 발생하는 옥시토신의 분비는 사회적 유대감을 증진시키고 스트레스 호르몬인 코티솔의 수준을 낮추어 정서적 안정감을 제공한다.

지금까지 살펴본 바와 같이(〈표 6-2〉 참조), 음악 경험은 아동의 뇌발달에 광범위하고 긍정적인 영향을 미친다. 음악은 신경 가소성을 촉진하고, 뇌의 여러 영역을 통합적으로 활성화하며, 신경망의 효율적인 구성을 돕는다. 이러한 신경과학적 발견들은 아동발달에서 음악 경험의 중요성을 강조하고 있다. 따라서 아동의 건강한 뇌발달을 위해서는 발달단계에 적합한 다양한 음악 경험을 체계적으로 제공하는 것이 필요하다. 이는 단순한 재미나 즐거움의 차원을 넘어, 과학적 근거에 기반한 교육적 접근으로서 아동의 전인적 발달을 지원하는 핵심 도구로 활용될 수 있다.

표 6-2 | 음악 처리에 관여하는 뇌 영역과 기능

뇌 영역	음악적 행동과 관련된 기능
뇌량(Corpus Callosum)	우뇌와 좌뇌를 연결
감각 피질(Sensory Cortex)	악기 연주나 춤출 때 촉각 피드백 조절
청각 피질(Auditory Cortex)	소리를 듣고 분석, 음조 인식
해마(Hippocampus)	음악 관련 기억, 경험 및 문맥 처리
시각 피질(Visual Cortex)	악보를 읽거나 춤 동작을 인식
소뇌(Cerebellum)	춤이나 악기 연주 시 움직임과 정서 반응 조절
측좌핵 & 편도체 (Nucleus Accumbens& Amygdala)	음악에 대한 정서 반응 담당
전두엽 피질(Prefrontal Cortex)	행동, 표현 및 의사 결정 조절
운동 피질(Motor Cortex)	춤이나 악기 연주 시 움직임 담당

3) 전인적 발달을 돕는 매체로서 음악의 역할

음악은 인간의 삶에서 필수불가결한 요소이며, 특히 아동발달에 있어 그 중요성이 더욱 부각된다. 음악 인류학자인 Merriam(1964)은 음악이 단순히 오락적 즐거움을 제공하는 데 그치지 않고, 신체 성장, 정서 발달, 사회적 기술 형성 등에 다차원적인 영향을 미친다고 주장하였다. 이는 음악이 언어를 초월하여 아동에게 세상과 소통할 수 있는 새로운 통로를 제공하며, 전인적 발달을 촉진하는 핵심 매개체임을 시사한다.

음악은 아동기 신체발달의 다양한 측면에 유의미한 영향을 미친다. 리듬에 맞춰 몸을 움직이는 활동은 대근육 · 소근육 모두를 자극하며, 신체 조정력과 균형 감각을 향상시킨다. 특히 리듬 기반 동작과 악기 연주는 신경근육 협응력을 증진시키며, 운동능력 발달을 촉진한다. 또한 음악과 함께 이루어지는 신체활동은 운동 기억과 공간 인지능력 발달에도 기여한다. 악기 연주 시의 섬세한 손동작 제어나 리듬감 있는 동작의 반복은 움직임의 정밀성 향상에 효과적이다.

음악은 정서조절과 표현의 통로로서 아동의 정서적 성장을 지원한다. 음악을 통해 아동은 다양한 감정을 표현하고 조절하는 법을 배울 수 있다. 특히 다양한 정서가 담긴 곡을 경험하며 감정의 스펙트럼을 확장하고, 자기 감정에 대한 이해도를 높인다. 또한 음악을 들으며 감정을 이입하고 공감하는 경험은 아동이 자신의 감정을 인식하고, 타인의 감정을 이해하는 데 도움을 준다.

음악의 집단적 특성은 사회성 발달의 핵심 촉매제로 작용한다. 합주나 합창과 같은 집단 음악활동은 아동이 협동심, 규칙 준수, 차례 기다리기 등의 사회적 기술을 배우는 데 효과적이다. 이러한 협력적 음악활동은 공동체 의식을 함양하고, 대인관계 기술을 발달시키는 실천적 학습의 장이 된다.

음악은 아동의 자발적 학습 동기를 유발하는 강력한 내적 동기 유발제이다. 내재 동기는 외적 보상 없이도 자발적으로 행동에 몰입하고자 하는 마음에서 비롯되며, 이는 아동의 학습과 성장에 중요한 요소이다. 특히 음악이 제공하는 심미적 경험과 즐거움은 지속적인 활동 참여의 원동력이 되며, 이를 통한 성취 경험은 자기효능감을 높이고 학습 동기를 강화한다.

음악은 문화적 다양성을 체험하는 실제적 매개체로서 기능한다. 음악은 전 세계적으로 존재하는 보편적인 언어로, 아동이 다양한 문화를 자연스럽게 접할 수 있는 기회를 제공한다. 각 문화권의 고유한 음악을 통해 아동은 문화적 다양성을 체험하고, 글로벌 시민으로서의 문화적 감수성을 발달시킨다. 예를 들어, 아프리카의 리듬 중심 음악, 아시아의 전통 음계, 유럽의 화성 구조 등 다양한 음악적 특징은 각 문화의 독특한 정체성을 반영하며, 이를 경험하는 과정에서 아동은 자연스럽게 문화적 다양성을 이해하고 존중하는 태도를 기를 수 있다.

마지막으로, 음악은 창의적 사고와 표현의 플랫폼으로 작용한다. 음악은 정해진 틀에 얽매이지 않고 새로운 리듬, 선율, 가사를 만들어 낼 수 있는 자유로운 환경을 제공한다. 특히 즉흥연주나 작곡 활동은 아동이 자신만의 독특한 음악적 표현을 탐색하고 실험할 수 있는 기회를 제공하며, 이 과정에서 창의적 문제해결능력이 자연스럽게 발달한다. 더불어 음악을 통한 자유로운 상상과 표현은 아동의 유연적 사고를 촉진하고, 예술적 감수성을 풍부하게 한다.

이처럼 음악은 아동의 신체적 · 정서적 · 사회적 · 인지적 발달을 포괄적으로 지원하는 전인적 교육 매체로서의 가치를 지닌다(〈표 6-3〉 참조). 음악을 통한 경험은 단순히 각각의 발달 영역에 독립적으로 영향을 미치는 것이 아니라, 여러 발달 영역이 유기적으로 상호작용하며 시너지 효과를 창출한다. 이는 음악이 아동의 전인적 발달을 촉진하는 유용한 매개체임을 의미하며, 교육 현장에서 체계적이고 지속적인 음악 교육 프로그램의 개발과 실행이 필요함을 시사한다.

표 6-3 | 전인적 발달을 위한 음악 개입 전략

발달 영역과 교육 목표	개입 전략
신체발달	리듬 기반 움직임과 악기 연주를 통한 대소근육 발달 및 신경근육 협응력 증진
정서발달	음악을 통한 감정표현과 조절 능력 향상, 공감능력 증대
사회성발달	합주 및 합창을 통한 협동심, 규칙 준수, 대인관계 기술 습득
학습동기 강화	심미적 경험과 성취감을 통한 내재 동기 강화, 학습 지속성 증가
문화적 감수성 계발	다양한 문화권 음악 경험을 통한 문화적 감수성 발달
창의적 사고 향상	즉흥연주와 작곡활동을 통한 창의적 문제 해결 능력 및 예술적 감각 향상

2 음악을 활용한 아동 사회정서발달 지도 프로그램 개발

아동 사회정서발달 지도를 위한 음악 프로그램 개발의 핵심은 음악 교육을 넘어 아동의 전인적 발달을 지원하는 체계적 활동 구성에 있다. 특히 음악이 가진 고유한 특성을 활용하여 신체적 · 인지적 · 정서적 · 사회적 발달을 통합적으로 촉진할 수 있는 프로그램 설계가 중요하다. 이 장에서는 효과적인 음악 프로그램 개발을 위한 구조화 전략, 음악 선곡의 원리, 목적에 따른 음악활동의 선택과 적용, 교사의 전문적 역할, 그리고 활동에 적합한 악기 활용 방안을 구체적으로 살펴보고자 한다.

1) 음악 프로그램 구조화

음악을 활용한 아동지도 프로그램 개발은 세심하고 체계적인 접근이 필요한 복합적인 과정이다. 프로그램의 효과적인 운영을 위해서는 명확한 구조화와 함께 이론적 기반에 근거한 설계가 필수적이다. 교사는 먼저 각 차시의 구조를 명확하게 설계해야 하는데, 일반적으로 '도입-본 활동-정리'의 기본 절차를 따르되 각 단계의 목적과 특성을 명료하게 정해야 한다. 도입 단계에서는 동기유발과 주의집중을 위한 간단한 음악활동을, 본 활동에서는 학습 목표에 부합하는 심화된 음악 경험을, 정리 단계에서는 학습 내용의 내면화와 통합을 위한 활동으로 구성한다.

프로그램의 체계적 실행을 위해 '준비-학습-확장'의 단계별 접근이 요구된다. 준비 단계에서는 활동에 필요한 음악적 · 신체적 · 심리적 준비를 하고, 학습 단계에서는 실제 음악활동을 통한 발달 목표 성취를 위한 핵심 내용을 다루며, 확장 단계에서는 학습한 내용의 응용과 창의적 표현 기회를 제공한다. 이러한 단계적 접근은 아동의 발달수준과 학급 구성원들의 상호작용 특성을 고려한 섬세한 난이도 조절을 통해 실현된다. 예를 들어, 동일한 음악활동이라도 아동의 연령과 음악적 능력에 따라 기초적인 리듬패턴의 모방에서부터 복잡한 즉흥연주까지 다양하게 변형될 수 있다.

프로그램의 효과성 제고를 위해서는 반복과 변화의 균형적 구성이 핵심적이다. Berlyne(1971)의 최적 각성이론은 이러한 맥락에서 중요한 이론적 기반을 제공한다. 인간은 적절한 수준의 자극과 복잡성을 선호하는데, 음악활동에서 지나친 반복은 동기 저하를, 과도한 변화는 인지적 부담을 초래할 수 있다. 따라서 각 차시는 익숙한 요소와 새로운 요소의 최적 비율을 고려하여 구성되어야 하며, 이를 통해 아동의 심리적 안정감과 학습 동기를 동시에 충족시킬 수 있다.

Meyer(1952)의 음악 기대이론은 이러한 반복과 변화의 심리적 메커니즘을 심층적으로 설명한다. Meyer는 음악적 기대와 긴장, 해소의 순환적 과정에 주목했는데, 이는 아동 음악 프로그램 구성에 유용한 시사점을 제공한다. 예를 들어, 기본 패턴의 반복을 통해 음악적 기대를 형성하고, 이에 적절한 변화를 도입함으로써 인지적 흥미와 학습 동기를 유발할 수 있다. 이러한 접근은 단순한 음악적 변주를 넘어 아동의 주의집중과 인지적 발달을 촉진하는 교육적 전략으로 기능한다.

프로그램의 전체적 구조는 나선형 커리큘럼의 원리를 따르며, 이는 기초 기술과 개념의 점진적 심화와 확장을 가능하게 한다. Berlyne와 Meyer의 이론적 통찰은 음악 교육에서 반복과 변화의 균형이 단순한 교수법적 고려를 넘어 아동의 인지적·정서적 발달과 밀접하게 연관됨을 시사한다. 체계적으로 설계된 반복은 학습의 안정성과 예측 가능성을 보장하고, 계획된 변화는 지속적인 발달과 학습 동기를 촉진한다. 이러한 이론적 기반에 근거한 프로그램의 구조화는 음악 교육의 효과성을 극대화하는 핵심 요인이 된다.

2) 음악 선곡의 원리

음악활동 프로그램에서 음악 선곡은 교육적 효과를 결정하는 주요 요소로, 체계적인 기준에 따른 선곡이 요구된다. 특히 선곡 과정에서는 아동의 발달적 특성과 음악 선호도, 교육 목표의 구체성, 활동의 목적 등이 종합적으로 고려되어야 하며, 이는 프로그램의 효과성을 좌우하는 결정적 요인이 된다.

첫째, 아동의 발달적 특성과 선호도를 고려한 선곡이 프로그램의 기초가 된다. 아동의 연령에 적합한 음악 스타일 선택은 그들의 음악적 이해와 향유를 촉진하는 핵심 요소이다. 특히 개별 아동의 음악적 선호도와 경험 수준이 상이하다는 점을 고려할 때, 차별화된 선곡 전략이 필요하다. 이를 위해 우선 아동의 사전 음악 경험과 선호도를 파악하기 위한 초기 평가가 선행되어야 한다. 다음으로, 같은 주제나 개념을 다루더라도 난이도가 다른 여러 버전의 곡을 준비하여 아동의 수준에 따라 선택적으로 활용할 수 있다. 또한 하나의 곡을 다양한 방식으로 편곡하거나 변주하여 각 아동의 참여 수준을 조절할 수 있다. 음악의 난이도 역시 중요한 고려사항으로, 적절한 도전 수준을 제공하는 곡 선택은 아동의 자연스러운 음악적 성장을 지원한다. 과도하게 어려운 음악은 학습 의욕을 저하시키고, 지나치게 쉬운 음악은 참여 동기를 감소시킬 수 있으므로, 최적의 난이도 설정이 중요하다.

둘째, 활동 목적에 부합하는 음악 선택이 프로그램의 효과성을 결정한다. 이완과 안정을 목표로 할 경우 부드럽고 안정적인 템포와 순차적이고 반복적인 선율의 음악을, 활력과 각성을 유도하고자 할 때는 경쾌하고 역동적인 템포와 리드미컬한 음악을 선택하는 등, 활동의 목적에 따른 차별화된 선곡이 필요하다. 이는 음악을 통한 신체적 · 정서적 반응 유도에 유의미한 영향을 미친다.

셋째, 다양한 발달 목표를 고려한 전략적 선곡이 요구된다. 언어발달을 위해서는 명확한 가사와 반복 구조를 가진 노래를, 사회성발달을 위해서는 협동적 음악활동이 가능한 합주나 합창곡을 선택하는 등, 교육 목표에 따른 체계적 선곡이 이루어져야 한다. 특히 창의성발달을 위해서는 아동의 자발적 참여와 창작을 유도할 수 있는 음악적 구조를 고려해야 한다. 예를 들어, 주고받기(call and response) 구조의 곡은 아동이 자유롭게 응답 부분을 변형하며 창의적 표현을 시도할 수 있고, 즉흥연주가 가능한 공간이 포함된 곡은 아동의 창의적 탐색을 장려한다. 또한 단순한 기본 선율이나 리듬 패턴을 가진 곡을 선택하여 아동이 이를 바탕으로 자신만의 변주를 만들어볼 수 있도록 한다.

마지막으로, 악기 구성과 음악적 다양성도 선곡 시 고려해야 하는 요소이다. 다양한 악기의 음색과 특성을 경험할 수 있는 곡 선택은 아동의 음악 경험을 풍부하게 한다. 더불어 다양한 문화권의 음악을 포함하는 선곡은 아동의 문화적 감수성과 음악적 시야를 확장하는 데 기여한다. 이러한 다면적 선곡 기준의 적용은 음악활동의 교육적 가치를 극대화하고, 아동의 전인적 발달을 효과적으로 지원하는 토대가 된다.

이러한 체계적 선곡의 원리는 프로그램의 질적 수준을 결정하는 핵심 요소로, 교사는 이러한 기준들을 종합적으로 고려하여 각 활동의 특성과 목표에 최적화된 음악을 선택해야 한다. 따라서 교사는 선곡과정에서 끊임없이 교육적 의도와 아동의 반응을 면밀히 관찰하고 평가하여, 보다 효과적인 음악 선택을 위한 전문성을 개발해 나가야 한다.

3) 음악활동 중재전략

아동 사회정서발달 지도를 위한 음악 프로그램에서 노래 · 창작 · 연주 · 감상활동은 각기 다른 발달적 목표를 달성하는 데 중요한 역할을 한다. 물론 각 활동이 특정 발달 목표를 달성하는 데 더 효과적일 수 있지만, 이들 활동은 독립적이지 않다. 예를 들어, 연주활동은 사회성발달과 자기표현을 촉진하고, 노래활동은 언어발달과 정서적 의사소통능력을 증진한다. 창작활동은 창의성과 문제해결력을, 감상활동은 음악적 감각과 수용능력을 발달시킨다. 이처럼 각 음악활동은 특정 발달 목표를 중심으로 선택되지만, 여러 발달 영역을 동시에 촉진할 수 있다. 이 장에서는 이러한 상호 연결성을 고려하여 각 활동의 특성을 설명하고, 아동의 발달적 요구에 맞는 전략을 제시하고자 한다.

(1) 노래활동

노래활동은 아동지도에서 핵심적 역할을 한다. 이는 노래가 언어발달, 정서 표현, 사회적 상호작용 등 다양한 발달 영역을 통합적으로 지원하기 때문이다. 노래는 아동에게 새로운 어휘와 문법 구조를 자연스럽게 학습할 기회를 제공하며, 반복적인 가사와 리듬은 기억력 향상에 효과적이다. 또한 노래를 통한 감정표현과 조절, 공동체 활동을 통한 사회적 기술 습득도 가능하다. 더욱이 노래는 교육적 메시지를 아동이 자연스럽게 수용할 수 있게 하는 효과적인 매개체가 된다.

노래활동에는 노래 부르기, 노래 만들기, 노래 토의와 같은 다양한 방식이 포함된다. 노래 부르기는 아동들이 함께 노래를 부르는 활동을 의미하며, 교육 목적에 따라 다양한 노래가 선곡될 수 있다. 예를 들어, 인사 노래는 회기의 구조화된 시간 이해를 돕고, 아동의 관심과 집중을 효과적으로 유도한다. 매 회기 반복되는 인사 노래는 정서적 안정감도 제공한다. 인사 노래에 개별 아동의 이름을 포함시키면 자존감과 소속감 증진에 도움이 되며, 신체활동을 접목하면 수업 참여도를 높일 수 있다.

규칙 노래는 수업 시간의 행동 규범을 자연스럽게 전달하는 역할을 한다. 노래를 통해 규칙과 예절을 학습하면 아동은 이를 즐거운 경험으로 받아들이고 자발적으로 실천하게 된다(〈표 6-4〉 참조). 또한 반 노래는 소속감을 높이고 학교생활에 대한 긍정적 감정을 표현하는 기회가 되어, 학급의 화합과 활기찬 분위기 조성에 기여한다. 특히 규칙 노래와 반 노래는 일방적인 지시나 훈육이 아닌, 음악이라는 매체를 통해 자연스럽게 행동 변화를 이끌어 낼 수 있다는 장점이 있다. 이러한 노래들은 학기 초에 아동들과 함께 만들고 수정해 가는 과정을 통해 규칙과 공동체 의식에 대한 주인의식을 형성하는 데도 효과적이다.

표 6-4 | 초1 학생들이 작사한 규칙 노래

약속노래

서로의 공간을 존중해요
선생님 말씀 잘 들어주세요
활동에 즐겁게 참여해요
몸과 마음 힘들 때 얘기해 주세요

노래 만들기는 아동의 창의적 사고를 자극하는 핵심적인 음악활동이다. 이 과정에서 아동은 언어능력과 문제해결능력을 발달시키며, 음악적 패턴과 구조에 대한 이해도 깊어진다. 또한 자신만의 노래를 만드는 경험은 성취감과 자신감 향상으로 이어진다. 노래 만들기 활동에서는 아동의 발달 수준에 따른 체계적인 접근이 필요하다. 저학년이나 노래 만들기 활동이 생소한 아동에게는 기존 노래의 가사 중 일부를 개사하거나 단어를 바꾸는 방법이 효과적이다. 이는 아동이 익숙한 음악적 틀 안에서 부담 없이 창의성을 발휘할 수 있게 한다. 반면, 음악 창작에 친숙해진 아동이나 고학년의 경우, 완전히 새로운 노래를 만드는 활동으로 발전시킬 수 있다. 이 과정에서 아동은 자신만의 독창적인 작품을 만들며 더 큰 성취감을 경험하고, 음악, 언어, 감정표현 능력을 통합적으로 향상시킬 수 있다. 이러한 단계적 접근은 아동이 음악 창작에 대한 두려움 없이 자신의 창의성을 점진적으로 발전시키도록 돕는다.

노래 토의 활동은 아동의 자유로운 감정표현과 언어발달을 촉진한다. 특히 감정이 담긴 노래를 통해 아동은 자신의 감정을 인식하고 표현하는 능력을 기르며, 이를 타인과 공유하며 정서적 소통능력을 향상시킬 수 있다. 노래 토의 과정에서 아동은 가사의 의미나 음악이 전달하는 감정에 대해 자유롭게 의견을 나누며 타인의 관점을 이해하게 되고, 이는 공감능력과 정서적 유연성을 발달시키는 데 도움이 된다. 또한 이러한 집단 토의 경험은 아동이 자신의 생각을 논리적으로 표현하고 타인의 의견을 경청하는 의사소통능력을 향상시키는 기회가 된다.

(2) 연주활동

연주활동은 재창조 연주와 즉흥연주라는 두 가지 방식으로 구성된다. 재창조 연주는 기존 음악 작품을 충실히 재현하는 활동이며, 즉흥연주는 자신의 감정이나 생각을 자유롭게 표현하는 활동이다. 이 두 가지 방식은 각각 독립적으로 진행할 수 있을 뿐 아니라, 연계하여 활용함으로써 더욱 풍부하고 창의적인 음악 경험을 제공한다. 재창조 연주를 통해 아동은 정확한 음악적 표현법을 익히고 기본적인 음악 구조와 기술을 습득하며, 즉흥연주를 통해서는 자유로운 음악적 표현으로 창의성과 자기표현능력을 발달시킨다.

① 재창조 연주활동

재창조 연주활동은 특히 아동의 협동심과 사회성발달을 효과적으로 촉진한다. 예를 들어, 오르프 악기를 활용한 리듬 앙상블은 다양한 타악기를 함께 연주하며 서로의 소리를 듣고 맞추는 과정에서 팀워크와 의사소통능력을 발달시킬 수 있다. 또한 리코더나 소형 타악기를 활용한 그룹 연주는 아동들이 개별 악기의 소리를 조화롭게 어우러지게 하는 과정에서 상호작용 기술과 음악적 감수성을 동시에 성장시킬 수 있다([그림 6-3] 참조).

| 그림 6-3 | 리듬악기 연주

재창조 연주의 효과적인 지도를 위해서는 모든 아동의 성공적 참여를 고려한 구조화가 필수적이다. 이를 위해 곡의 구조를 단순화하거나, 교사의 모델링을 통해 아동이 자신의 역할을 명확히 이해하도록 돕는다. 특히 음악 기술이 부족한 아동도 쉽게 참여할 수 있도록 설계하며, 교사는 언어적 지시보다 제스처와 같은 비언어적 의사소통을 활용하여 음악의 자연스러운 흐름을 유지한다.

복잡한 음악 과제의 효과적인 접근을 위해 숫자나 색깔 악보의 활용이 유용하다. 예를 들어, 「작은 별」 노래의 선율 악기 합주에서는 음정(C, D, E, F, G, A, B)과 일치하는 일곱 가지 색을 선율 타악기에 표시하여 아동의 이해를 돕는다([그림 6-4] 참조). 이러한 시각적 보조 도구는 아동의 참여를 용이하게 하며, 공동 연주를 통한 화음 형성 경험은 음악적 협동과 음정 감각 발달을 촉진한다.

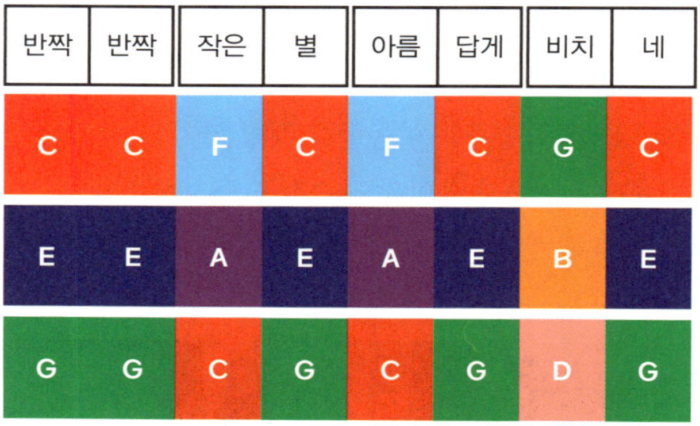

| 그림 6-4 | 「작은 별」 색깔 악보

② 즉흥연주활동

즉흥연주는 아동의 자유로운 표현을 장려하지만, 효과적인 지도를 위해서는 적절한 구조화가 필요하다. ABA 구조나 특정 음계의 활용은 아동에게 창의적 표현의 자유를 부여하면서도 음악적 조화를 유지할 수 있게 한다. ABA 구조를 활용한 즉흥연주의 구체적인 예로, C장조를 기반으로 한 화성 진행을 들 수 있다. A 파트에서는 C-Dm-F-G의 화성 진행에 맞춰 그룹이 함께 연주하고, B 파트에서는 F-C-D7-G7의 화성 진행을 바탕으로 개별 아동의 솔로 연주가 이루어진다. 이러한 AB 구조는 솔로 연주자가 바뀔

때마다 반복되며, 최종 A 파트는 C 코드로 안정감 있게 마무리된다(〈표 6-5〉 참조).[1] 이와 같은 구조화된 즉흥연주는 아동에게 명확한 음악적 프레임을 제공하면서도 그 안에서 자유로운 창의적 표현을 가능하게 하며, 전체 음악의 흐름과 조화를 자연스럽게 경험할 수 있게 한다.

표 6-5 | ABA 구조를 활용한 즉흥연주 화성 진행 예시

파트	연주방식	화성 진행(마디 수)	곡의 구조
A	합주	C(2)-Dm(2)-F(1)-G(1)-C(1)-G7(1)	A-B-A-B-A-B-A
B	솔로	F(2)-C(2)-D7(2)-G7(2)	

* 필요한 만큼 A-B-A 구조를 반복할 수 있으며, 마지막 A는 G7 대신 C 코드로 종지 맺음

| 그림 6-5 | 오음계 즉흥연주

즉흥연주의 또 다른 구조화 방식은 특정 음계의 활용이다. 오음계를 활용한 즉흥연주가 특히 효과적인데, 반음이 없는 오음계의 특성상 교사와 아동이 연주하는 모든 음의 조합이 자연스럽게 조화를 이룬다([그림 6-5] 참조).[2]

이러한 접근은 아동에게 즉흥적 표현의 자유를 부여하면서도 음악적 조화를 보장할

1) 구체적 절차는 p. 206 (6) 즉흥 연주하기 활동 1 참조.
2) 구체적 절차는 p. 208 (7) 즉흥 연주하기 활동 2 참조.

수 있다([그림 6-6] 참조).

12마디 블루스 형식 역시 구조화된 즉흥연주의 좋은 예시가 된다([그림 6-7] 참조). 교사가 화성 반주를 제공하고, 아동이 블루스 음계로 구성된 낱 건반을 활용해 즉흥연주를 시도하는 방식이다([그림 6-8] 참조). 이러한 구조 안에서 아동은 블루스 음악 특유의 정서를 자신만의 음악적 언어로 표현할 수 있게 된다.

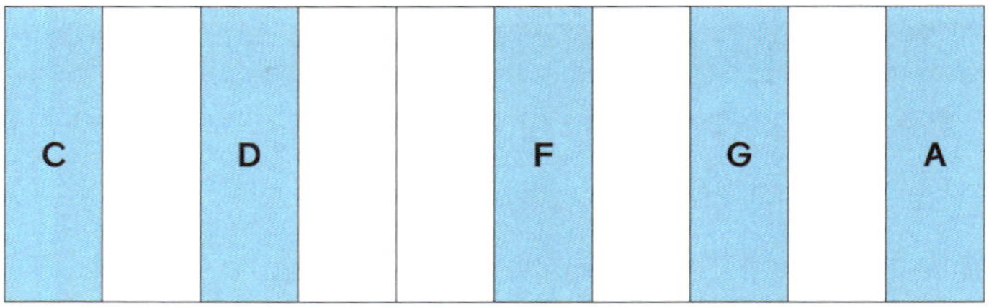

| 그림 6-6 | 오음계 예시

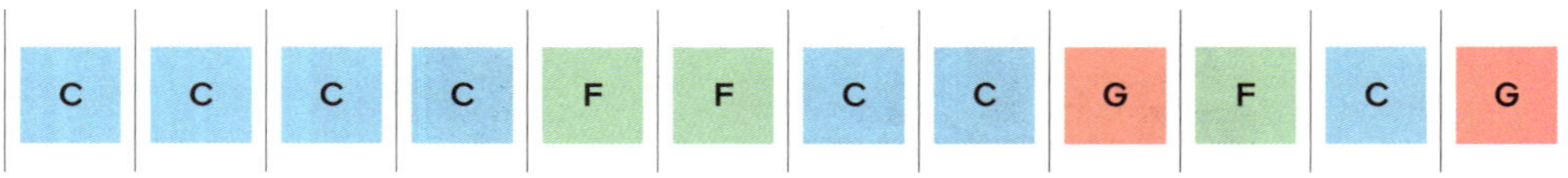

| 그림 6-7 | 12마디 블루스 화성 진행

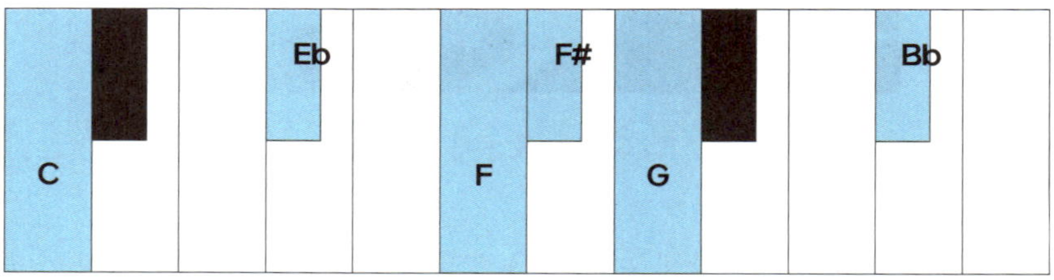

| 그림 6-8 | 블루스 음계

즉흥연주는 더 자유로운 형태의 음악적 표현 기회도 제공한다. 예를 들어, '감정표현 즉흥연주' 활동에서는 다양한 타악기나 간단한 선율 악기를 활용하여 특정 감정을 표현하도록 한다. 교사가 제시하는 감정(기쁨, 슬픔, 분노, 평화 등)에 따라 아동은 자신만

의 방식으로 그에 걸맞은 소리와 리듬을 즉흥적으로 연주한다.[3] 이러한 자유로운 즉흥 연주활동을 통해 아동은 내면의 감정을 안전하게 표출하고, 동시에 또래의 연주를 통해 감정표현의 다양성을 이해하게 된다. 더불어 악기를 매개로 한 감정조절과 소통능력도 자연스럽게 발달시킬 수 있다.

③ 감상활동

아동지도에서 음악 감상은 단순한 청취를 넘어 다양한 활동과 연계되어 풍부한 경험을 제공하는 통합적 활동이다. 음악 감상은 아동의 음악적 수용성을 기르는 중요한 기회가 되며, 다양한 창의적 활동의 출발점이 된다. 예를 들어, 음악과 연계된 호흡 · 이완 훈련은 정서적 안정을 도모하고, 춤을 통한 표현은 신체적 움직임과 감정을 연결하며, 미술활동과의 통합은 감각적 경험을 확장시킨다.

이완을 목적으로 하는 음악 감상은 아동의 정서적 안정과 스트레스 감소에 효과적이다. 특히 명상, 호흡 훈련, 근육 이완 훈련과 결합된 음악 감상은 이완 효과를 극대화할 수 있다. 이때 아동의 발달 수준에 적합한 스크립트 활용과 적절한 길이의 곡 선택이 중요하며, 이는 아동의 집중력 유지와 효과적인 참여를 돕는다.

음악 감상과 미술활동의 연계는 아동의 감정 인식과 표현능력 발달을 촉진한다. 클래식 음악을 들으며 떠오르는 감정, 이미지, 색채를 그림으로 표현하는 활동은 음악적 감수성과 시각적 표현 능력을 동시에 발달시킨다. 이 과정에서 아동은 음악의 섬세한 감정 변화를 감지하고 이를 자신만의 방식으로 해석하여 표현하는 능력을 기른다.

음악과 동작을 결합한 감상활동은 아동의 수용성과 창의성을 효과적으로 촉진한다. 모차르트나 비발디의 클래식 음악을 들으면서 음악의 리듬과 분위기에 맞춰 자유롭게 움직이는 활동은 신체표현능력과 음악적 이해력을 동시에 발달시킨다. 이러한 활동은 음악을 단순히 듣는 수동적 경험을 넘어 전신으로 음악을 느끼고 표현하는 능동적 경험으로 확장시킨다. 또한 감상활동은 아동의 다감각적 학습 경험을 풍부하게 만들어 준다. 음악, 미술, 움직임을 통합적으로 경험함으로써 아동은 예술의 다양성을 이해하고, 자신만의 창의적 표현 방식을 탐색할 수 있다.

---

3) 구체적 절차는 p. 209 (8) 즉흥 연주하기 활동 3 참조.

그림 6-9 감상과 연계한 신체활동

감상활동에서도 목적에 따른 적절한 선곡이 핵심적이다. 이완을 위해서는 부드럽고 느린 템포의 단순한 구조를 가진 음악이 효과적이며, 활력 증진을 위해서는 빠르고 경쾌한 템포와 밝은 선율, 리듬감 있는 악기 구성을 가진 음악이 적합하다. 〈표 6-6〉은 Grocke와 Wigram(2011)이 제시한 아동을 위한 이완 음악 추천곡 목록이다.

표 6-6 아동을 위한 이완 음악 추천곡

The Wiggles 「Go to sleep, Jeff」	(ABC 0328)
Cherie Ross 「Music for Dreaming 1」	(Ross 2006)
Cherie Ross 「Music for Dreaming II」	(Ross 2006)
Geroge Winston 「Forest」	(Windmill 01934 11157-2)
「Celtic Twilight」	(Hearts of Space 14S11104-26)
「For a Quiet Evening」	(Decca 289-472-847-2)
「Quiet Time」	(The relaxation Co., CD7511)
「Dream a Little Dream」	(transitions Music 90806 76422)
Mozart, 「Adagio」	(Naxos 8-552241)

④ **창작활동**

창작활동은 가사 창작과 음악 작곡이라는 두 축을 중심으로 아동에게 중요한 발달적 기회를 제공한다. 가사 창작 과정에서 아동은 집단 내 다양한 의견을 조율하고 의사소통을 통해 결정을 내리며, 이를 통해 문제해결능력과 협력적 사고를 발달시킨다. 이는 아동이 자신과 타인의 아이디어를 존중하고, 공동의 목표를 달성하는 방법을 학습하는 중요한 경험이 된다. 더불어 가사 창작은 자신의 감정과 생각을 효과적으로 표현하는 능력을 기르는 기회가 된다(〈표 6-7〉 참조).

표 6-7 | 초1 아동이 작사한 노래

〈행복한 학교 생활〉

나는 학교 있어 참 좋아
함께 있어 정말 행복해
알려 주고 공부해서 참 좋아
학교 있어 정말 행복해

작곡활동은 음악적 구조와 창의적 사고의 결합을 통한 특별한 학습 경험을 제공한다. 선율, 화성, 리듬을 구성하는 과정에서 아동은 자연스럽게 음악 기술과 이론을 습득하며, 감정을 음악으로 표현하는 방법을 학습한다. 그러나 음악 지식과 기술이 부족한 아동에게 작곡은 도전적인 과제가 될 수 있어, 수준에 맞는 적절한 지원이 필요하다. 교사는 아동의 능력에 맞는 작곡 방법을 제시하거나, 생성형 인공지능(AI) 등의 도구를 활용하여 기술적 한계를 보완할 수 있다.

성공적인 창작활동을 위해서는 아동의 발달수준을 고려한 단계적 접근이 필수적이다. 초기 단계에서는 기존 노래의 단어나 구절을 개사하거나 후렴구를 수정하는 활동으로 시작한다. 이후 중간 단계에서는 기존 곡의 선율을 활용하여 완전히 새로운 가사를 창작하는 활동으로 발전시킨다. 마지막 고급 단계에서는 음악과 가사를 모두 새롭게 창작하는 경험을 제공하여 아동의 창의적 표현을 극대화한다.

이러한 단계적 창작활동을 지도할 때 교사는 결과물보다 창작과정에 초점을 맞추어야 한다. 아동이 자신의 생각과 감정을 자유롭게 표현할 수 있도록 지원하고, 창작 과정에서 발생하는 갈등과 고민을 해결하는 경험을 통해 문제해결능력을 발달시킬 수 있도록 돕는 것이 중요하다.

4) 교사의 역할

음악을 활용한 아동지도에서 교사는 예술 강사를 넘어 음악 경험의 촉진자이자 창의적 안내자로서 복합적 역할을 수행한다. 교사는 개별 아동의 잠재력을 발견하고 이끄는 동시에, 집단의 역동성을 민감하게 관찰하고 조율해야 한다. 특히 아동 개개인의 음악적 반응을 민감하게 읽고 이를 집단의 전체적인 음악 경험으로 통합하는 능력이 중요하다. 이는 각 아동의 개별적 특성과 흥미를 존중하면서도 집단의 협력과 상호작용을 촉진하는 균형 잡힌 접근을 의미한다.

교사는 언어적 지시를 최소화하고 음악 자체를 통한 소통을 우선시해야 한다. 직접적인 지시보다는 음악적 제안과 모델링을 통해 아동들의 음악적 탐색과 표현을 격려한다. 음악은 언어를 넘어서는 직접적이고 감각적인 소통 방식으로, 아동들은 언어적 지시보다 음악적 모델링을 통해 더욱 자연스럽고 내재적으로 학습한다.

효과적인 음악 지도는 유연성과 개별화에 기반을 둔다. 교사는 계획된 구조를 따르면서도 아동들의 반응과 상호작용에 즉각적으로 대응할 수 있어야 한다. 특히 음악활동 중 발생하는 돌발 상황에 대한 대처능력은 프로그램의 성공을 좌우하는 핵심 요소이다. 예를 들어, 아동의 갈등이나 좌절감을 즉흥적인 노래나 리듬 표현으로 승화하거나, 부정적 행동을 보이는 아동을 악기 연주나 긍정적인 음악활동으로 유도할 수 있다. 교사는 아동의 부정적 에너지를 창의적이고 건설적인 음악 표현으로 재구성하며, 이를 통해 감정 조절과 자기표현의 기회를 제공해야 한다. 이러한 접근은 단순한 문제 행동의 제어를 넘어, 음악을 통한 치유와 소통의 기회를 제공하여 아동의 정서발달을 지원하는 전략이 된다.

5) 악기 구성

음악을 통한 아동지도에서 활용되는 악기는 비선율/선율 타악기, 선율 악기, 음향 효과 악기의 세 가지 유형으로 구분된다. 비선율 타악기는 아동 음악 교육의 가장 기초적이고 접근성 높은 도구이다. 작은 북, 탬버린, 트라이앵글, 우드블록, 캐스터네츠 등은 음악 훈련을 받지 않은 아동들도 쉽게 연주할 수 있어 즉각적인 참여를 가능하게 한다.

이러한 악기들은 리듬 감각과 협응력 발달을 촉진하며, 아동이 자연스럽게 음악적 표현을 경험할 수 있게 한다.

선율 타악기(자일로폰, 메탈로폰, 글로겐스필, 톤차임, 낱 건반 등)는 음악 경험의 진입 장벽을 낮추는 데 효과적이다. 특히 색깔로 구분된 건반이나 음판은 아동의 직관적인 음악 이해를 돕고, 음정과 음계 학습을 용이하게 한다. 이러한 악기들은 아동의 신체 크기에 맞게 설계되어 있으며, 건반의 탈착이 가능해 수준별 학습이 가능하다. 티코더나 멜로디언과 같은 선율 악기들도 보조적으로 활용할 수 있다.

음향 효과 악기(레인스틱, 윈드차임, 오션드럼, 카우벨 등)는 아동의 감각적 음악 경험을 풍부하게 한다. 이러한 악기들은 특별한 기술 없이도 다양한 소리를 만들어 낼 수 있어 음악적 배경이 없는 아동도 쉽게 참여할 수 있다. 자연의 소리를 모방하고 독특한 음향을 제공하는 이러한 악기들은 다양한 음색과 강도, 지속 시간을 탐색할 수 있게 하여 아동의 소리 인지 범위를 확장시킨다. 이러한 풍부한 소리 경험은 아동의 상상력을 자극하고 음악적 감수성을 높이는 데 효과적이다.

| 그림 6-10 | 교육용 악기와 가사보

3 음악을 활용한 아동 사회정서발달 지도 프로그램 실제

이 장에서는 아동의 발달단계와 요구를 고려한 맞춤형 음악활동을 제시하고, 이를 통합적으로 구성한 구체적인 프로그램 예시를 제공한다. 특히 앞서 논의한 음악활동의 이론적 근거와 교육적 효과를 실제 프로그램에 어떻게 적용할 수 있는지 구체적으로 살펴본다. 이를 통해 교사들이 각자의 교육 현장에 적합한 프로그램을 개발하고 적용할 수 있는 실천적 지침과 창의적 아이디어를 제시하고자 한다.

1) 발달적 교육목표에 따른 세부 음악활동

(1) 노래하기 활동

제목	인사해요
주목적	긍정적 또래관계 형성, 시간적 구조 인식
절차	1. 교사는 인사 노래를 부르며 활동을 시작한다. 2. 순서대로 호명되는 아동은 손 인사와 함께 「만나서 반가와」를 노래한다. 3. 교사는 각 아동이 자신의 차례에 편안하게 「만나서 반가와」를 노래할 수 있도록 충분한 시간을 제공한다. 4. 모든 아동의 이름이 불릴 때까지 노래를 반복하며 전체 인사를 완성한다.
음악	만나서 반가와 작사/작곡: 김영신 
개요	원활한 활동 진행을 위해 교사는 먼저 명확한 모델링을 통해 인사 방법을 시연한다. 수줍어하는 아동의 경우 교사나 친구들과 함께 부르도록 지원하며, 활동에 익숙해지면 아동들이 서로의 이름을 부르도록 유도한다. 이러한 인사 노래활동은 매 수업의 시작을 알리는 구조화된 활동으로 정착되어 또래 간 친밀감을 형성하고, 차례 지키기와 경청하기 태도를 발달시키며, 음악적 표현력과 자신감 향상에도 기여한다.

(2) 노래 만들기 활동 1

제목	우리의 마음
주목적	정서 인식 및 표현
절차	1. 「마음의 보따리」 노래를 함께 부른다. 2. 노래의 가사에 따라 마음의 보따리에 넣고 싶은 것을 토의한다. 3. '사랑'과 '희망' 외에 보따리에 넣고 싶은 감정을 찾아 그 단어로 2절과 3절을 만든다.
음악	**마음의 보따리** 우리 모두 가지고 있는 마음의 보따리 속에 어떤 것을 넣어야 할까? 우리 같이 생각해 봐요 사랑, 사랑은 모든 것들을 살아가게 하니 희망, 희망은 힘이 들 때도 다시 일어나게 하니까 우리 모두 가지고 있는 마음의 보따리 속에 사랑, 희망 넣어둔다면 정말 정말 좋겠네 출처: 〈노래하고 그림해〉 유튜브 채널
개요	교사는 먼저 '사랑'과 '희망'이라는 감정에 대해 아동들과 충분히 이야기를 나누며 감정에 대한 이해를 돕는다. 새로운 감정 단어를 제시할 때는 아동들의 일상 경험과 연결 지어 구체적인 예시를 들어가며 설명하고, 개사 활동 시에는 아동들의 의견을 최대한 수용하여 자유로운 감정표현을 격려한다. 이 활동은 아동들이 다양한 감정을 탐색하고 자연스럽게 표현하는 기회를 제공하며, 노래 개사 과정을 통해 창의적 언어표현능력도 향상시킬 수 있다. 저학년 아동들에게 적합한 활동이다.

(3) 노래 만들기 활동 2

제목	나는 나
주목적	정서 인식 및 표현, 문제해결능력 향상
절차	1. 「Let it go」를 감상한다. 2. 주어진 가사를 보며 함께 노래한다. 3. 나를 힘들게 하는 상황이나 환경을 극복하는 방식에 대해 토의한다. 4. 토의한 내용을 바탕으로 2절 가사를 창작한다. 5. 2절 가사가 만들어지면 후렴구까지 추가하여 다 함께 노래한다.
음악	Let it go (1절) 얼음 깎는 칼날처럼 내 마음은 차가운데 세상이 날 가두려 해도 난 내가 되려고 해 (후렴구) Let it go, Let it go 더 이상 난 두렵지 않아 Let it go, Let it go 세상에 나를 맡길 거야 내일은 다시 떠오를 거야 이제는 숨기지 않아 Let it go, Let it go 이게 내 삶이야 출처: 디즈니 OST
개요	교사는 먼저 가사에 담긴 자기 극복의 메시지를 아동들이 이해할 수 있도록 돕고, 이를 자신의 경험과 연결 지을 수 있도록 안내한다. 토의 과정에서는 아동들이 자신의 어려움을 편안하게 나눌 수 있는 수용적인 분위기를 조성하며, 가사 창작 시에는 개별 아동의 고유한 해결 방식을 존중하고 격려한다. 이 활동을 통해 아동들은 자신의 감정을 인식하고 표현하는 능력을 기르며, 문제 상황에 대한 창의적 해결 방안을 모색하는 기회를 갖게 된다. 이 활동은 초등학교 고학년 아동을 대상으로 한다.

(4) 재창조 연주하기 활동 1

제목	꽃밭에서
주목적	집중력 향상, 집단 응집력 증진
절차	1. 「모두가 꽃이야」를 함께 부른다. 2. 노래 가사 중 '꽃'이 나오는 박에 박수를 친다. 3. 패들드럼 악기를 탐색한다. 4. 박수 대신 패들드럼으로 '꽃'이 나오는 박에 연주한다.
음악	모두가 꽃이야 작사, 작곡: 류형선 산에 피어도 꽃이고 들에 피어도 꽃이고 길가에 피어도 꽃이고 모두 다 꽃이야 아무데나 피어도 생긴데로 피어도 이름 없이 피어도 모두가 꽃이야
개요	교사는 먼저 아동들이 노래를 충분히 익힐 수 있도록 하고, 박수 치기 활동에서는 정확한 타이밍을 시각적으로 제시해 준다. 패들드럼 도입 시에는 악기 소리의 특성과 연주 방법을 충분히 탐색할 수 있는 시간을 제공하며, 전체 활동에서 아동들이 서로의 연주를 경청하고 호흡을 맞출 수 있도록 지도한다. 이 활동을 통해 아동들은 집중력과 음악적 구조 이해력을 향상시키며, 함께하는 연주를 통해 집단 응집력도 자연스럽게 발달시킬 수 있다. 구조적으로 단순한 활동이라 어린 아동도 쉽게 참여할 수 있다.

(5) 재창조 연주하기 활동 2

제목	다 같이 연주해 보자
주목적	집중력 향상, 자기조절능력 촉진, 성취감 증진
절차	1. 「터키 행진곡」 음원을 감상한다. 2. A, B, C, D 각 파트 리듬을 손뼉을 치며 연습한다. 3. 그룹을 4개로 나눠 악기를 배분한다. • A 그룹: 리듬스틱 • B 그룹: 패들드럼 • C 그룹: 우드블럭 • D 그룹: 심벌즈 4. 주어진 악기를 탐색한다. 5. 파트별 리듬을 주어진 악기로 연습한다. 6. 음원에 맞춰 악보를 보며 자신의 차례에 연주한다. 7. 인원이 많을 경우, E 파트(레인스틱)를 추가하여 자유롭게 연주한다.
음악	

<table>
<tr><td>악보</td><td>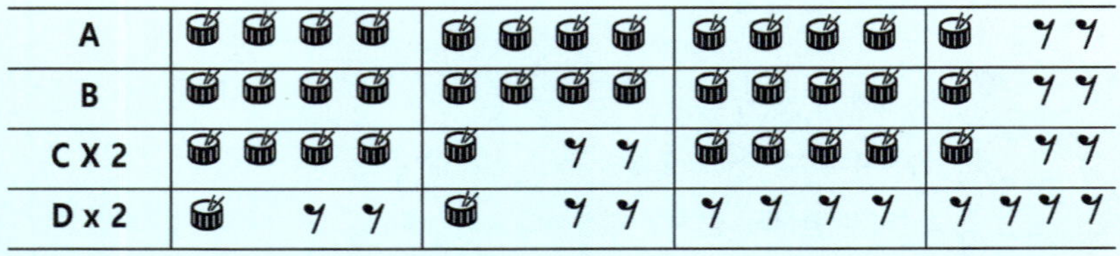
</td></tr>
<tr><td>개요</td><td>「터키 행진곡」은 밝고 경쾌한 분위기와 명확한 구조를 가진 곡으로, 아동들은 다양한 음색의 리듬악기를 활용해 이를 표현한다. 이 활동에서 아동은 자신의 차례를 기다리고 정확한 타이밍에 연주함으로써 집중력과 자기조절능력을 향상시키며, 협동적 음악활동을 통해 집단의 응집력도 강화할 수 있다. 직관적인 악보의 활용으로 오선 악보를 읽지 못하는 아동들도 쉽게 참여할 수 있으며, 각자가 맡은 역할을 성실히 수행해 성공적인 합주를 완성함으로써 성취감을 경험할 수 있다. 이를 위해 교사는 각 악기의 특성과 연주법을 충분히 설명하고, 파트별 리듬 연습 시 개별 지도를 통해 정확한 리듬을 익힐 수 있도록 격려하며, 합주 시에는 시각적 신호를 활용하여 각 파트의 시작을 명확히 알려주어야 한다.</td></tr>
</table>

(6) 즉흥 연주하기 활동 1

제목	자유롭게 연주해요
주목적	자기표현능력 및 집단 응집력 향상
절차	1. 교사는 “다 같이 함께” 노래를 부른다. 2. 즉흥연주 방법을 소개한다. 3. 아동은 원하는 악기를 선택하고 탐색한다. 4. A, B 파트를 설명하고 각 파트에 맞춰 연주한다. • A 파트: 모든 아동이 리듬 악기를 자유롭게 연주 • B 파트: 차례대로 한 명씩 솔로 연주 5. 솔로 연주를 원하는 아동의 수만큼 ABA의 구조를 반복한다.
음악	
개요	ABA 형식의 튜티-솔로 구조와 예측 가능한 화성 진행은 아동에게 안정적인 음악적 틀을 제공한다. 이러한 구조 안에서 아동은 자유로운 리듬 연주를 통해 창의적 표현을 시도할 수 있으며, 전체 연주와 개인 연주의 교차를 통해 집단 속 개인의 역할을 자연스럽게 경험하게 된다. 교사는 A 파트에서 화성적 지지를 통해 전체 연주의 조화로움을 이끌고, B 파트에서는 개별 아동의 솔로 연주를 충분히 지원하여 성공적인 자기표현 경험을 할 수 있도록 돕는다.

(7) 즉흥 연주하기 활동 2

제목	오음계로 연주해요
주목적	자기표현능력 향상, 오음계 구조 학습
절차	1. 교사는 오음계의 구조를 설명한다. 2. 아동은 오음계로 작곡된 음악을 감상하며 그 느낌을 이야기한다. 3. 아동은 C, D, F, G, A로 조율된 자일로폰으로 자유롭게 선율을 연주하고, 교사는 건반으로 화음을 연주하며 아동의 즉흥연주를 반주한다. 4. 음악이 자연스럽게 끝날 때까지 연주를 이어 간다.
음악	
개요	오음계는 반음이 없는 특성으로 인해 긴장감이 낮고 부드러운 음악적 흐름을 만들어 낸다. 오음계로 조율된 오르프 선율 악기의 사용은 아동이 실수에 대한 부담 없이 자유롭게 창의적 표현을 시도할 수 있게 한다. 교사는 오음계를 활용해 화음을 구성하고 아동의 즉흥연주에 맞추어 적절한 반주를 제공하는데, 이때 반복적인 오스티나토 패턴을 활용하면 아동에게 안정적인 음악적 기반을 제공할 수 있다. 이러한 순환적이고 조화로운 음악적 경험을 통해 아동은 성공적인 음악 창작을 경험할 수 있다.

(8) 즉흥 연주하기 활동 3

제목	마음을 연주해 보자
주목적	정서 인식 및 표현
절차	1. 감정카드를 보고 요즘 나의 감정을 찾는다. 2. 내가 선택한 감정을 잘 표현할 수 있는 악기를 탐색한다. 3. 자신의 감정을 악기로 표현한다. 4. 친구의 감정표현 연주를 경청한다. 5. 연주를 통해 나타난 다양한 감정에 대해 토의한다.
개요	음악은 비언어적 의사소통 매체로서 아동이 자신의 감정을 보다 안전하고 자유롭게 표현할 수 있게 한다. 교사는 아동이 다양한 악기의 음색과 리듬을 충분히 탐색하여 자신의 감정을 가장 잘 표현할 수 있는 방법을 찾도록 지원한다. 특히 선율, 조성, 화성, 리듬과 같은 음악적 요소들이 가진 정서적 특성을 활용하여 아동이 내면의 감정을 더 깊이 있게 탐색하고 표현할 수 있도록 돕는다. 이를 통해 아동은 자기 이해를 발전시키고 정서적 표현능력을 향상시킬 수 있다.

(9) 감상활동 1

제목	바닷가에서
주목적	정서 조절
절차	1. 눈을 감고 편안한 자세로 음원(Cherie Ross, 「Music for Dreaming I」)을 들을 준비를 한다. 2. 이완 음악을 감상하며 교사의 지시를 경청한다. 3. 바람 소리와 파도 소리를 상상하며 편안히 호흡한다. 4. 활동 후 자신의 경험을 친구들과 공유한다.
스크립트	편안한 자리에 앉거나 누운 후, 눈을 감고 깊게 숨을 들이마시고 내쉬세요. 몸이 점점 가벼워지고 편안해지는 걸 느껴 봅니다. 이제 상상 속에서 아름다운 바닷가로 떠납니다. 시원한 바람과 파도 소리가 들려요. 바다에 발을 디디면 따뜻한 물이 발끝을 감싸 줍니다. 파도가 부드럽게 밀려왔다가 물러가는 소리를 들으며, 마음이 차분해지고 편안해지는 걸 느껴 보세요. 숨을 들이마실 때 파도가 밀려오고, 내쉴 때 파도가 물러가는 걸 상상해 보세요. 몸은 바다처럼 부드럽고 가벼워지며, 모든 긴장이 풀리는 걸 느낍니다. 이제 이 평화로운 바다의 느낌을 간직하고, 천천히 눈을 떠 일상으로 돌아올 준비를 합니다. 언제든지 바다로 돌아갈 수 있다는 걸 기억하세요.
개요	교사는 차분하고 부드러운 목소리로 스크립트를 읽으며, 아동이 충분히 이완될 수 있도록 적절한 속도와 휴지를 활용한다. 특히 호흡과 상상이 자연스럽게 연결되도록 안내하며, 아동이 자신만의 평화로운 바다 이미지를 만들어 갈 수 있도록 돕는다. 이 활동을 통해 아동은 음악과 상상, 호흡의 조화로운 경험을 통해 심리적 안정감을 얻고 효과적인 정서조절 방법을 학습할 수 있다. 감상활동 종료 후 자신이 경험한 장면이나 느낌을 친구들과 토의하거나, 그림으로 표현해 볼 수 있다.

(10) 감상활동 2

제목	몸의 긴장을 풀어요
주목적	긴장 이완, 정서 조절
절차	1. 눈을 감고 편안한 자세로 음원(George Winston, 「Forest」)을 감상할 준비를 한다. 2. 이완 음악을 들으며 교사의 지시를 경청한다. 3. 교사의 지시에 맞춰 각 신체 부분을 이완시킨다. 4. 활동 후 자신의 경험을 친구들과 공유한다.
스크립트	편안한 자리에 앉거나 누워서 눈을 감고 깊게 숨을 들이마시고 내쉬세요. 몸이 점점 편안해지는 걸 느껴 봅니다. 이제 발끝에 힘을 주고, 힘을 빼며 발끝이 가벼워지는 걸 느껴 봅니다. 다리도 쭉 뻗어 힘을 준 후, 풀면서 편안해지는 느낌을 느껴 보서요. 배와 가슴을 부풀려 숨을 들이마시고, 내쉬며 부드럽게 이완해 봅니다. 어깨를 귀에 닿을 정도로 올렸다가 천천히 내리며 어깨가 편안해지는 걸 느끼세요. 손을 꽉 쥐고 풀면서 손과 손목을 이완합니다. 이제 얼굴의 근육을 꽉 조였다가 풀고, 전체 몸이 가벼워지고 편안해지는 걸 느낍니다. 깊게 숨을 들이마시고 내쉬면서 천천히 눈을 뜨고, 편안한 느낌을 기억하며 일상으로 돌아옵니다.
개요	교사는 점진적 근육 이완법의 원리에 따라 긴장과 이완의 대비를 경험할 수 있도록 안내한다. 각 신체 부위별 이완 시에는 충분한 시간적 여유를 두어 아동이 신체 감각의 변화를 충분히 인식할 수 있도록 하며, 차분하고 안정된 목소리로 스크립트의 내용을 전달한다. 이 활동을 통해 아동은 자신의 신체 감각에 대한 이해를 높이고, 긴장 해소를 통한 정서적 안정감을 경험할 수 있다.

2) 음악을 활용한 아동 사회정서발달 지도 프로그램

음악을 활용한 아동지도 프로그램을 개발할 때는 프로그램의 구조화와 명확한 목적 설정이 중요하다. 프로그램의 목적에 부합하는 음악활동을 적용함으로써 학습 효과를 극대화할 수 있으며, 이를 위해 노래, 연주, 감상, 창작이라는 네 가지 음악활동을 적절히 활용해야 한다. 이 네 가지 활동은 아동의 음악적 경험을 풍부하게 하고, 다각적인 학습을 가능하게 한다. 또한 활동의 반복과 균형을 고려하여 학습 내용이 과도하거나 부족하지 않도록 설계해야 하며, 점진적으로 학습 내용을 확장하는 나선형 교과과정을 도입해 아동이 기존의 학습 내용을 기반으로 새로운 내용을 효과적으로 습득할 수 있도록 해야 한다. 이러한 접근은 아동의 음악적 성장뿐만 아니라 전인적 발달을 도모하는 데 기여할 수 있다. 다음은 숙명여대 늘봄창의가족센터에서 진행한 '꽃밭에서' 음악 프로그램 예시이다.

프로그램명	꽃밭에서		
대상	1학년	적정 인원	20명
차시	*40분(1시간)=1차시 총 80차시(1학기 40차시, 2학기 40차시)	운영 횟수	1회 방문 시 2차시 총 40회
교육과정 연계	◆ 2022 개정 교육과정 [2바01-02] 나를 이해하고 존중하며 생활한다. [2바04-02] 다양한 생각이나 의견에 대해 개방적인 태도를 형성한다. [2바01-04] 생태환경에서 더불어 살기 위해 노력한다. [2즐01-01] 즐겁게 놀이하며, 건강하고 안전하게 생활한다.		
키워드	#계절 #정서표현 #타인인식 #또래협력 #학교적응 #사회정서 #음악 #문화예술		
프로그램 주요 내용	◆ 프로그램 주제 – 이 프로그램은 음악 경험을 통해 자신을 이해하고 사랑하며 건강하게 자신의 몸과 마음을 돌볼 수 있는 다양한 방법을 제안한다.		

<table>
<tr><td>프로그램 주요 내용</td><td colspan="3">◆ 기획 의도
– 꽃을 가꾸는 듯 '자기(self)'라는 아름다운 내면을 피워내는 과정을 통해, 음악심리기반 융합예술교육으로 학생들이 스스로를 사랑하고 돌보는 경험을 제공하며 학교생활 적응 능력을 향상시키고자 한다.
– 꽃 돌봄의 경험을 통해 학생들이 자기 자신을 이해하고 긍정적인 면을 발견함으로써 정서조절능력을 키워나가고자 한다.

◆ 교육 목표
• 인지적 목표
– 마음의 개념을 이해할 수 있다.
– 음악의 구조를 이해하고 심미적 경험을 할 수 있다.
– 다양한 꽃의 종류와 성장 과정을 이해할 수 있다.
– 음악 창작 과정을 이해할 수 있다.

• 심동적 목표
– 다양한 악기를 연주할 수 있다.
– 그룹 안에서 적절한 행동을 할 수 있다.

• 정의적 목표
– 나를 이해할 수 있다.
– 즐거움 경험을 통해 긍정적인 생활 태도를 가질 수 있다.
– 성취감을 통해 자신감을 향상할 수 있다.
– 공동체 안에서 적응적인 행동을 할 수 있다.</td></tr>
<tr><td rowspan="5">1학기 (40차시) 수업 개요</td><td>차시 (시수)</td><td>주제</td><td>활동내용</td></tr>
<tr><td>1-2</td><td>마음으로 만나기</td><td>나의 마음을 다양한 악기로 표현하고 집단원과 인사 나누며 서로를 알아 가기</td></tr>
<tr><td>3-4</td><td>마음으로 표현하기</td><td>마음을 다양한 예술매체로 표현하며 집단원을 이해하며 표현하기</td></tr>
<tr><td>5-6</td><td>고요한 마음</td><td>마음을 챙길 수 있는 음악을 들으며 편안하고 고요한 마음을 예술매체로 표현하고 경험하기</td></tr>
<tr><td>7-8</td><td>신나는 마음</td><td>다양한 리듬악기를 통하여 신나는 마음을 탐색하고 표현하기</td></tr>
</table>

1학기 (40차시) 수업 개요	9-10	우울한 마음과 친절	우울한 감정에 대한 마음을 음악과 미술 매체를 활용하여 탐색하고 표현하고 자신의 마음에 친절하게 대하는 방법을 경험하기
	11-12	실망스러운 마음과 친절	자신에게 실망했던 마음을 탐색하고 음악과 악기로 자기 친절의 방법을 경험하기
	13-14	화나는 마음과 친절	화나는 마음을 건강하게 표현, 조절하고 친절히 마음을 돌보는 경험하기
	15-16	모두 다 꽃이야 1	다양한 마음을 꽃으로 표현하여 노래하며 마음을 돌보는 경험하기
	17-18	모두 다 꽃이야 2	다양한 마음을 즉흥연주로 표현하며 자신과 타인을 있는 그대로 수용하기를 경험하기
	19-20	모두 다 꽃이야 3	집단원과 함께 예술융합매체를 활용하여 꽃을 표현하여 합동으로 '우리의 꽃밭' 만들기
	21-22	꽃밭 가꾸기 1	우리의 꽃밭에 필요한 물을 찾아 실로폰 악기로 표현하며 돌보기
	23-24	꽃밭 가꾸기 2	우리의 꽃밭에 필요한 거름(에너지)를 찾아 다양한 리듬악기로 표현하여 돌보기
	25-26	꽃밭 가꾸기 3	우리의 꽃밭에 필요한 햇살을 찾아 가사로 적어 보며 표현하고 돌보기
	27-28	행복한 꽃밭	행복한 요소를 탐색하여 나와 타인의 행복과 보편적 인간성을 이해하고 경험하기
	29-30	자라는 꽃밭 1	꽃밭의 건강한 성장을 위해 서로에게 필요한 것을 노래와 가사로 표현하고 예술작업물로 만들기
	31-32	자라는 꽃밭 2	꽃밭의 건강한 성장을 위해 표현된 가사에 맞추어 다양한 선율악기로 연주하기
	33-34	자라는 꽃밭 3	다양한 리듬악기와 '자라는 꽃밭 1과 2'를 종합하여 음악 예술물을 완성하기
	35-36	꽃밭 뽐내기	완성된 아름다운 꽃밭들을 함께 공유하고 격려하며 학교 적응력을 높이는 경험하기
	37-38	예술물 녹음하기	우리의 꽃밭의 작업물을 녹음하고, 전시하도록 준비하기
	39-40	예술 발표회	함께 작업한 예술물, 음악 결과물을 공유하기

	차시(시수)	주제	활동내용
2학기 (40차시) 수업 개요	1-2	푸르른 숲 음악으로 만나기	나의 마음을 다양한 악기로 표현하고 집단원과 인사 나누며 서로를 알아 가기
	3-4	알록달록 숲 예술로 만나기	나의 마음을 다양한 예술매체로 표현하고 친해지기
	5-6	푸르른 숲 표현하기	다양한 예술매체로 마음을 표현하며 집단원을 이해하고 함께 연주하기
	7-8	한 송이 고요한 마음	마음을 챙길 수 있는 음악을 들으며 편안하고 고요한 마음을 예술매체로 표현하고 경험하기
	9-10	두 송이 신나는 마음	다양한 리듬악기를 통하여 신나는 마음을 탐색하고 표현하기
	11-12	세 송이 우울한 마음과 친절	우울한 감정에 대한 마음을 음악과 미술 매체를 활용하여 탐색 및 표현하고 자신의 마음에 친절하게 대하는 방법을 노래 토의를 하며 경험하기
	13-14	네 송이 실망스러운 마음과 친절	자신에게 실망했던 마음을 음악과 악기로 탐색하고 돌보기
	15-16	다섯 송이 화나는 마음과 친절	화나는 마음을 악기로 건강하게 표현하고, 음악 안에서 감정을 조절하고 친절히 마음을 돌보는 경험하기
	17-18	우리 모두 꽃이야	다양한 마음을 즉흥연주로 표현하며 자신과 타인을 있는 그대로 수용하기를 경험하고 그룹 음악 놀이하기
	19-20	우리의 꽃밭	집단원과 함께 예술융합매체를 활용하여 꽃을 표현하여 합동으로 '우리의 꽃밭'을 만들고 그룹 악기 연주하기
	21-22	도롱도롱 꽃밭 가꾸기	우리의 꽃밭에 필요한 물을 찾아 실로폰 악기로 표현하며 마음 돌보기
	23-24	으샤으샤 꽃밭 가꾸기	우리의 꽃밭에 필요한 거름(에너지)를 찾아 다양한 리듬악기로 표현하며 마음 돌보기
	25-26	반짝반짝 꽃밭 가꾸기	우리의 꽃밭에 필요한 햇살을 찾아 가사로 적어 보며 표현하고 마음을 돌보기
	27-28	꽃밭을 위해	'꽃밭 가꾸기(도롱도롱, 으샤으샤, 반짝반짝)' 차시의 내용으로 우리만의 노래 가사를 만들고 합주하기

2학기 (40차시) 수업 개요	29-30	행복한 꽃밭	행복한 요소를 탐색하여 나와 타인의 행복과 보편적 인간성을 이해하고 우리의 행복을 담아 그룹 합주 연주 완성하기
	31-32	꽃밭 콜라주	다양한 꽃의 노래를 부르며 가사 콜라주 작업을 하고, 다양한 꽃의 노래를 다양한 악기로 연주하기
	33-34	꽃밭 오케스트라	왈츠 오케스트라를 들으며 동작, 리듬으로 표현하고, 다양한 악기로 연주하여 완성하기
	35-36	꽃밭 밴드	리듬박스에 맞춰 신나는 리듬을 리듬악기로 연주하고 OST를 다양한 악기로 연주하기
	37-38	예술물 뮤직비디오	우리의 꽃밭 노래와 동작, 악기 연주를 구성하여 뮤직비디오를 완성하고, 우리의 꽃밭의 작업물을 녹음하기
	39-40	예술 발표회	함께 작업한 예술물, 음악 결과물을 공유하고 노래, 악기 연주, 칭찬카드로 서로를 격려하기

참고문헌

Abrams, D. A., Ryali, S., Chen, T, Chordia, P. Khouzam, A., Levitin, D., & Menon, V. (2013). Inter-subject synchronization of brain responses during natural music listening. *European Journal of Neuroscience*, *37*, 1458-1469, doi:10.1111/ejn.12173

Berlyne, D. E. (1971). *Aesthetics and psychology*. Appleton-century-Crofits.

Fandakova, Y., & Hartley, C. (2020). Mechanisms of learning and plasticity in childhood and adolescence. *Developmental Cognitive Neuroscience*, *42*, 100764.

Gaston, E. T. (1960). Music in therapy. *The American Music Teacher*, *9*(4), 9-13.

Gfeller, K. (2002). 음악: 인간 고유의 현상 및 치료의 도구. In W. B. Davis, K. Gfeller, & M. Tahut (Eds.), 음악치료학 개론(pp. 67-101). 김수지, 고일주, 권혜경 공역. 학지사.

Ginsburg, H. P. (2006). 피아제의 인지발달이론. 김정민 역. 학지사.

Greenberg, M. (1979). *Your children need music*. Prentice Hall.

Grocke, D., & Wigram, T. (2011). 음악치료 수용기법. 문소영, 이윤진 공역. 학지사.

McDonald, D. T., & Simons, G. M. (1989). *Musical growth and development*. Schirmer.

Merriam, A. P. (1964). *The anthropology of music*. Northwest University Press.

Meyer, D. E. (1952). *Emotion and meaning in music*. The University of Chicago Press.

Moog, H. (1976). The development of musical experience in children of preschool age. *Psychology of Music*, *4*, 38–47.

Nordoff, P., & Robbins, C. (1971). *Music therapy in special education*. John Day.

Roederer, J. (1974). The psychophysics of musical perception. *Music Educators Journal*, *60*, 20–30.

Spiegler, D. (1968). Factors involved in the development of prenatal rhythmic sensitivity. *Dissertation Abstracts International*, *28*(9–B), 3886.

Standley, J. M., & Madsen, C. K. (1990). Comparison of infant preferences and responses to auditory stimuli: Music, mother, and other female voice. *Journal of Music Therapy*, *27*(2), 54–97, https://doi.org/10.1093/jmt/27.2.54

Vuust, P., Heggli, O., Firston, K. J., & Kringelbach, M. (2022). Music in the brain. *Nature Reviews Nueroscience*, *23*(5), 287–305.

Zatorre, R. J., Fields, R. D., & Johansen-Berg, H. (2012). Plasticity in gray and white: neuroimaging changes in brain structure during learning. *Nature Neuroscience*, *15*(4), 528–536.

Chapter 07

늘봄(돌봄) 프로그램 운영 및 결과분석

신세레

1. 돌봄의 의미
2. 초등학교와 돌봄의 관계
3. 돌봄학교의 이해
4. 돌봄학교 프로그램
5. 늘봄학교의 환경
6. 운영 평가
7. 늘봄학교 교육운영 방향
8. 늘봄학교 프로그램(문화예술분야)이 학교생활적응에 미치는 영향분석

1 돌봄의 의미

돌봄의 사전적 의미는 관심을 가지고 보살핀다는 의미로, 병자, 노인, 어린이 등 돌봄을 필요로 하는 모든 사람을 대상으로 한다. 교육학적 관점에서 그동안 "돌봄은 교육이 아니다." "돌봄은 전문적인 교육의 공간인 학교에 적합하지 않은 비전문적인 것이다." "돌봄은 교육활동을 보조 또는 지원하는 것이다."라는 등 교육과 돌봄의 구별 짓기 및 위계화 경향이 있었지만, 사실 돌봄과 교육은 분리하기 어려운 개념이다. 학교는 배움을 목적으로 하지만 돌봄을 분리해서 생각하기 힘들며, 돌봄과 교육의 본질은 동등하기에 필연적으로 두 개념은 통합해야 한다. 이는 유보통합을 향해 나아가고 있는 새로운 시대의 패러다임이기도 하다. 이와 같이 돌봄을 교육과 보육의 이념적이고 분절적인 경계를 넘어 보다 확장된 개념으로 접근해야 한다. '관심을 가지고 보살핌'이라는 사전적 정의를 가진 '돌봄(care)'은 단순하게 누군가를 돌봐 준다는 표면적인 의미를 뛰어넘어 누구나 보살핌의 대상이 되며, 돌봄을 받을 수 있어야 한다. 또한 돌봄은 단순히 육체적인 관리나 감독을 넘어서 온전한 관심과 배려를 통해 상호 간의 관계를 형성하고 유지하는 과정이다. 돌봄의 본질은 아동의 발달과 안녕에 대한 지속적인 관심과 책임을 내포하고 있으며, 이를 위해 돌봄의 개인적인 책임뿐만 아니라 가족과 사회 구성원 간의 상호 의존적인 관계를 형성하며 사회적 유대감과 상호 도움을 실천하려는 사회적 책임에 노력을 기울일 필요도 있다(한유미 외, 2024).

이 모든 돌봄의 개념을 종합해 보았을 때, 돌봄은 단순히 개인적인 문제를 넘어서 사회적 가치를 가지고 사회의 안정과 발전에 필수적인 요소 중 하나인 것이다. 이러한 돌봄에 관한 사회적 요구에 대응하고, 현장의 실태를 고려한 초등돌봄교실의 마련과 질적 제고의 필요성이 계속 강조될 수밖에 없다. 이에 초등돌봄교실 운영개선 방안 마련 및 방안의 현장 안착 지원 추진을 위해 지난 2020년부터 2021년까지 교육부의 '방과후돌봄정책과'에서는 초등돌봄 운영개선 협의회를 구성 · 운영하여 지역별 · 학교별 여건에 따라 밀착된 교육 · 돌봄 정책을 개선 · 운영하였다. 그러다가 2024년 3월 교육 · 돌봄 정책을 포함하는 개념으로 늘봄학교가 출범하여 현재 시범 운영 중에 있다.

참고 **초등학생 돌봄서비스 지원을 위해 가장 필요한 사항**[1)]

1순위: 학교 내 돌봄서비스 내용 및 질 개선(32.3%)
2순위: 학교 내 돌봄서비스 제공 시간 확대 및 다양화(31.6%)
3순위: 학교 내 돌봄서비스 교실 수 확대(16.3%)
4순위: 지역사회에서 제공하는 돌봄서비스 공급 기관 확대(8.6%)
5순위: 지역사회에서 제공하는 돌봄서비스 제공 시간 확대 및 다양화(4.3%)

2 초등학교와 돌봄의 관계

그동안 주로 영유아기나 노인기를 중심으로 돌봄에 관한 논의가 이루어졌지만, 국가적 차원에서 제3기 인구정책 TF 대책에 따라 초 · 중 · 고등학교에서도 각 학령기에 맞는 돌봄이 실천되고 가장 필요한 교육으로 제공되고 실천될 필요성이 갈수록 강조되고 있다. 공공성은 학교가 공교육 기관으로서 가진 공적 책무에서 출발해야 하며, 이러한 점에서 돌봄은 학교의 주요 책무인 학생들의 배움과 성장을 위해 반드시 필요한 전제조건이라 할 수 있다. 이때 발현되는 돌봄의 교육적 의미는 모든 학생에 대한 연민, 사랑과 기대를 중심으로 이해해야 한다. 바로 이것이 학교교육과 돌봄이 연결되는 중요한 지점이다. 또한 학교는 학생이 평등을 경험하는 공간이어야 한다는 점에 근거하여 돌봄을 이해할 필요가 있다. 이는 학교에서 돌봄을 통해 평등을 경험함으로써 학생들이 공부하고 탐색하는 전인적인 교육적 행위가 비로소 자유로워지고 이를 바탕으로 미래 사회의 변화가 시작될 수 있다는 주장(Masschelein & Simons, 2020)과 같은 맥락이다. 즉, 돌봄은 교육복지와 같은 개념으로서 불평등 해소에 궁극적 목적이 있으며, 학교교육의 목표는 넓은 차원에서 돌봄과 반드시 연결되어 학교교육을 통해 모든 학생이 '할 수 있음'을 평등하게 경험할 수 있도록 하는 것이 필요한 것이다. 결국 돌봄은 학교교육과의 긴밀한

1) 「초등아동 대상의 공적 돌봄서비스 공급체계 분석과 정책 과제」 연구(한국보건사회연구원, 2019.)

관계 속에서 학생의 배움과 성장이 일어날 수 있음을 토대로 작동되어야 하며, 이러한 점에서 학교교육에서 돌봄의 의미는 다음 세 가지로 정리될 수 있다.

- 돌봄으로써 공존하며 배우는 공간이 되어야 하는 학교
- 초·중등 학교 교육을 통한 돌봄의 교육 실천
- 관계적 존재로서 인간의 본질적 교육

초등돌봄의 역사가 긴 북유럽에서는 초등돌봄시설을 레크리에이션 센터 또는 레저클럽으로 부른다. 이는 흥미로운 여가생활을 통한 아동의 욕구충족이 초등돌봄의 중요한 요소임을 시사하는 것이라 이해할 수 있다. 결과적으로 돌봄(늘봄) 프로그램은 학교교육이 아닌 가정교육의 연장이며, 지역사회 공동체 서비스의 성격을 띠고, 초등학교 아동의 성장과 발달에 관한 전문가에 의해서 운영되는 프로그램이다. 또한 여타의 학령기 아동 대상 프로그램과는 달리 행복한 여가활동을 누리는 아동의 권리를 보장하려는 성격도 내포하고 있다. 학습에만 치우치거나 실내 활동 중심의 프로그램은 장시간 학교에 있는 아동에게 부담이 될 수 있고, 활동적인 아동의 욕구를 충족하지 못할 수 있다. 따라서 돌봄(늘봄) 프로그램은 안전한 보호, 전인적 성장, 행복 추구 등의 요건을 충족하는 교육으로 그 교육의 목표와 방향성이 맞추어져야 할 것이다(한유미 외, 2024).

3 늘봄학교의 이해

늘봄학교는 정규수업 외에 학교와 지역사회의 다양한 교육자원을 연계하여 학생 성장·발달을 위해 제공하는 종합 교육 프로그램이며, 기존의 초등학교 방과후와 돌봄을 통합·개선한 단일체제로 앞으로 초등학교 방과후와 돌봄은 없어지고, 늘봄학교 하나의 체제만 존재하게 된다. 늘봄학교의 배경 및 특징은 〈표 7-1〉과 같다.

표 7-1 | 늘봄학교의 배경 및 특징

1	희망하는 초등학생 누구나 이용 – 원하는 초등학생 모두가 늘봄학교를 이용할 수 있도록 지원 – 2024년 초등학교 1학년부터 '누구나 이용' 학년 연차별 확대
2	초등학교 1~2학년에게는 맞춤형 프로그램 매일 2시간 무료 – 저학년의 성장 · 발달에 맞는 재미있고 다양한 프로그램을 연중 매일 2시간 무료 제공 (2024년, 1학년 > 2025년부터 1~2학년) – 초등학교 1학년 학교적응 지원 및 놀이중심의 예체능, 사회 · 정서 등
3	초등학교 3~6학년 대상 양질의 프로그램 운영 – 초등학교 3~6학년에게 사교육과 차별화되고 경쟁력 있는 미래역량 함양, 진로탐색 등 프로그램 제공 – 체육, 문화 · 예술, AI · 디지털, 사회 · 정서, 기초학습, 진로체험 프로그램 등
4	시 · 도 교육청, 학교별 특성에 맞는 다양한 모델 확산 – 지자체, 공공기관, 대학, 기업 등 연계 프로그램 – 수요에 맞춘 아침. 저녁늘봄, 지역공간 활용 등 모델 다양화
5	교사의 늘봄학교 행정부담 해소 – 학교에 늘봄학교 행정업무를 전담하는 조직 · 인력 운영

〈표 7-1〉의 내용을 바탕으로, 늘봄학교는 17개 시 · 도 교육청 및 각 학교의 상황과 여건에 맞게 탄력적으로 2024년도 1, 2학기에 초등학교 1학년 대상 시범 운영을 했고, 2025년 현재 수요대상을 초등학교 2학년까지 늘려 대상 및 지역을 확대 편성하여 운영 중이다(예: '꿈을 담은 서울형 늘봄학교 서울특별시교육청' '교육과 돌봄이 이어지는 아침이 행복한 늘봄학교 인천광역시 교육청' '학교-지역이음 모두의 품에서 꿈을 키우는 충북나우 늘봄학교' '대학, 지역과 함께 배움을 여는 충남형늘봄학교' '교육청-지자체 연계 온마을이 함께하는 세종특별자치시교육청' '늘봄지원센터를 통한 든든한 학교 지원 대전광역시교육청' '학교 안팎 연계 및 거점늘봄센터 전북특별자치도교육청' '원하는 배움이 다 되는 세상에서 가장 큰 늘봄학교 경기늘봄공유학교').

그중 '꿈을 담은 서울형 늘봄학교 서울특별시교육청'의 '서울 미래키움 교육지원 생태계 구축 사업'에 관한 추진방향과 역할, 계획 등을 조금 더 상세하게 살펴보면 다음과 같다.

표 7-2 | 서울 미래키움 교육지원 생태계 구축: 늘봄학교

1	추진방향 – 서울의 미래인 학생을 키우는 교육으로 도시의 교육, 돌봄 기능 강화(서울의 강점을 살린 대학 중심 교육지원 생태계 구축) – 초등 늘봄학교 및 지역연계 협력을 통해 지역교육지원 역량 강화 – 대학의 전문성 기반 사업 주도 및 지역 연계 허브 역할(서울형 초등 늘봄학고 모델 선도)
2	추진계획 – 늘봄지원센터와 협력하여 프로그램 수행(향후 초 1~6학년까지 포괄할 수 있는 종합교육 프로그램으로 확장 및 고도화하여 26년부터 초 1~6학년까지 전 학년 확대 시행 – 중앙기관 및 타지역 사례 벤치마킹 및 프로그램 개선 – 서울 특화 프로그램 개발 및 운영 체제 수립
3	공유 · 확산 – 늘봄학교의 서울 정착을 위한 모범 사례 창출 및 우수 사례 공유 · 확산 – 대학생의 적극적인 참여와 취업을 통해 체험형 역량 강화에 활용하는 선순환 모형 확산

교육부	044-203-6608, 6511
서울특별시교육청	02-1396, 02-399-9034
부산광역시교육청	051-860-0289, 0299
대구광역시교육청 DAEGU METROPOLITAN OFFICE OF EDUCATION	053-231-0221~3
인천광역시교육청	032-420-8210, 8339, 8295
광주광역시교육청 GWANGJU METROPOLITAN OFFICE OF EDUCATION	062-712-6872, 6873, 6875
대전광역시교육청 DAEJEON METROPOLITAN OFFICE OF EDUCATION	042-489-9837, 9819, 9821
울산광역시교육청	052-210-5625, 052-219-5694, 052-228-6736
세종특별자치시교육청	044-320-3312~4
경기도교육청 GYEONGGIDO OFFICE OF EDUCATION	031-820-0882, 0884, 0885
강원특별자치도교육청	033-258-5502, 5503, 5506
충청북도교육청 Chungcheongbuk-do Office Of Education	043-290-2572, 2575, 2578
충청남도교육청	041-640-6724, 6732, 6722
전북특별자치도교육청 JEONBUK STATE OFFICE OF EDUCATION	063-239-3218, 3201, 3222
전라남도교육청	061-260-0112, 0113, 0117
경상북도교육청	054-805-3254, 3255, 3257, 3260
경상남도교육청 GYEONGSANGNAMDO OFFICE OF EDUCATION	055-268-1152, 1156
제주특별자치도교육청	064-710-0235, 0236, 0237

그림 7-1 17개 시 · 도 교육청 늘봄학교 운영센터

출처: https://www.moe.go.kr/sub/moeAreaMap.do?m=0319&s=moe&page=72787

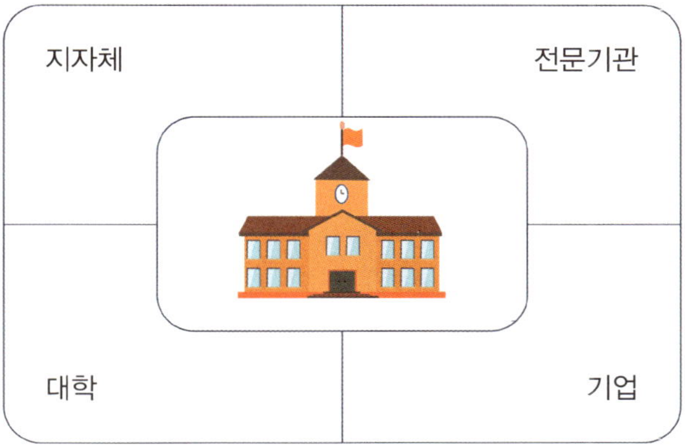

| 그림 7-2 | 늘봄학교: 공간에 역할을 더하다

늘봄학교는 기존의 학교 공간에 지자체, 대학, 기업, 전문기관 등과의 협력을 통해 운영된다. 늘봄학교는 민관 참여 및 사업추진센터 프로그램 매칭 지원(늘봄협의체)을 통해 이루어지며, 지역사회 자원(강사, 공간, 프로그램, 교육기부) 연계 지원을 강조하고 있다. 지자체, 대학, 기업 등은 컨설팅단을 구성하여 지구별 1:1 컨설팅, 온·오프라인으로 지속적인 컨설팅을 실시한다. 강사 1차 서류 심사 지원 등을 통한 연중 맞춤형 프로그램 강사 선정 업무 지원을 한다. 이 모든 과정은 늘봄학교 홈페이지를 활용하여 늘봄 프로그램 업무를 체계적으로 지원한다.

협력 형태의 주요점을 정리하면 다음과 같다.

- **공동 프로그램 운영**: 프로그램 설계·전략·운영에 직접적으로 참여
- **자원 기부**: 기관이 보유한 유형·무형의 자원을 기부
- **프로그램 공유**: 기관이 보유한 프로그램을 늘봄학교를 위한 교육 프로그램 재구성을 위해 제공(진로체험, 기업견학 등 기존 프로그램 연계)
- **기타**: 기관의 경험, 노하우 등을 강사 연수, 컨설팅, 캠프 등에 적극적으로 지원

단계	준비	검토 · 심의	선정 · 계약	운영	평가 · 환류
내용	수요 조사 및 운영계획	업체위탁 선정계획 심의(자문)	전자입찰(심사) 또는 수의계약	수강 신청 프로그램 운영	운영 평가
주관	학교	학교운영위원회	학교	위탁업체	학교

그림 7-3 프로그램 운영 절차

[그림 7-3]과 같이 늘봄학교 프로그램은 운영 과정 및 절차를 가지고 있다. 또한 늘봄학교 홍보 및 안내자료는 사전에 제공된 후 학부모를 대상으로 프로그램 수요조사를 통해 진행하며, 교육 대상자를 학교 담당자가 모집 · 관리한다. 학생 및 학부모 수요조사가 끝나면 '2024 늘봄학교 운영 가이드라인'에 제시된 내용들을 참고하여 늘봄 프로그램 운영계획을 수립한다. 프로그램명, 운영시수, 강사료, 자문료, 참여 학생수 확정, 늘봄 프로그램 강사 선정 및 계약, 업체위탁 운영 여부 검토, 학생관계 계획, 사회 재난이나 자연 재난 시 프로그램 운영 여부 등에 관한 계획, 학사 일정과 연계한 프로그램 연간 차시 최종 결정, 교재 및 재료 선정 계획과 기준에 준하는 재료비 협의 완료, 홍보, 평가, 회계 관리 계획 등 기타 단위학교에서 필요하다고 인정되는 다양한 사항에 관하여 긴밀한 협의를 통해 학기별 수업을 시작할 수 있다.

표 7-3 초등학교 1학년 맞춤형 프로그램 모니터링 체크리스트

세부영역	항목	추진 여부 (예, 아니요)	비고 (건의사항)
수요조사	예비 신입생 대상 초등학교 1학년 입학 초기 맞춤형 수요조사(예비 소집일)를 실시하였는가?		
맞춤형 프로그램	초등학교 1학년 발달단계에 맞는 프로그램을 편성하였는가?		
	학생 흥미를 반영한 체험 · 놀이 중심의 프로그램을 편성하였는가?		

강사	프로그램 운영 강사를 확보하였는가?		
	방과후학교 강사를 활용시 계약서에 초등학교 1학년 맞춤형 참여가 명기되어 있는가?		
장소	학생 이동 동선을 최소화하였는가?		
	초등학교 1학년 신입생이 활동하기에 적합한 장소인가?		
안전관리	초등학교 1학년 입학 초기 맞춤형 휴식시간, 하교지도에 대한 안전계획을 마련하였는가?		
	불참 학생에 대한 학부모 안내가 이루어지고 있는가?		
업무담당	늘봄학교 인력이 업무를 전담하고 있는가?		
안내홍보	학부모가 서비스를 신청할 수 있도록 사전 설명회, 안내 등 홍보를 하였는가?		

4 늘봄학교 프로그램

매일 2시간 무상 제공되는 맞춤형 프로그램은 한국과학창의재단에서 운영하는 늘봄학교 사이트(afterschool.kosac.re.kr)에서 신청 가능하며, 교육부 늘봄학교[2]에서도 다양한 관련 자료 및 프로그램들을 살펴볼 수 있다. 늘봄학교 맞춤형 프로그램 분야는 다음과 같다.

표 7-4 ❙ 늘봄학교 프로그램 분야

프로그램	내용
체육	운동과 체력, 건강한 생활습관, 안전한 활동, 스포츠 유형과 표현 등
문화 · 예술	음악 연주와 감상, 미적 체험과 표현, 문예 창작, 연극, 영화, 사진 등
사회 · 정서	사회와 언어, 건강과 안전, 명상, 마음일기 등
창의 · 과학	AI · 디지털, 기술과 생활, 지구와 우주, 과학과 사회, 수학적 사고 등
기후 · 환경	생태, 기후위기, 기후행동, 공동체성, 지속가능성 등

2) https://www.moe.go.kr/boardCnts/listRenew.do?boardID=72782&renew=72782&m=0319&s=moe

늘봄학교의 추진배경의 가장 큰 목표이자 방향성인 만큼 사교육과 차별화되고 경쟁력 있는 프로그램 마련을 위해 미래사회 역량 함양, 진로탐색 등 늘봄학교 사이트 안의 별도 신청 프로그램 탭을 통해 학교의 제반 상황에 최대한 맞추어 적합한 프로그램을 신청할 수 있다.

〈표 7-5〉는 2024년 늘봄학교 프로그램 구성 예시이다.

표 7-5 | 늘봄학교 프로그램 구성 예시

분야	프로그램명
문화 · 예술	얼씨구! 국악탐험대
	지 · 화 · 자 좋다!
	예술랜드 한글마법사와 리듬놀이
	세상의 모든 리듬
	튼튼 습관 ! 우리 전통식생활과 함께해요
	춤으로 그리는 이야기
기후 · 환경	오늘은 나도 예술가
	지구를 지키는 예술가
	지속가능한 ZERO Play(새활용 놀이 프로그램)
사회 · 정서	너의 목소리가 들려(그림책 음악놀이터)
	미술로 마음튼튼
	미술로 WE+
	꽃밭에서(음악과 꽃으로 마음정원을 가꿔요)
	뮤직프리즘(음악과 색으로 떠나는 음악탐험대)
	음악비타민

5 늘봄학교의 환경

늘봄교실은 전용교실과 겸용교실로 구분된다. 준비 기간이 짧고, 빠르게 시작된 교육 정책인 만큼 학교 현장 현실적인 상황에서 늘봄학교를 위한 전용교실이 마련되기 위해서는 공간 마련의 여건을 갖추어야 하는데 당장 마련되기는 어려운 것이 현실이다. 2024년도에 시작된 늘봄학교는 대부분 유휴 공간이 없는 겸용 교실을 사용해야 하는 경우가 많았다. 이 경우 안전을 고려하여 과학실을 제외하고 저학년 교실, 도서실, 미술실, 음악실, 예절실, 체육관 등의 기존 학교 공간을 최대한 효율적으로 사용할 수 있도록 하였으며, 리모델링을 하여 사용한 학교의 사례도 있다.

늘봄교실 권장 시설은 바닥 난방, 세면대, 주방, 조리대, 상하수도, 개인 사물함, 이불장, 침구, 냉난방기, 공기청정기, 교구장, 냉장고, 보존식 냉동고, 책상 및 의자, 각종 교육 기자재 등이다. 또한 학생 안전 지도는 물론 안전시설 관리, 비상벨, 인터폰, 소화기, 대피시설 등의 학생 안전보호시스템을 필수로 구축해야 한다.

장시간 보호가 필요한 학생을 위해 교육활동실과 독서 코너를 설치하고 간식 및 급식은 직접 조리보다 완전품이나 매식을 권장하며, 급식 위생 안전과 화재 예방에 철저히 신경 써야 한다. 학교 상황에 따라 간식 및 급식 업체를 이용할 수 있으며, 이를 위해 냉장고, 식기세척기, 싱크대, 살균소독기 등을 구비하는 것이 좋다.

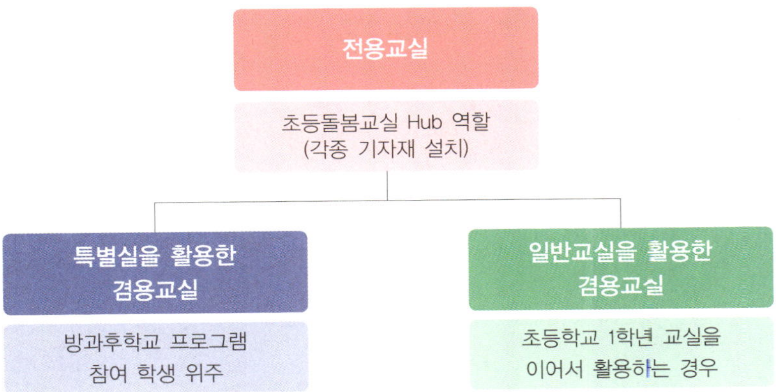

그림 7-4 늘봄학교 교실환경

늘봄학교는 늘봄실무사를 통해 늘봄교실의 원활한 운영과 관리를 학생 돌봄 및 관리, 늘봄 교실 관련 행정업무 추진, 늘봄(돌봄) 프로그램의 기획 및 운영, 예산 관리, 간식 및 급식 서비스 제공, 하원지도, 학부모 전달 사항 안내 등 기타 늘봄교실과 관련된 제반 업무를 수행해야 한다. 이들이 관리하는 서류로는 보조인력 일지, 출석부, 늘봄학교 귀가 및 이용 서약서, 늘봄 프로그램 월간 계획안 등이 있다. [그림 7-6]은 출강 강사와 함께 늘봄 실무사가 협력하여 작성해야 하는 행정 업무 양식 등이다. 강사가 제출해야 하는 서류는 성범죄, 아동학대, 채용신체검사서, 행정정보 공동 이용 사전 동의서, 강사 이력서(초등학교 제출용), 개인정보 활용 동의서, 프로그램 강사 영리 추구 행위 금지 서약서 등이다.

01. 신청접수 및 안내
- 사업 및 프로그램 상세 안내

➡

02. 학생 모집
- 학생 모집
- 안내 자료 제작

➡

03. 프로그램 신청
- 신청 결과 상세
- 자료
- 송부

➡

04. 강사 확정
- 전문강사 배정 및 범죄전력 조회 완료
- 이력서 송부

➡

05. 프로그램 운영
- 학생 출결 관리
- 학생 개별 평가서 작성
- 공개 수업 진행 등 원활한 운영

그림 7-5 늘봄학교 강사 매칭 프로세스

월별 출강확인서

2 월별 출강확인서(교육강사)

※ 강사비 지급 시 증빙자료로 구비, 강사가 출강확인서 작성 후 담당교사 서명을 받아 운영기관에 제출
※ 아래의 항목이 포함된 자체 양식 활용 또는 서식 일부 변경 활용 가능

늘봄학교 출강확인서 (0월)

프로그램명	학교로 떠나는 신나는 모험!	총운영시수	○시수
운영기간	2024. 8. 19. ~ 8. 30. 매주 월요일 13~15시	운영장소	○○초 프로그램실
강사명	○○○, □□□	학생인원	15명

주차	일자	시수	교육내용 및 결과
1	8. 19.	2	○ 교육내용 - [1~3차시] 콩닥콩닥 학교 만나기! 놀이활동을 통한 학교 환경 인식 및 규칙 적응 ○ 교육결과 - 첫 수업이라 학생 모집이 미완료되었고, 당초 계획한 수업내용 대로 충실히 운영하기가 어려웠음. 중간에 이동하는 학생이 많았고, ○○○ 학생의 경우 수업 참여 여부에 대한 확인이 필요함. - 대부분의 학생이 문화예술활동에 호기심이 많고 적극적으로 참여함.
2	8. 26.	2	○ 교육내용 ○ 교육결과
3	08.00	2	○ 교육내용 ○ 교육결과
4	08.00	2	○ 교육내용 ○ 교육결과
시수합계		8	

위와 같이 출강한 것을 확인합니다.

2025년 00 월 00 일

교육강사1 : ______________ (인)
교육강사2 : ______________ (인)
학교 담당자 : ______________ (인)

재료검수서

2 서울시 교육청 재료검수서(교육강사)

늘봄학교 프로그램 재료 검수서 (0월)

프로그램명	신나는 음악놀이	검수자 (강사명)	홍길동
품 평	미술재료비(모나미 볼펜 1다스 외 10종)	납품 일자	2025.MM.DD
납품처	알파문구(서울시 용산구 □□) or 쿠팡 or 화방넷 or 알파몰 *납품처 1곳 이상에서 납품 시 납품처 모두 작성	운영장소	○○초등학교

증빙사진

재료 사진 첨부

1. 모든 물건이 보이도록 찍어서 1장으로 첨부 (수량 및 종류가 주문내역과 일치해야 함)
2. 재료가 많을 시 나눠서 촬영 후 첨부 가능

위와 같이 검수하였습니다.

2025년 MM월 DD일

검수자 : 홍길동(강사 이름) (인)

수업 체크리스트

늘봄학교 수업 체크리스트(매주)

※ 기관명 : OOOOO
※ 프로그램명 : 학교로 떠나는 신나는 모험!
※ 수업 진행 강사 : 홍길동
※ 기록 진행 강사 : 김숙명
※ 작성일자 : 2025.MM.DD.

	수업 전 준비사항	☑	비고
1	문화 예술 수업을 위한 전반 사항(인원, 수업 공간, 기자재 등)에 대해 담당 교사와 협의하였는가?	√	
2	학생들이 이루고자 하는 수업 목표에 맞는 교육 방법, 교육활동을 고려하여 준비하였는가?	√	
3	수업 진행 시 주의사항에 대해 담당자와 협의하였는가?	√	
4	수업에 적합한 수업 공간과 시설 및 사전협의 및 역할에 대한 준비되었는가?	√	
5	수업에 필요한 교재, 교구, 자료 등 학습자료가 준비되었는가?	√	
6	수업 내용, 활동, 시간 등을 교육과정에 맞게 적절히 분배하였는가?	√	
	수업 진행 중		
1	아이들과 눈을 맞추며, 이름을 외워 출석을 확인하였는가?	√	
2	아이들 건강 상태를 확인하였는가?	√	
3	지난 시간 학습한 내용을 확인하였는가?	√	
4	오늘의 수업 목표를 지난 시간 학습한 내용과 연계하여 제시하고, 아이들에게 자세히 설명하였는가?	√	
5	아이들과 반갑게 인사하고, 본 수업을 위한 준비 활동을 하였는가?	√	
6	수업 목표대로 수업 내용을 진행하였는가?	√	
7	학습 동기를 유발하기 위한 효율적인 방법이 있었는가?	√	
8	학생들은 수업에 주의를 집중하고 있는가?	√	
9	학생 주변에 수업을 방해하는 요소들이 있는가?	√	
10	수업 중 교실에서 이탈하고 자리를 비운 학생이 있는가?	√	
11	수업의 개별화와 그룹화의 시간을 교수학습목표에 따라 적절히 배정 하였는가?	√	
	수업 후		
1	학습활동 중 학생들에게 효과가 있었던 활동은 무엇인가?	√	
2	담당 강사와 협력 교사(담당 교사)와의 의사소통이 잘 진행되었는가?	√	
3	팀 티칭 강사 간 또는 협력강사와의 역할과 의사소통이 적절하게 진행되었는가?	√	
4	수업을 마친 소감을 아이들과 나누었는가?	√	
5	다음 수업에 대한 예고와 준비물을 공지하였는가?	√	
6	수업을 마친 후 공간의 정리 정돈이 잘 이루어졌는가?	√	

출석부

1 서울시 교육청 출석부 양식(안)

늘봄학교 프로그램 참가자 출석부

프로그램명	프로그램명	초등학교명	초등학교
운영기간/운영시간	년 월 일 ~ 년 월 일 / 시 분 ~ 시 분		
확 인 자	(소속사업단) (성명) (서명) / 초등학교 담당자 (성명) (서명)		

NO	성명	학년	교구재 수령	출석 확인(회)																				비고
				1	2	3	4	5	6	7	8	9	10	11	12	13	14	15	16	17	18	19	20	(결석/조퇴 사유 등)
1	홍길동	1	학생 또는 강사 서명	O	O	O	X																	4차시-감기
2																								
3																								
4																								
5																								
6																								
7																								
8																								
9																								
10																								
11																								
12																								
13																								
14																								
15																								

| 그림 7-6 | 늘봄전담사 및 강사가 작성해야 하는 서류 양식의 예

출강 강사는 프로그램 운영 시 다음과 내용에 유의해야 한다.

- **안전**: 학생 안전 관리에 유의해야 한다.
  - 출강 교실에 위험해 보이는 물건을 사전에 파악하여 보이지 않는 곳에 보관한다.
  - 학생 간 다툼이 발생하지 않도록 안정된 학습 분위기 조장이 필요하다.
  - 수업 중 교실 밖으로 이동하는 학생 유의한다(화장실을 간다고 하더라도 확실한지 가급적 복도에서 살펴보는 것을 권장함).
- **초상권 보호**: 학생 초상권 보호를 유의한 수업 진행이 필요하다.
  - 학생 활동 모습은 손, 작품을 위주로 촬영하는 것을 권장한다(미성년자는 학부모 동의를 받아야 사진, 영상 등의 촬영이 가능함, 부득이하게 얼굴이 나온 경우에는 본인 식별 불가하도록 수정 필요).
  - 강사 개인 SNS에는 학생 사진 업로드 가급적 자제한다(강사가 촬영한 사진 · 영상을 기관과 공유하는 것은 외부 유출이 아니기 때문에 문제가 되지 않으나 개인 SNS 업로

드 시에는 돌발 상황이 발생할 수 있으므로 유의 필요).

- **학습 분위기**: 수업 전, 자신을 학생들에게 소개하며, 평소 학교에서 접하지 못한 활동을 할 것임을 안내하고 흥미와 동기를 이끌도록 한다.
- **물품 관리**: 사전에 준비, 협의한 물품만 사용하여 프로그램을 운영한다(학교에 따라 사전에 협의되지 않은 물품들을 교실 내 사용하는 것을 불쾌하게 여기기도 함).
- **수업 정리**: 칠판, 책걸상, 교실, TV 및 냉난방기 등 뒷정리를 수업 전과 동일하게 유지하고 확인해야 한다.

6 운영 평가

운영 평가는 늘봄학교의 만족도를 향상시키고 효과적인 지원 방향을 수립하기 위해 다양한 의견을 수렴한다. 자체 점검 및 평가, 전문가 평가, 성과보고회, 만족도 조사 등을 실시하여 안정적인 운영 및 운영의 투명성을 높이고 학생과 학부모의 요구를 반영한 다음 학기 맞춤형 프로그램으로 발전할 수 있도록 한다. 설문은 학생, 학부모, 담당교원,

[한국과학창의재단 만족도 조사 진행에 관한 공지]

안녕하세요, 늘봄창의가족센터입니다. 언제나 현장에서 아이들을 위해 좋은 수업을 운영해 주시는 강사분들께 감사의 말씀을 전합니다. 교육부와 한국과학창의재단의 요청에 의하여 2024년 2학기 늘봄학교 프로그램의 만족도 조사가 진행됨에 따라 강사분들께서는 아래의 내용 숙지 후 원활하게 진행될 수 있도록 협조 부탁드립니다.

□ 조사 개요

- **(조 사 명) '24년 2학기 늘봄학교 초1 맞춤형 프로그램 만족도 조사**
- **(조사대상)** 프로그램에 참여하는 학생, 학부모, 학교담당자*, 강사 등
  - * 학교 내에서 늘봄학교 업무를 전담하는 자(늘봄실무사, 늘봄전담사, 교사 등)
- **(조사기간) 2024. 11. 4.(월) ~ 2024. 11. 20.(수)**
- **(조사방법) 성인은 온라인** 조사, **학생은 강사가** 종합해서 **일괄기입**
- **(문 의 처) 한국과학창의재단 교육기부늘봄팀 02-559-3916, 3979**

조사대상	조사방법	비고
학생	· 늘봄학교 초1 맞춤형 프로그램(수업) 시간에 운영강사의 안내에 따라 설문조사 진행	· 아래 양식을 출력 후 학교 및 수업 여건에 맞춰 진행 (스티커 붙이기, 종이 설문지에 동그라미하기 등) ★양식명 : [붙임1] '25년 2학기 늘봄학교 프로그램 학생용 만족도 조사지 *본 파일 2페이지의 유의사항 참고
학부모	· 학부모용 설문 URL 통해 온라인 설문 진행	· 학생 인편에 만족도 조사지와 가정통신문(아래 양식명 참고)을 출력하여 전달 ★양식명 : [붙임2] 학부모 만족도 가정통신문
담당교원	· 교원용 설문 URL 통해 온라인 설문	· 담당 실무사에게 출력하여 전달(아래 양식명 참고) ★양식명 : [붙임3] 학교늘봄실무사 만족도 조사 안내
예술강사	· 강사용 설문 URL 통해 온라인 설문	https://ds.fdback.me/r/akVP5gvnfaf3A

※ **학생용 설문지 유의사항**

1) 3점 척도로 구성
2) 교실에서 직접 진행
① 수업 시간에 프로그램 강사가 학생들에게 설문지 배부
(링크에 학생이 직접 접속하여 하는 게 아님)
② 강사 지도하에 학생들이 응답하고 강사들이 수거
③ **강사가 링크로 접속해서 직접 응답을 입력(아래 QR코드 혹은 링크로 접속)**

학생용 설문 QR코드

학생용 링크 : https://ds.fdback|me/r/akVgu7Is16QQY

★ **강사는 용어 의미에 대한 설명 등 개입을 최소화해야 하며, 아래와 같은 상황에 유의 필요**
- 학생들의 응답에 영향을 줄 수 있는 유도성 설명
- 지나치게 상세한 예시

★★ **응답에 오류가 없도록 각별한 주의 필요**

*PC, 태블릿, 모바일 모두 가능

학생 설문 운영 유의사항

1. 늘봄학교 담당 교원의 안내에 따라 조사가 진행되기 때문에 특히 아래와 같은 상황에 유의가 필요함.
   1) 학생들의 응답에 영향을 줄 수 있는 유도성 설명
   2) 지나치게 상세한 예시
2. 용어에 대한 의미 정도만 설명하여 개입을 최소화해야 함
3. 여러 프로그램을 수강하고 있더라도 초등학교 1학년 학생이 프로그램별로 다양한 측면을 고려하여 평가하는 것은 한계가 있음.
   따라서 학생이 현재 응답하고 있는 교실에서 운영 중인 프로그램을 생각할 수 있도록 담당 교원의 안내가 필요함.
   (지난 주에 끝난 프로그램에 대해 생각해보기 등 복잡한 요청이 없어야 함)

출처: 한국과학창의재단 만족도 조사 지침사항

| 그림 7-7 | 만족도 조사 진행에 관한 공지 예시

강사로 나누어 이루어진다. 설문 결과를 분석하고, 교육의 효과성을 검증하여 늘봄학교 운영을 내실화 · 활성화 · 체계화하기 위해 개선 방안을 도출하여 설문 결과를 환류한다.

1학기에 진행된 설문 결과는 다음과 같다.

표 7-6 | 2024년 '늘봄 프로그램' 만족도 조사 결과: 학생, 학부모, 교원

학생 의견

* 내가 직접 하는 활동이 좋아요.
* 한 번 경험한 건 계속 하고 싶어요.
* 리프레시가 필요해요.
* 내용 지식을 많이 전달하기보다는 경험하고, 느끼게 해 줄 것!

응답 내용	사례 수(명)	비율(%)
전체	6,846	100
• 다양한 활동	337	4.9
만들기 많이 하고 싶음	67	1.0
놀이 시간이 많았으면/놀고 싶음	44	0.6
게임을 많이 하고 싶음	34	0.5
그림 그리기를 많이 하고 싶음(미술, 색칠하기 등)	33	2.7
• 지속적인 참여	185	2.0
계속 하고 싶음	135	0.3
선생님과 계속 수업하고 싶음(선생님이 바뀌지 않았으면 함)	21	2.5
• 수업 어려움	174	0.7
수업이 힘들고 어려움	45	0.4
만들기가 어려움	28	1.4
• 친구 관련 문제	98	0.6
친구들이 시끄러움/장난침 등	39	0.4
친구 때문에 힘이 들 때가 있음(욕을 함, 놀림 등)	25	1.0
• 흥미도/재미없던 수업	66	0.8
재미있었으면 좋겠음	54	1.0
시설/환경	71	0.5
교실/공간이 넓었으면 좋겠음	31	0.8
• 원하는 장소	53	0.3
밖에서 하고 싶음/야외 수업을 하고 싶음	19	0.8
• 쉬는 시간	52	0.7
쉬는 시간이 없음/쉬는 시간이 있었으면 좋겠음	48	0.8
• 추가 바라는 점	54	0.7
간식(과자) 제공을 해 주었으면 좋겠음	46	0.7
• 수업 횟수가 늘어났으면 좋겠음	50	0.7
• 수업이 다양했으면 좋겠음	47	0.5
• 수업 시간	33	0.4
수업 시간이 더 길었으면 좋겠음	24	0.3
• 교실 변경/이동이 불편함	21	0.3
• 모름/무응답	5,243	76.6

학부모 의견

* 친구들과의 즐거운 경험이 좋아요.
* 믿을 수 있는 사람 · 공간이 중요해요.
* 전문적이고 퀄리티 있는 수업 진행을 원해요.
* 수업 활동에 대한 피드백 제공과 원활한 소통을 원해요.

응답 내용	사례 수(명)	비율(%)
전체	1,936	100
• 자녀에게 긍정적 영향	858	44.3
자녀가 좋아하고 재미있어 함/즐거워함	501	25.9
자녀가 학교생활에 적응하는 데 도움이 됨	155	8.0
친구들과 사귈 수 있음(다른 반 친구들과도 친해짐)	112	5.8
자녀가 집에 와서 배운 걸 이야기해 줌/배운 걸 다시 해 봄	55	2.8
친구들과 어울려 함께해서 좋음/친구들과 함께라서 즐거워함	54	2.8
자녀의 성취감/자신감/자존감 함양에 도움이 됨	49	2.5
자녀가 활동적이고 적극적으로 참여함	25	1.3
자녀의 창의력/상상력을 키울 수 있음	24	1.2
• 프로그램 구성/내용	645	33.3
다양한 활동을 할 수 있음(프로그램과 수업이 다양함)	337	17.4
새로운 활동을 할 수 있음(평소 접하기 어려운 경험 등)	153	7.9
요일마다/매일 다른 프로그램을 경험할 수 있음	50	2.6
프로그램 만족/구성이 알차고 탄탄함	47	2.4
다양한 만들기 활동이 있어서 좋음	30	1.5
정규 수업에서 접하지 못한 활동을 할 수 있어 좋음	23	1.2
• 참여한 프로그램에 만족	382	19.7
체육활동(놀이체육, 생활체육, 신체활동 등)	76	3.9
만들기, 과학(과학실험, 창의과학 등)	102	5.3
미술(미술놀이, 창의미술 등)	28	1.4
보드게임	24	1.2

교원 의견

* 전문성이 있는 강사, 검증이 필요해요.
* 다양한 프로그램 제공이 필요해요(같은 교구도 다각화된 프로그램에 활용).
* 안전한 운영 필요해요.
* 원활한 소통 필요해요.

응답 내용	사례 수(명)	비율(%)
전체	350	100
(긍정 의견)		
• 프로그램 구성/내용	83	23.7
프로그램 내용이 좋음/좋은 프로그램이 제공됨	32	9.1
다양한 프로그램이 제공됨	16	4.6
프로그램 질이 높음	10	2.9
대학교 연계 프로그램이 좋음	10	2.9
프로그램이 알차고 유익함	6	1.7
아이들 눈높이/학년에 맞는 프로그램이 제공됨	5	1.4
새로운/참신한 프로그램이 제공됨	4	1.1
과학창의재단 연계 프로그램이 퀄리티가 좋음	4	1.1
• 강사 자질	50	14.3
강사가 잘 지도하고 전문성이 높음	22	6.3
강사가 열정적/적극적/열심히 함	18	5.1
강사가 수업 준비를 잘함	11	3.1
강사 만족/친절함	6	1.7
• 학생들에게 긍정적 영향	44	12.6
아이들이 좋아하고 재미있어 함/즐거워함	22	6.3
아이들 성장에 도움이 됨	7	2.0
아이들 학교 생활 적응하는 데 도움이 됨	5	1.4
아이들이 스스로의 생각과 느낌을 표현하는 데 도움이 됨	4	1.1
• 재료/교구	9	2.6
재료/교구를 잘 지원해 줌	4	1.1
• 강사 구성	8	2.3
2명의 강사가 팀으로 진행하여 수업이 원활하게 진행됨	8	2.3
• 업무/행정 처리 절차 간편	4	1.1
• 기타	13	3.7
만족함	5	1.4
무료로 진행함	4	1.1
(개선 의견)		
• 프로그램 구성/내용	48	13.7
다양한 프로그램 제공했으면 함	22	6.3

7 늘봄학교 교육운영 방향

앞서 제시한 학생 · 학부모 · 교원의 설문 분석 결과[3]를 살펴보고 환류를 통해 정리된 향후 늘봄학교 교육운영 방향을 살펴보면 다음과 같다.

첫째, 아동의 발달과 돌봄의 필요에 대한 이해를 바탕으로 심리 · 정서 지원의 전문성이 필요하다.

둘째, 동일 학급, 학년군에서도 학습자 간 교육경험, 기초능력의 편차가 심하며, 소그룹 협동학습 편성을 증대하고 활발한 또래관계 교류활동 및 협동학습 유도가 필요하다.

셋째, 무선랜 환경이 좋지 않아 디지털 프로그램 운영 시 어려움이 있다.

넷째, 수업 편차를 줄이기 위해 전문분야별 워크숍이 포함된 주기적인 연수 운영이 필수적이다.

다섯째, 학급 담당자의 변경 · 부재 또는 학교 행사/공사 등으로 프로그램 준비물이 분실되는 경우가 있을 수 있다.

여섯째, 가급적 고가의 장비나 기기는 구입하는 대신 임대를 하여 효율적인 예산 사용을 할 수 있도록 최대한 노력해야 한다.

일곱째, 교육 인원과 신청 인원이 매 시간 변경되고 달라지기 때문에 수업 준비물 예측에 어려움이 예상된다.

여덟째, 학생들의 유동이 크므로 수업시간 내 집중도에 대한 고민이 필요하다.

다음으로, 민원 대응 및 학생 안전에 대한 부분 역시 늘봄학교 교육운영에서 매우 중요하다.

첫째, 민원 해소 프로세스(담당자가 직접 연락하여 민원을 해결, 매뉴얼 외 상황은 사업 주관기관에 보고 후 대응해야 한다)를 구축해야 한다.

둘째, 학생 안전 관리(위험 물건 제거, 안정된 학습 분위기 조성, 안전한 귀가 지도 등)가 긴밀하게 협조되어야 한다.

3) 교육부(2024). 2024년 2학기 늘봄 프로그램 운영기관 착수워크숍 자료집.

셋째, 사고 대응책이 매뉴얼로 구성되어야 한다(경미한 상처는 양호실을 이용, 큰 상처는 응급안전 매뉴얼에 따라 대응).

넷째, 돌발상황 대처는 신속하고 정확하게 진행되어야 한다(화장실에 갈래요, 물 마시러 갈래요, 엄마한테 전화할래요. 갑자기 조퇴를 해야 한다는 아이는 학교 담당자와 직접 소통 및 학부모와 직접 소통하기; 문제행동을 하는 아이는 늘봄실무사에게 수시로 상황을 공유하고 소통하기; 출석부 관리 시 학생과 학교의 이름은 매우 중요한 개인정보이므로 특성 및 비고사항 등을 메모하는 경우 특별히 주의하기).

8 늘봄학교 프로그램(문화예술분야)이 학교생활 적응에 미치는 영향분석

1) 연구대상

이 연구는 늘봄학교 문화예술교육 프로그램이 초 1학년 아동의 정서조절과 학교생활 적응에 미치는 영향을 알아보기 위해 늘봄 운영학교(서울 지역 14개교, 인천 지역 3개교)와 늘봄 비운영학교(서울 지역 2개교, 인천 지역 8개교)에 다니는 8세 아동을 연구대상으로 선정하였다. 늘봄 운영학교와 비운영학교에 초 1학년 아동의 정서조절과 학교생활적응 설문 조사를 위한 협조 공문을 통해 학부모의 동의서를 배부하였다. 부모로부터 연구 참여에 대한 동의 의사를 확인한 초 1학년 아동 총 520명(늘봄 운영학교 260명, 늘봄 비운영학교 260명)을 연구대상으로 확정하였다.

표 7-7 | 연구대상의 분포

구분		실험집단(늘봄 운영) 사례 수(백분율)	통제집단(늘봄 비운영) 사례 수(백분율)
성별	남	128(49.2)	140(53.8)
	여	132(50.8)	120(46.2)
	전체	260(100)	260(100)
아동 수	서울	234(76.9)	61(23.5)
	인천	60(23.1)	199(76.5)
	전체	260(100)	260(100)

표 7-8 | 실험집단(늘봄 운영)과 비교집단(늘봄 비운영) 아동 간의 정서지능과 학교적응 동질성 검증

구분		실험집단(n=260)		비교집단(n=260)		t
		M	SD	M	SD	
정서지능	정서인식	6.43	.74	6.40	.67	.49
	정서표현	6.78	1.68	6.73	1.68	.34
	감정이입	6.29	.95	6.30	.93	-.09
	정서조절	9.77	.96	9.73	.93	.37
전체		29.27	2.42	29.16	2.40	.49
학교적응	담임교사에 대한 적응	12.37	2.87	12.40	2.86	-.02
	친구에 대한 적응	11.61	3.03	11.58	3.01	.13
	학교공부에 대한 적응	12.04	2.97	11.99	2.96	.19
	학교규칙에 대한 적응	14.16	2.84	14.19	2.77	-.14
전체		50.18	8.97	50.13	8.80	.06

* $p<.05$, ** $p<.01$, *** $p<.001$

2) 연구도구

(1) 정서지능

이 연구는 문용린(1997)이 Mayer와 Salovey(1990)의 정서지능 도형 입각하여 우리나라의 상황에 맞게 개발한 초등학교 저학년용(1 · 2학년) 정서지능 척도를 이용하여 아동의 정서지능을 측정하였다. 이 척도는 정서인식(5문항), 정서표현(6문항), 감정이입(5문항), 정서조절(6문항) 등 4개 하위영역으로 나뉘어 있고, 총 22문항으로 구성되어 있다. 각 문항은 그렇다(3점), 가끔 그렇다(2점), 그렇지 않다(1점)의 3점 척도로 되어 있고, 점수가 높을수록 정서지능이 높음을 의미한다. 이 연구에서 정서지능 척도의 신뢰도는 전체 Cronbach's α=.91이었고, 하위영역별 Cronbach's α는 정서인식 .79, 정서표현 .84, 감정이입 .65, 정서조절 .77로 나타났다.

(2) 학교생활적응

학교생활적응 검사는 김연숙(1999)의 학교생활적응 검사, 김경숙(1999)의 자아개념과 학교적응간의 상관관계연구, 노지연(2000)의 학교생활적응 검사도구, 민병수(1991)의 학교 생활적응검사를 참고하여 전문가의 조언을 받아 초등학교 1학년에 맞게 재구성한 정수경(2011)의 학교생활적응에 관한 설문지를 사용한다. 학교생활적응 영역은 (1) 담임교사에 대한 적응, (2) 친구에 대한 적응, (3) 학교 공부에 대한 적응, (4) 학교 규칙에 대한 적응 등 4개의 하위영역으로 구분하여 각 영역별로 5문항씩 총 20개의 문항으로 구성되어 있다. 학교생활적응 척도는 4단계 평정척도로 문항의 반응 범주는 거의 '그렇지 않다'에 1점 '조금 그렇다'에 2점, '대체로 그렇다'에 3점, '항상 그렇다'에 4점의 단계로 정하였다. 이 척도상에서 점수가 높다는 것은 학교생활적응도가 높은 것으로 해석될 수 있다. 이 연구에서 학교생활적응 검사의 신뢰도는 전체 Cronbach's α=.97이었고, 하위영역별 Cronbach's α는 담임교사에 대한 적응 .94, 친구에 대한 적응 .91, 학교공부에 대한 적응 .93, 학교규칙에 대한 적응 .89로 나타났다.

3) 연구절차

(1) 문화예술교육 프로그램

이 연구에서는 한국문화예술교육진흥원에서 개발한 초1 맞춤형 문화예술교육 프로그램을 사용하였다(한국문화예술교육진흥원, 2024). 한국문화예술교육진흥원에서의 초1 맞춤형 문화예술교육 프로그램은 다양한 장르의 학교문화예술교육 전문가 협의회를 통해 개발되었다.

문화예술교육 프로그램의 방향성은 다음과 같다. 첫째, 초1 아동발달 특성에 근거하고 2022 초등학교 교육과정과 연계된 프로그램으로 구성하였다. 둘째, 2024년 늘봄학교 전면 확대에 따라 초등학교 1학년을 위한 정서조절 및 학교적응 지원을 도모하도록 구성하였다. 셋째, 초1 맞춤형 문화예술교육 프로그램은 총 14종의 예술 특화 융복합 프로그램(연극기반 융합예술교육, 음악기반 융합예술교육, 미술기반 융합예술교육, 미술치료 융합예술교육, 음악치료 융합예술교육 등)으로 구성하였다. 넷째, 초등학교 1학년 정규수업 후(오후 1시~3시) 운영할 수 있는 초1 맞춤형 프로그램으로 구성하였다. 이 연구에서는 한국문화예술교육진흥원 초1 맞춤형 문화예술교육 프로그램 총 14종 중 10종을 운영한 초등학교 1학년을 대상으로 하였다(〈표 7-9〉 참조).

표 7-9 | 한국문화예술교육진흥원 초1 맞춤형 문화예술교육 프로그램

연번	프로그램명	활동명	정서지능 학교적응 구성요소	문화예술 구성요소
1	콩닥콩닥 학교로 떠나는 신나는 모험!	콩닥콩닥 학교 만나기!/두근두근 친구 만나기!/친구와 함께 떠나는 신나는 학교 탐험/학교에 가면♪ 집에 가면♪/학교에 생긴 내 자리/친구와 만드는 아지트/작아지는 종이섬/마음에도 모양이 있다면?/너하고 나하고!/나로 말할 것 같으면!/친구야 어떤 것이 좋아?/가나다라마사 I /가나다라마사 II/색으로 표현하는 세상/몸으로 표현하는 세상 I /몸으로 표현하는 세상 II/한 팀으로 그려요!/소리와 움직임/소리가 들리는 루브르 박물관/반가운 학교와 친구!	정서이완 관계형성 친구적응 학교적응	연극+미술+음악+무용

2	세상의 모든 리듬	친구들과 인사 나눠요/움직임 속 인사말/초코라테와 함께/빔밤 빔밤/빠께뚬베메/에빼 에빼/씨마마카/오모찌오/에포이 타이 타이에/춤과 친구들 1/하이다 가에루노 우타카/춤과 친구들 2/환영의 노래 풍가 알라피아/조개도 춤을 춰요/오 나의 태양/춤과 친구들 3/오 타히티 라히/리듬과 친구들 1 오뷔사나/리듬과 친구들 2 끼키나우/리듬과 친구들 3 손 마카론	정서표현 정서조절 친구적응 규칙적응	음악+무용 +미술
3	너의 목소리가 들려(그림책 음악놀이터)	괜찮아, 우리 모두 처음이야/표정으로 말해요/친구를 사귀고 싶어/나랑 친구하자/나무처럼/모두모두 안녕/학교 가는 길/무지개 색깔 속 나의 색깔/틀려도 괜찮아/귀가 큰 아이/커다란 순무/도시에 물이 차올라요/내 기분은 어떤 색깔이니?/걱정상자/괜찮아 아저씨/주름 때문이야/나의 두발자전거/세상에서 가장 힘이 센 말/언제까지나 너를 사랑해/티라노 초등학교	정서이해 정서조절 친구적응 교사적응	음악+문학 +미술+무용
4	명화 속 스토리텔링을 통해 화가와 떠나는 상상의 모험!	달항아리 속 이야기로 친구와 인사하기/나는 어떤 색일까?/잘려진 조각들, /너도 나도 소중해!/나는 생명을 가꿔요/쉿! 지금은 조용하게/사막에도 꽃이 피네/동물들에게 직업을 찾아 줄까?/한밤 중 개미요정/자연, 있는 그대로가 아름다워요/으라차차 세워봐요/내가 만든 색에 감정 이름을 붙여 볼까?/학교 가는 길/우리 모두가 빛나는 별이야/우리 가족의/행복 공간은 여기/도장 꽝꽝!/시원한 내 마음/동글동글 그림은/나의 친구/주변을 둘러봐요/기호로 표현한/나의 생각, 응답하라!!/사과로 이어진 우정/우린 달라서 더 멋지지요?	긍정적 자기인식 정서표현 정서이해	미술+문학 +음악
5	학교생활 첫걸음, 예술놀이와 함께해요!	늘 봄처럼/따뜻한 학교/새로운 친구 사귀기/나는 너와 달라/차례를 지켜요/더불어 생활하기/다른 사람 배려하기/시장놀이(PBL)/공부는 왜 하나요?/다시 일어서는 힘/용기/우리나라/가족/가족 구하기(PBL)/태양계/낮과 밤/지구야 괜찮니?/지구 지킴이/장난감 상점(PBL)/소중한 나의 꿈/우리 모두 함께해요	정서표현 정서이해 친구적응 학교적응	미술+음악 +자연물
6	알록달록 자연과 함께 학교에서 놀자!	처음 학교 가는 날/내 이름은/새로운 친구를 만났어요/친구가 궁금해요/친구야 꽃놀이하자/향기를 선물해요/친구들과 함께 떠나는 소풍/보물찾기 지도/미용실 놀이/상처 난 꽃을 치료해요/내 마음의 정원/우리 모두 소중해/지구를 위한 꽃/나무늘보를 위한 나무/우리가 만든 농장/바다생물을 위한 이끼섬/바닷속에 사는 꽃/우주에서 온 꽃 친구/가면무도회/꽃메달 만들기/월계관 만들기	자연물 정서이해 친구적응 학교적응	미술+음악 +자연물

7	숲이 된 교실	모두 반가워!/우리 반 뱃지 만들기/'나'를 만들어요(평면)/'나'를 만들어요(입체)/숟가락 이름표/초록초록 우리반/몸도 마음도 튼튼/채소도 꽃이 될 수 있을까?/멋진 대장!/숲이 된 교실/잎으로 만든 앞치마/나는 숲속 요리사/숲으로 가는 길/내 친구 지구/아름다운 달항아리/나비를 닮은 호접난/공기를 깨끗하게 해 주는 식물/나뭇잎 도장/초록다발/초록초록 사진보관소/월계관 만들기	자연물 정서표현 친구적응 학교적응	미술+음악 +자연물
8	뮤직 프리즘	음악으로 만나기/예술로 만나기 /내가 좋아하는 것/나의 기분/나의 목소리/숨겨진 감정 1/숨겨진 감정 2/나의 음악일기 1/나의 음악일기 2/내일의 음악일기/편안한 것/신나는 것/클래식에서 찾는 자원(내적자원)/노래에서 찾는 자원(외적자원)/나의 레인보우/예술 레인보우/레인보우 목소리/우리의 멜로디/음악 녹음하기/예술발표회	정서표현 정서이해 정서조절 친구적응	음악+미술
9	꽃밭에서	마음으로 만나기/마음으로 표현하기/고요한 마음/신나는 마음/우울한 마음과 친절/실망스러운 마음과 친절/화나는 마음과 친절/모두 다 꽃이야 1/모두 다 꽃이야 2/모두 다 꽃이야 3/꽃밭 가꾸기 1/꽃밭 가꾸기 2/꽃밭 가꾸기 3/행복한 꽃밭/자라는 꽃밭 1/자라는 꽃밭 2/자라는 꽃밭 3/꽃밭 뽐내기/예술물 녹음하기/예술 발표회	정서이해 정서조절 친구적응 학교적응	음악+미술
10	미술로 마음튼튼	프로그램 소개와 구조화/투사진단 실시/미술매체를 통한 감각활성/색으로 표현하는 나의 정서/긍정적인 정서와 부정적인 정서를 통합하기/나의 정서와 감정 연습하기/나의 마음상자/나의 인형과 친구/나와 환경/여러 가지 나의 모습/짝작업을 통한 타인인식/짝작업을 통한 타인인식/미술게임/미술게임/협동화를 통한 대인기술/협동작업을 통한 대인기술/만다라를 통한 역할연습/가면을 통한 역할연습/우리들의 왕국 건설/우리들의 추억과 액자/Hearling Book/투사진단 실시	정서표현, 정서이해 친구적응 담임적응	미술+음악

(2) 문화예술교육 프로그램 적용

① 예술강사 훈련

이 연구의 문화예술교육 프로그램을 효율적으로 운영하기 위해 각 활동을 전개할 때 예술강사가 인지해야 할 유의점에 대해 훈련을 실시하였다. 문화예술교육의 각 프로그램별 예술강사는 2인 1조로 구성되었으며, 총 34명 예술강사(서울인천지역 늘봄 운영학교 17곳)가 훈련에 참여하였다. 모든 예술강사는 예술교육 관련 학과의 석사 · 박사 과정

중에 재학 중이다.

첫째, 각 활동별 목표인 이 프로그램의 목표인 아동의 정서지능과 학교생활적응 증진과 관련이 있다. 따라서 강사는 수업 전에 활동계획안에 제시된 '활동목표'를 명확히 이해한 후 수업 전 과정에서 목표가 자연스럽게 성취될 수 있도록 수업을 전개한다

둘째, 문화예술교육 프로그램은 초1 아동의 발달특성과 교육과정 기준을 토대로 구성되었다. 강사는 아동의 발달수준과 과업에 적절하게 활동계획안에 제시된 초1 아동 발달 특성과 상호작용지도를 충분히 숙지한 후 수업을 진행하도록 한다.

셋째, 예술강사는 자신의 예술적 전문성과 역량을 발휘하여 수업을 전개하도록 한다. 단, 프로그램의 기본 방향과 활동목표에 벗어나지 않은 범위에서 이루어져야 하며, 융합문화예술교육 경험을 제공하기 위해 특정 장르에 너무 치우지지 않도록 한다.

② 사전검사

이 연구의 문화예술교육 프로그램 적용 이전 아동들의 정서지능과 학교생활적응을 측정하고자 2024년 3월 4일부터 22일까지 정서지능과 학교생활적응 설문지를 늘봄 운영학교와 늘봄 비운영학교에 조사하였다. 정서지능검사 설문지와 학교생활적응 설문지는 늘봄 운영학교와 늘봄 비운영학교 담임교사를 통해 부모에게 전달되었으며, 해당 아동의 부모가 평정하도록 하였다. 각 설문지의 소요시간은 10분 내외 소요되었다.

③ 실험처치

실험처치는 2024년 3월 4일부터 7월 19일까지로 해당 기간 동안 실험집단(늘봄 운영학교)을 대상으로 문화예술교육 프로그램을 적용하였다. 문화예술교육 프로그램은 총 20회기로 구성하였으며, 매주 1회기 2차시(40분 수업+10분 휴식+40분 수업)가 진행되었다. 실험집단의 문화예술교육 프로그램은 전문적인 예술강사가 실시하였다. 실험집단 활동안의 구성은 아동의 발달특성에 근거하고 2022 개정 초등학교 교육과정과 연계하여 정서지능과 학교생활적응 증진을 위한 주제와 관련된 음악, 미술, 연극, 무용, 문학 등의 문화예술 영역이 통합적으로 진행되도록 구성하였다.

표 7-10 | 실험집단(늘봄 운영학교)의 문화예술교육 '너의 목소리가 들려' 프로그램 시안의 활동안 목록

차시(시수)	주제	활동내용	예술영역
1-2	 괜찮아, 우리 모두 처음이야	• 절대음감 게임을 통해 서로 소개하며 인사 나누기 • 「요기여기」 동요를 개사하여 학교 공간 소개 및 규칙 정하기 • 클래식 활동: 모차르트 「장난감 교향곡」 1악장 Allegro	문학, 음악
3-4	 표정으로 말해요	• 음악 용어 감정카드를 몸으로 말해요 • 학교 간 작곡가의 표정을 그리고 감정 나눔하기 • 다양한 분위기의 귀에 익숙한 클래식을 소개하고 나의 감정과 매칭하기	문학, 음악, 무용
5-6	 친구를 사귀고 싶어	• 뮤직폰으로 모차르트와 베토벤 친구 만들기 • 모차르트와 베토벤을 통해 인권감수성 향상하기	문학, 음악
7-8	 나랑 친구하자	• 나는 어떤 동물을 할까? • 생상스의 「동물의 사육제」에 나오는 모든 동물 친구들과 친구하기 • 생상스의 「동물의 사육제」 피날레 곡을 통하여 하나가 되기	문학, 음악
9-10	 나무처럼	• 나무처럼 유치원 때의 나와 지금의 나의 달라진 점 • 코다이 계이름 손기호 배우고 표현하기 • '~처럼' '~와 같이' 나의 멋진 뮤직트리 만들기	문학, 음악, 미술

11-12	 모두 모두 안녕!	• 세계의 나라의 인사를 알아보고 세계 인사 동요를 배우기 • 아프리카 시미마카를 배우고 오르프 악기 연주하기	문학, 음악
13-14	 노란 우산	• 악기 하나가 둘이 되고, 둘이 셋이 되고, 그렇게 20거가 될 때 우당탕탕 우리들만의 오케스트라(무선율중심합주)	문학, 음악
15-16	 홍학과 무지개	• 솔페이지 악기 속에서 나의 색깔 찾기 • 나의 소리가 친구들과 화음으로 어울림을 느끼기(선율중심 합주)	문학, 음악
17-18	 틀려도 괜찮아	• 틀린 음악기호 짝꿍 찾기 • 클래식을 개사하여 우리만의 반가를 만들기	문학, 음악
19-20	 귀가 큰 아이	• 요한슈트라우스1세의 〈라데츠키 행진곡〉을 개사하여 부르고 숨은 나의 소리 찾기	문학, 음악

21-22	 커다란 순무	• 컵을 이용한 다양한 활동을 통해 협동심을 기르기(음악용어에 맞게 컵 쌓기, 컵타 활동하기 등)	문학, 음악, 미술
23-24	 도시에 물이 차올라요	• 음악 미션 놀이를 통한 문제해결능력 키우기 • 클래식 음악이 끝나기 전에 미션을 완료해야만 성공	문학, 음악
25-26	 내 기분은 어떤 색깔이니?	• 다양한 음악을 감상하며 색과 선, 모양으로 기분을 표현하기 • 쇤베르크의 달에홀린 피에로, 그리그 페르퀸트모음곡 아침 등	문학, 음악
27-28	 걱정 상자	• 장조와 단조 놀이 • 궁금해 걱정상자 속에 나온 장면들을 통해 • 우리만의 풍선바구니 게임	문학, 음악, 미술
29-30	 괜찮아 아저씨	• 다이나믹놀이 • 음악의 다이나믹 선율을 칸딘스키 추상회화 융합활동 • 나만의 선율 표현들을 전시하여 우리만의 작품을 만들기	문학, 음악, 미술

31-32	 주름 때문이야	• 나만의 멋진 생활악기 만들기 • 합주 속에서 나의 악기가 멋있는 이유는?	문학, 음악
33-34	 나의 두발자전거	• 뮤직 클레이 활동 • 나와 너, 둘만의 두엣 • 멜로디와 반주의 역할을 이해한다.	문학, 음악
35-36	 세상에서 가장 힘이 센 말	• 하이든의 놀람교향곡 작품활동을 하며 fz, sfz를 이해하고 몸으로 표현하기 • 세상에서 가장 힘이 센 소리를 찾기	문학, 음악
37-38	 언제까지나 너를 사랑해	• 사랑이란 주제의 동요, 클래식을 들으며 나만의 무드등을 만들기	문학, 음악
39-40	 티라노 초등학교	• 그동안의 활동했던 사진과 영상자료를 함께 보며 소감 나누기	문학, 음악, 미술

표 7-11 | 실험집단(늘봄 운영학교)의 문화예술교육 '너의 목소리가 들려' 프로그램의 예

활동명	표정으로 배우는 ㄱㄴㄷ	회기	2회기(3, 4차시)
활동유형	대 · 소집단 실내활동	활동소요시간	80분
활동목표	• 표정으로 말해요 활동을 통해 자신의 감정을 표현하고 이해한다. • 표정으로 말해요 활동을 통해 다양한 얼굴표정을 이해하고 표현한다. • 표정으로 말해요 활동을 통해 상황에 적절하게 표현하는 법을 배운다. • 풍선에 얼굴표정을 그려 넣고 파라슈트 활동을 통해 다양한 친구들의 표현을 이해한다.		
구성요소	• 정서지능—정서표현, 정서이해, 정서조절 • 학교생활적응—친구적응, 학교적응 • 융합예술—음악, 미술, 문학		
교수 · 학습 원리	• 흥미원리, 자발성원리, 놀이중심원리, 경험중심원리, 체험중심원리		
교수 · 학습전략	• 낯선 초등학교 환경에서 정서적 안정감과 자신감의 향상을 위하여 적극적 표현이 이루어질 수 있도록 하기 • 탐색과 경험을 공유하고 표현하는 과정에서 예술과 통합되도록 격려하기 • 탐색과 다양한 예술표현 격려하기 • 또래 모델링하기		
활동자료	•『표정으로 배우는 ㄱㄴㄷ』 그림책 또는 ppt, 개별 활동지, 각 자음의 소리와 연관된 음원 파일, 각 자음과 관련된 표정 및 소리를 그림으로 나타낸 예시 자료		
활동교구	• 파라슈트, 화이트보드, 풍선, 스피커, 블루투스 스피커, 미니건반, 보드마카		
사전준비	• 넓은 바닥공간 확보, 이름표, 학생 개별 활동지, 교사가 사용할 예시 자료 그림, 음원 준비		
활동내용	[도입] 1. 규칙 안내 및 라포 형성(자기정서 이완) ① 안전규칙(약속해요) 숙지 ② 교사들이 특별한 인사법을 소개하며 리듬에 맞춰 인사, 및 이름 소개하기 ③ 오늘 배울 그림책 소개 및 그림책 음악 놀이터에서 그림책 찾기 "오늘 그림책에서는 ㄱ, ㄴ, ㄷ 한글들이 재미있고 다양한 표정을 지을 거예요. 이 그림책에서는 소리들이 숨어 있어요. 그림책에 숨어 있는 소리들을 우리 모두 들을 수 있도록 크게 소리내어 볼 거예요." 		

활동내용	[전개] 1. 그림책의 각 자음과 연계된 소리활동 – 기억: "기억하면 웃어요! 깔깔깔~" (기억 음원 재생 후 학생들도 따라 소리 내기) – 니은: "니은 하면 맛있어요. 냠냠냠~" (니은 음원 재생 후 소리 내기) – 디귿: "디귿은 이렇게 코를 골아요. 드르렁~" (디귿 음원 재생 후 소리 내기) – 리을: "리을 하면 흥겨워요. 룰루랄라~" (리을 음원 재생 후 소리 너기) – 미음: "미음 하면 약오르지. 메롱~" (메롱 소리내기 유도) 2. 어떤 자음과 연계된 소리인지 맞추는 게임활동 – 음원을 먼저 재생 후 (방귀소리) 자음 맞추기 ➡ ㅂ – 투덜투덜하는 음원을 먼저 재생 후 자음 맞추기 ➡ ㅌ 3. 다양한 악기 그림들을 짧게 보여 주며 초성 게임 – ㅌ ㅂ ㄹ ➡ 탬버린 – ㅋ ㅅ ㅌ ㄴ ㅊ ➡ 캐스터네츠 4. '학교 간 작곡가'를 소개하고 작곡가 이름 속 초성을 몸으로 표현하기 – 베토벤 ➡ ㅂ 또는 ㅌ을 몸으로 만들어 본다. – 모차르트 ➡ ㅁ 또는 ㅊ 또는 ㄹ 또는 ㅌ을 몸으로 만들어 본다. 5. 나의 감정 표현하고, 타인의 감정 관찰하기 – 모차르트는 오늘의 기분이 어떨까?(「장난감교향곡」 음원을 틀어 준다.). 모차르트의 얼굴에 초성을 이용하여 얼굴표정 그리기(활동지) – 하이든은 오늘의 기분이 어떨까?(「놀람교향곡」 음원을 틀어 준다.) 하이든의 얼굴에 초성을 이용하여 얼굴표정 그리기(활동지) 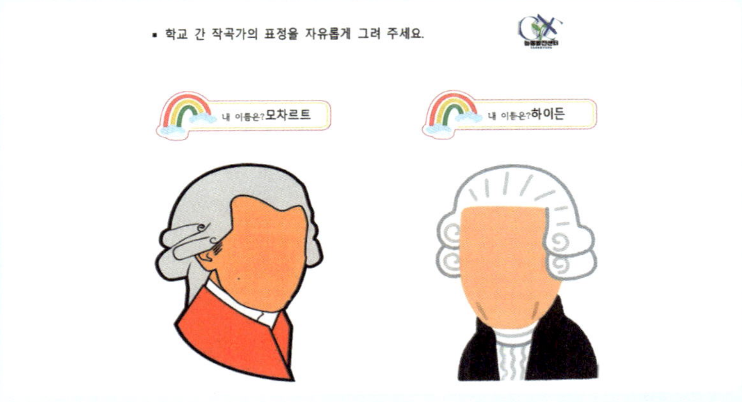

- 베토벤은 오늘의 기분이 어떨까?(「운명교향곡」 음원을 틀어 준다.), 베토벤이 학교에서 예시 그림과 같이 표정을 지은 이유에 대하여 이야기 나눠 본다.

- 나의 이름에 들어간 초성을 이용하여 나의 기분을 화이트보드판에 그려 본다. 화이트보드판에 그린 그림을 그대로 풍선으로 옮겨 그린다.
- 결과물을 발표하며 공감 나누기

6. 신체활동
   - 풍선 위로 던져 박수 한 번 치고 받기, 풍선 위로 던져 제자리돌고 받기 등을 통한 신체 몸 풀기
   - 파라슈트 속에 여러 감정이 담긴 풍선을 담고 비트를 느끼기

	[마무리] 4. 나누기 및 평가 ① 오늘 활동 소감을 자유롭게 나누기 ② 친구에게 칭찬해 주고 싶은 점을 이야기하고 마무리 인사하기
평가내용	• 참여도 평가 ① 아동이 활동에 대한 흥미를 보였는가? ② 아동이 활동의 규칙을 지키며 참여하였는가? ③ 아동이 자신의 신체를 조절하여 활동에 참여하였는가? • 이해력 평가 ① 아동은 그림책 이야기의 내용과 감정을 잘 이해하는가? ② 아동은 음악과 신체활동을 통해 잘 표현하는가? • 상호작용 평가 ① 또래관계의 친밀감 정도는 어떠한가? ② 협동활동에서 아동들의 긍정적인 언어 사용률은 어떠한가? ③ 아동에게 나타난 문제행동이 있었는가? 있다면, 무엇인가? ④ 아동에게 나타난 긍정적인 행동변화는 무엇인가?

④ **사후검사**

이 연구는 실험처치를 마친 후 정서지능검사 설문지와 학교생활적응 설문지를 사전검사와 동일한 방법으로 2024년 7월 1일부터 19일까지 실시하였다.

4) 자료 처리

이 연구는 늘봄학교 문화예술교육 프로그램이 초1 아동의 정서지능과 학교생활적응에 효과가 있는지를 검증하기 위해서 사전검사와 사후검사를 통해 수집된 자료는 SPSS 26.0 통계 프로그램을 사용하여 다음과 같이 분석을 실시하였다. 첫째, 문화예술교육 프로그램 실시 전에 실험집단과 비교집단의 정서지능과 학교생활적응 동질성 검증을 파악하기 위해 독립표본 t 검증을 실시하였다. 둘째, 사전동질성을 확인한 결과, 사전동질성이 확보되었더라고 정확한 효과를 확인하기 위해 사전검사 시 발생한 차이를보정하고 사전검사 결과를 공변인으로 설정하여 통제한 공변량분석(ANCOVA)를 실시하였다.

5) 결과 및 해석

(1) 늘봄학교 문화예술교육 프로그램이 아동의 정서지능에 미치는 효과

늘봄 문화예술교육 프로그램의 적용에 따른 아동의 정서지능에 미치는 효과를 검증하기 위해 실험집단과 비교집단으로 구분하여, 실험집단에는 이 프로그램을 진행하였다. 효과성 검증을 위하여 프로그램 진행 전과 후의 평균, 표준편차 및 조정된 사후점수를 산출하였으며, 사전검사 결과를 공변인으로 설정하여 공변량 분석을 실시하였다. 집단별 정서지능 검사의 사전 · 사후 및 조정된 사후 점수의 결과는 〈표 7-12〉와 같다. 아동의 정서지능 검사 점수의 평균은 이 프로그램에 참여하지 않은 비교집단의 경우, 사전점수의 평균(M=29.16, SD=2.40), 사후점수의 평균(M=43.37, SD=3.32)으로 나타났다. 실험집단은 사전점수의 평균(M=29.27, SD=2.42), 사후점수의 평균(M=61.98, SD=2.92)으로 나타났다. 정서지능 점수의 향상된 정도는 비교집단과 비교하였을 때 실험집단에서 크게 나타났다. 정서지능 검사의 하위요인들 역시 실험집단이 비교집단보다 더욱 높게 나타났다. 정서지능 검사의 하위요소인 정서인식에 대한 검사는 실험집단 사후점수의 평균(M=14.01, SD=1.03)과 비교집단 사후점수의 평균(M=8.94, SD=.96)이며, 감정이입의 실험집단 사후점수의 평균(M=13.59, SD=1.37)과 비교집단 사후점수의 평균(M=9.95, SD=.24)이다. 정서조절 검사는 실험집단 사후점수의 평균(M=20.59, SD=.74)과 비교집단 사후점수의 평균(M=13.95, SD=.63)으로 나타났다. 즉, 모든 하위요인의 정서지능 점수 향상 정도는 비교집단보다는 실험집단에서 더 높게 나타나는 것을 알 수 있다.

표 7-12 | 정서지능의 사후점수와 조정된 사후점수의 평균과 표준편차

구분	집단	N	정서지능 사전 점수		정서지능 사후점수		조정된 정서지능 사후점수	
			M	SD	M	SD	M	SD
정서인식	실험	260	6.43	.74	14.01	1.03	13.95	.17
	비교	260	6.40	.67	10.49	2.69	10.52	.17
정서표현	실험	260	6.78	1.68	13.78	1.41	13.78	.08
	비교	260	6.73	1.67	8.94	.96	8.94	.08

감정이입	실험	260	6.29	.95	13.59	1.37	13.59	.06
	비교	260	6.30	.96	9.98	.24	9.99	.06
정서조절	실험	260	9.77	.96	20.59	.74	20.58	.05
	비교	260	9.73	.93	13.95	.63	12.98	.05
전체	실험	260	29.27	2.42	61.98	2.92	63.27	.88
	비교	260	29.16	2.40	43.37	3.32	42.09	.88

* $p<.05$, ** $p<.01$, *** $p<.001$

〈표 7-13〉에서 보여 주듯이, 사전 정서지능 중 정서인식, 정서표현, 감정이입, 정서조절, 정서지능 전체의 사전 검사 점수를 공변인으로 하여 집단 간 평균을 변량 분석한 결과, 주효과는 정서조절(F=142.88, $p<.001$), 정서표현(F=1973.27, $p<.001$), 감정이입(F=1728.89, $p<.001$), 정서조절(F=5319.17, $p<.001$), 정서지능(F=147.31, $p<.01$)의 요인이 모두 통계적으로 유의미한 차이가 있는 것으로 나타났다.

표 7-13 | 실험집단과 비교집단 간의 정서지능(하위영역) 사후점수에 대한 공분산분석

구분	변산원	제곱합	자유도	평균제곱	F
정서인식	사전점수(공변인)	.36	1	.36	.09
	집단(주효과)	595.84	1	595.34	142.88***
	오차	2156.00	517	4.17	
	합계	81823.73	520		
정서표현	사전점수(공변인)	.01	1	.01	.01
	집단(주효과)	2870.47	1	2870.47	1973.27***
	오차	752.07	517	1.46	
	합계		520		
감정이입	사전점수(공변인)	.81	1	.81	.836
	집단(주효과)	1678.44	1	1678.44	1728.89***
	오차	501.91	517	.97	
	합계	74458.00	520		

정서조절	사전점수(공변인)	.08	1	.08	.16
	집단(주효과)	2534.42	1	2534.42	5319.17***
	오차	161081.00	517	.48	
	합계		520		
전체	사전점수(공변인)	21.81	1	21.81	2.32
	집단(주효과)	1439.55	1	1439.55	147.31***
	오차	5052.37	517	9.77	
	합계	2492895.97	520		

* $p<.05$, ** $p<.01$, *** $p<.001$

(2) 늘봄학교 문화예술교육 프로그램이 아동의 학교생활적응에 미치는 효과

늘봄 문화예술교육 프로그램 적용에 따른 아동의 학교생활적응에 미치는 효과를 검증하기 위해 실험집단과 비교집단으로 구분하여, 실험집단에는 이 프로그램을 진행하였다. 효과성 검증을 위하여 프로그램 진행 전과 후의 평균, 표준편차 및 조정된 사후점수를 산출하였으며, 사전검사 결과를 공변인으로 설정하여 공변량분석을 실시하였다. 집단별 학교생활적응 검사의 사전 · 사후 및 조정된 사후 점수의 결과는 〈표 7-14〉와 같다. 아동의 학교생활적응 검사 점수의 평균은 이 프로그램에 참여하지 않은 비교집단의 경우, 사전점수의 평균(M=50.13, SD=8.80), 사후점수의 평균(M=54.15, SD=5.94)으로 나타났다. 실험집단은 사전점수의 평균(M=50.18, SD=8.97), 사후점수의 평균(M=69.48, SD=8.59)으로 나타났다. 학교생활적응 점수의 향상된 정도는 비교집단과 비교하였을 때, 실험집단에서 크게 나타났다. 학교생활적응 검사의 하위요인들 역시 실험집단이 비교집단 보다 더욱 높게 나타났다. 학교생활적응 검사의 하위요소인 담임교사에 대한 적응 검사는 실험집단 사후점수의 평균(M=17.35, SD=2.09)과 비교집단 사후점수의 평균(M=13.67, SD=1.85)이며, 친구에 대한 적응 검사는 실험집단 사후점수의 평균(M=17.21, SD=2.32)과 비교집단 사후점수의 평균(M=13.40, SD=1.75)이다. 친구에 대한 적응 검사는 실험집단 사후검사의 평균(M=17.21, SD=2.32)과 비교집단 사후검사의 평균(M=13.40, SD=1.75)이며, 학교공부에 대한 적응 검사는 실험집단 사후검사의 평균(M=17.08, SD=2.39), 비교집단 사후검사의 평균(M=12.84, SD=2.22)이며, 학교규칙에 대한 적응 검사는 실험집단 사후검사의 평균(M=17.84, SD=2.38), 비교집단 사후검사의 평균(M=14.25, SD=1.44)로 나타났다. 즉, 모든 하위요인의 학교생활적응 점수 향상 정도는 비교집단보다 실험집단에서 더 높게 나타나는 것을 알 수 있다.

표 7-14 | 학교생활적응의 사전검사, 사후점수와 조정된 사후점수의 평균과 표준편차

구분	집단	N	학교생활적응 사전 점수		학교생활적응 사후점수		조정된 정서지능 사후점수	
			M	SD	M	SD	M	SD
담임교사에 대한 적응	실험	260	12.36	2.87	17.35	2.09	17.34	.14
	비교	260	12.37	2.86	13.67	1.85	13.67	.14
친구에 대한 적응	실험	260	11.61	3.03	17.21	2.32	16.21	.54
	비교	260	11.58	3.01	13.40	1.75	14.41	.54
학교공부에 대한 적응	실험	260	12.04	2.97	17.08	2.39	17.07	.14
	비교	260	12.37	2.96	12.84	2.22	12.85	.14
학교규칙에 대한 적응	실험	260	14.16	2.84	17.84	2.38	17.83	.13
	비교	260	14.19	2.77	14.25	1.44	14.26	.13
전체	실험	260	50.18	8.97	69.48	8.59	69.91	1.04
	비교	260	50.13	8.80	54.15	5.94	53.73	1.04

* $p<.05$, ** $p<.01$, *** $p<.001$

〈표 7-15〉에서 보여 주듯이, 사전 학교생활적응 중 담임교사에 대한 적응, 친구에 대한 적응, 학교공부에 대한 적응, 학교규칙에 대한 적응, 학교생활적응 전체의 사전 검사 점수를 공변인으로 하여 집단 간 평균을 변량 분석한 결과, 주효과는 담임교사에 대한 적응(F=293.08, $p<.001$), 학교공부에 대한 적응(F=434.83, $p<.001$), 학교규칙에 대한 적응(F=1358.36, $p<.001$), 학교생활적응(F=67.66, $p<.01$)의 요인이 모두 통계적으로 유의미한 차이가 있는 것으로 나타났다. 그러나 사전 친구에 대한 적응 변인을 교정한 후 사후 성취수준의 통계적 유의성을 검정한 결과, F=5319.17, $p>.05$로 통계적으로 실험집단과 비교집단 간에 유의한 차이를 나타내고 있지 않다. 따라서 늘봄 문화예술 교육 프로그램이 아동의 친구에 대한 적응을 증진시키는 데 영향을 미치지 않음을 알 수 있다.

표 7-15 | 실험집단과 비교집단 간의 학교생활적응(하위영역) 사후점수에 대한 공분산분석

구분	변산원	제곱합	자유도	평균제곱	F
담임교사에 대한 적응	사전점수(공변인)	.02	1	.02	.004
	집단(주효과)	1267.76	1	1267.76	293.08***
	오차	2236.38	517	4.33	
	합계	129048.00	520		
친구에 대한 적응	사전점수(공변인)	15.76	1	15.76	3.73
	집단(주효과)	12.24	1	12.24	2.89
	오차	2186.58	517	4.23	
	합계	125944.00	520		
학교공부에 대한 적응	사전점수(공변인)	9.57	1	9.57	1.80
	집단(주효과)	2311.35	1	2311.35	434.83***
	오차	2748.11	517	5.32	
	합계	121434.00	520		
학교규칙에 대한 적응	사전점수(공변인)	.37	1	.37	1.00
	집단(주효과)	1391.65	1	1391.65	358.36***
	오차	2007.73	517	3.88	
	합계	137582.00	520		
전체	사전점수(공변인)	11.38	1	11.38	.21
	집단(주효과)	3699.94	1	3699.94	67.66***
	오차	28273.41	517	54.69	
	합계	2046080.00	520		

* $p<.05$, ** $p<.01$, *** $p<.001$

참고문헌

교육부(2017). 안전한 생활 1 초등학교 교사용 지도서.

교육부(2019). 2019 학생정서 · 행동특성검사 및 관리 매뉴얼.

교육부(2022). 초중등학교 교육과정 총론.

남궁선혜(2010). (프로그램 실제 중심의) 방과 후 아동지도. 학지사.

늘봄교실 관련 업무추진(2024). 1학기 늘봄학교 우수모델 시간표 선정(안). 방과후돌봄정책과.

서울특별시(2025). 대학과 함께하는 서울 미래 혁신 성장 기본계획.

한국보건사회연구원(2019). 초등아동 대상의 공적 돌봄서비스 공급체계 분석과 정책 과제 연구.

한국과학창의재단(2024). 2024년 2학기 늘봄 프로그램 운영기관 착수워크숍 자료집.

한유미, 성은현, 권희경, 권정윤, 장혜진, 주안나, 김민재, 심혜진(2024). 늘봄학교 개론. 공동체.

교육부. https://www.moe.go.kr/boardCnts/listRenew.do?boardID=72782&renew=72782&m=0319&s=moe
https://www.moe.go.kr/sub/moeAreaMap.do?m=0319&s=moe&page=72787
https://www.moe.go.kr/sub/moeAreaMap.do?m=0319&s=moe&page=72787

늘봄학교. https://neulbomhub.kosac.re.kr/hmpg/main/main.do

디지털새싹. https://www.xn--2z1bz5tdvbiwlf4j.com/

서울특별시. https://www.seoul.go.kr/news/news_notice.do#view/430303?tr_code=snews

서울특별시 교육청. https://www.sen.go.kr/sen/index.do

한국과학창의재단. https://www.kosac.re.kr/main

한국문화예술교육진흥원. https://www.arte.or.kr/index.do

Chapter 08

초등 사회정서발달 프로그램의 실제

1. 초등 늘봄교실에서의 프로그램 운영과 아동 행동지도
2. 초등학생의 사회정서발달을 위한 문화예술 프로그램 실제

1 초등 늘봄교실에서의 프로그램 운영과 아동 행동지도

초등학교 교육 · 돌봄의 성패는 효과적인 아동 행동지도에 달렸다고 해도 과언은 아니다. 아무리 멋지고 근사한 내용과 교육목표로 구성된 프로그램일지라도 아동의 참여를 이끌어 내지 못하고 낙오하는 아동을 만들어 낸다면 그 프로그램은 실패한 것이다. 따라서 초등학교 교육 · 돌봄의 성공을 위해 교사는 낙오되거나 소외되는 아동이 없도록 프로그램을 구성하며, 준비한 프로그램을 효율적으로 전달 · 실행하고, 실행과정에서 발생하는 문제를 예방 · 대처할 수 있는 능력을 키워야 한다. 개별 아동의 특성을 고려하여 지도하는 것도 중요하다. 대부분의 아동은 교사의 지시에 따르고 기꺼이 활동에 참여하지만 어떤 아동은 기질이나 발달상의 특성, 교육 경험의 차이 등으로 인해 프로그램 참여를 어려워하며 부적응 행동을 보이기도 한다. 이러한 아동들 모두 건강하게 성장 · 발달할 수 있도록 지도하는 것은 교사의 당연한 의무이므로 교사는 개별 아동의 특성을 이해하고 이에 따른 지도법에 대한 연구를 게을리해서는 안 된다. 초등 돌봄교실을 운영하고 아동을 지도할 때 교사가 유의하면 좋을 사항들은 다음과 같다.

1) 규칙을 지키게 하기

안전한 교실운영을 위해 지켜야 할 규칙들에 대해 사전에 명확히 제시해야 하며, 이와 함께 프로그램별로 지켜야 할 사항들이 있다면 이 또한 아이들에게 미리 알려 준다. 초등 고학년이라면 아이들과 함께 교실의 규칙을 정하는 것도 좋다. 규칙이 정해졌으면 이를 시각적으로 보여 주는 게시물로 만들어 모든 아이가 볼 수 있는 곳에 붙여 놓도록 한다. 규칙 위반이 감지되는 상황일 때는 규칙을 환기시켜 주어 규칙위반을 예방하도록 한다. 이때 규칙위반 가능성이 있는 아이 이름을 콕 집어서 "○○야, 규칙 지켜야지!"라고 말하기보다는 전체 아이들을 대상으로 "자, 잠깐 우리 규칙을 다시 보자."라고 상기시켜 주는 것이 좋다. 아이가 이를 듣고 규칙위반 행동을 하지 않으면 교사는 그 아이와 가볍게 눈을 맞추며 살짝 웃어 주는 식으로 긍정적인 피드백을 해 주도록 한다. 규칙을 위반하는 상황이 발생했을 때는 아이를 비난하는 말은 삼가고 규칙과 규칙을 지켜야 하는 이유에 대해 부드럽지만 분명한 어조로 말해 주도록 한다. 규칙을 지키는 것에 어려움을 가진 아이가 규칙을 지켰을 때는 구체적으로 칭찬해 주어야 하며, 자주 규칙을 어기거나 활동참여에 어려움을 가진 아이가 있다면 교사는 그 아이 근처에서 수업을 진행하며 필요할 때 개입하여 도움을 줄 수 있도록 해야 한다. 예를 들어, 자주 자리에서 일어나는 아이가 있다면 교사는 프로그램 진행 중 자연스럽게 그 아이 곁이나 뒤로 다가가 아이의 어깨에 손을 얹고 눈을 맞추거나 질문을 하는 식으로 규칙위반을 사전에 예방할 수 있다.

2) 안정적인 교실환경 조성하기

아이들이 활동에 집중할 수 있도록 깨끗하고 정돈된 교실환경을 유지해야 하며, 부정적 행동을 유발할 수 있는 과도한 자극은 줄여 준다. 이를 위해 교사는 활동에 필요한 자료나 공간 배치를 아이들이 오기 전에 마쳐야 하며, 너무 많은 자료가 노출되지 않도록 주의한다. 자료의 노출이 과하면 아동은 시각적으로 산만해지고 호기심이 높아져 활동에 집중하지 못하게 될 수 있다. 자리배치도 중요한데, 산만하거나 공격적인 아이들끼리 가까이 앉게 하면 충돌이 발생할 수 있으므로 가급적 떨어뜨려 놓아야 한다. 그렇다고 위축된 아이들을 이들 옆에 앉히면 불안이 높아질 수 있으므로 주의한다. 밀도가 높을 때에도 분쟁이 일어나기 쉬우므로 활동 수행에 필요한 적절한 공간을 사전에 계획하는 것도 필요하다.

3) 긍정적이며 융통성 있게 프로그램 운영하기

프로그램을 진행하다 보면 어떤 땐 시간이 모자라기도 하고, 때로는 시간이 남기도 한다. 이런 상황을 고려해 대안을 마련해 두어야 한다. 또한 아이들마다 활동 진행 속도도 다 다르다. 빠르게 수행하는 아이들이 있는가 하면 좀 더 많은 시간을 필요로 하는 아이들도 있다. 이러한 개인차를 고려해 추가활동이나 활동지원 방안을 마련해 두는 것이 좋다. 작업을 빨리 끝낸 아이는 남은 시간 동안 빈둥대거나 다른 아이의 활동을 방해할 수 있으므로 추가적인 작업을 할 수 있게 하거나 집중할 수 있는 일거리나 활동을 주는 게 필요하다. 만일 학급 내의 개인차가 많다면 같은 활동이라도 난이도나 복잡성, 소요되는 시간 등에 차이를 둔 2~3개 버전의 활동으로 나누어 아이들의 특성에 맞게 배분하는 것도 고려해 볼 수 있다. 프로그램이 잘 운영되려면 아이들이 주의집중을 해야 하기 때문에 교사는 아이들을 주목시킬 수 있는 방법에 대해 고민해야 한다. 아이들의 주의를 끌 수 있는 흥미로운 간단한 주의집중 신호나 활동을 마련해 두면 도움이 된다. 또한 아이들이 주의를 잘 기울였을 때 충분히 긍정적인 피드백을 제공해 주는 것도 잊지 않는다.

활동 시 결과보다 과정에 초점을 맞추어 반응하는 것도 중요하다. "잘했다."와 같은 평가적인 칭찬보다 아이들의 활동 자체에 대해 진정한 관심과 흥미를 보여 주도록 하며, 아이들이 도전한 것, 전보다 나아진 것, 노력한 것, 좋은 의도를 갖고 한 것, 그리고 배웠던 것을 실행한 것 등은 놓치지 않고 피드백해 주어야 한다. 교사가 이러한 것들에 주목한다는 것을 알게 되면 아이들은 교사의 기대를 충족시키려는 긍정적 노력을 더욱 많이 하게 될 것이다. 활동을 할 때 아이들 간의 경쟁심을 지나치게 유발하지 않도록 해야 하는데, 특히 모둠별 활동을 할 때 경쟁심이 나타날 가능성이 높으므로 교사는 경쟁보다 협력에 초점을 두어 반응해야 하고, 한 아이가 너무 주도하고 있지는 않은지도 살펴봐야 한다. 모둠활동에서 소외되거나 무시당하는 아이가 없도록 주의를 기울이며 민주적인 절차로 합의하고 문제를 해결할 수 있도록 지도해 준다.

4) 아동들과 긍정적 관계 형성하기

프로그램의 참여도와 성공은 교사와 학생 간의 라포 형성에 달려 있다. 라포 형성을 위해 교사는 아이들의 이름을 숙지하고 "야" "너"가 아닌 아이의 이름을 불러 주며, 눈을 맞추고 아이의 말을 귀 기울이고 긍정적인 표정과 신체동작을 해야 한다. 특히 프로그램 초기에는 어색해하는 아이들이 많을 수 있으므로 친밀감 형성을 위한 간단한 게임이나 활동을 준비하면 좋고, 활달한 아이에게만 집중하는 것이 아니라 소극적이고 수줍어하는 아이들에게도 주목하여 소외받는 아이들이 없도록 한다. 소극적인 아이들은 프로그램 초기에 하는 자기소개 활동에서부터 위축될 수 있으므로 교사가 자기소개의 가이드라인을 제시해 주는 것이 도움이 된다.

5) 개별 아동의 특성 고려하여 지도하기

어떤 아동들은 좀 더 특별한 도움을 필요로 한다. 프로그램이 시작되는 초기 4회기 동안 교사는 학급 내 아동들을 주의 깊게 관찰해 특별한 요구가 있는 아동이 있는지를 파악해야 한다. 그런 아동이 있다면 어떤 활동을 할 때, 누구와 있을 때 문제가 되는 행동이 나타나는지, 문제행동을 촉발하는 요인은 무엇인지, 그리고 아이의 행동에 대한 주변의 반응이나 결과는 어떠했는지 등도 잘 살펴보고 아동에게 도움이 되는 지도전략을 수립해 실행에 옮기도록 한다.

프로그램이 잘 진행되려면 아동들이 교사의 요구와 지시에 적절히 반응해야 하는데, 이를 어려워하는 아동들이 있다. 이러한 어려움은 과잉행동과 충동성, 부주의 등으로 스스로 자신의 감정과 행동을 조절하는 것을 어려워하는 아동, 공격적이거나 지배적인 성향으로 거부적인 태도를 보이는 아동, 그리고 위축되고 자신감이 없거나 새로운 것에 대한 두려움이 많은 아동에게서 종종 나타난다. 이러한 아동들을 지도할 때는 다음과 같은 사항을 고려하는 것이 필요하다.

(1) 과잉행동과 충동성, 부주의한 아동

소위 산만한 아동의 경우에는 오랫동안 한자리에 앉아 있거나 활동을 지속하는 데 어려움을 겪기 때문에 오래 집중해야 하는 작업일 경우에는 교사가 좀 더 개인적인 접촉이나 관심을 보여 주어 활동을 지속할 수 있게 도와주는 게 필요하다. 단조롭고 반복적인 프로그램은 산만한 아이들에게는 어려우므로 쉬운 것과 복잡한 것, 정적인 것과 동적인 것이 교차되도록 프로그램을 구성하여 아이들의 흥미를 유지시키도록 한다. 산만하지는 않더라도 초등 1, 2학년과 같은 저학년 아동들도 주의 지속력이 약하기 때문에 활동 설명이나 작업시간이 너무 길어지지 않도록 조절해야 하며, 적어도 30분에 한 번씩은 가볍게 몸을 움직일 수 있는 활동을 넣어 주는 것이 좋다. 하지만 너무 격한 활동은 아이를 흥분시켜 들뜨게 만들기 때문에 과하지 않는 가벼운 활동이 좋으며, 만일 아이들이 흥분했다면 안정화시킬 수 있는 활동을 한 후 프로그램을 이어 나가도록 한다. 산만한 아이들은 자신이 흥미를 느끼는 부분에는 잘 집중하기 때문에 아이의 관심사를 파악해 유도해 주면 참여를 이끌어 내기 쉽다. 아이가 산만한 행동을 할 것 같을 때는 아이의 주의를 환기시켜 주어 활동 지속을 도와야 하며, 아이가 평소보다 집중을 잘했다고 생각되면 이에 대해 반드시 구체적으로 칭찬해 주도록 한다.

(2) 공격적이거나 지배적인 아동

이러한 아이들은 '힘과 통제에 대한 욕구'가 강한 경우가 대부분으로 자신이 상황을 지배하고 통제하여 '힘' 있는 존재임을 과시하고자 한다. 교사의 지시를 따르지 않는 것도 이러한 힘을 보여 주려는 행동이라 할 수 있다. 아이가 이렇게 행동하면 교사도 이에 대항하여 힘으로 아이를 누르려는 '힘겨루기'의 유혹에 빠지기 쉬운데 이는 오히려 역효과만 불러일으킬 뿐이므로 하지 말아야 한다. 이러한 행동을 하는 아이들은 그동안 대장처럼 행동하는 것에 강화를 받아 왔을 가능성이 높으므로 대장처럼 구는 행동은 무시하고 그렇게 하지 않을 때나 지시를 따르고 협력하거나 배려하는 행동을 할 때 충분한 칭찬과 격려를 해 주도록 한다. 이를 통해 아이는 지배하고 공격적으로 행동하는 것보다 참거나 돕고 배려하는 행동이 더욱 가치 있고 긍정적인 힘을 지닌 것으로 생각할 수 있게 된다. 교사는 이러한 아이들에게 간단한 심부름이나 또래를 돕는 행동을 시켜 스스로를 힘 있는 존재라고 느끼게 해 주는 한편 이러한 이타적 행동의 가치를 강조해 주어 보다 긍정적인 방식으로 자신의 힘을 충족시킬 수 있도록 도와줄 수 있다.

(3) 위축된 아동

위축된 아동은 프로그램 적응을 위해 좀 더 충분한 시간을 가져야 할 필요가 있다. 이러한 아동들은 급하게 재촉하면 더욱 위축될 가능성이 있으므로 활동에 참여하지 않는다고 비난해선 안 되며 그렇다고 해서 아예 관심을 주지 않아서도 안 된다. 보조교사는 아이의 활동을 도와주어 활동의 일부분이라도 참여할 수 있게 격려해 주며, 이 또한 힘들어하면 다른 아이들을 보며 활동에 관심을 갖게 한다. 이때 다른 아이들의 활동에 대해 "잘했다." "못했다."는 식의 평가는 하지 말아야 하고, 흥미 있는 부분에 초점을 맞추어서 말하는 것이 좋다. 아이에게 "재밌겠지? 그치?"라고 묻는 대신 "아, 쟤는 저걸 저기에 붙였네."처럼 아이가 굳이 대답을 할 필요 없게 말하거나 "너라면 어디에 붙이고 싶어?"라는 식으로 물어볼 수 있다. 교사는 위축된 아동과는 비형식적인 접촉 기회를 자주 갖도록 한다. 예를 들어, 아이가 교실에 들어올 때 "신발주머니의 그림이 참 귀엽네. 네가 고른 거야?"와 같이 말을 건네거나 쉬는 시간에 아이 곁으로 다가가 아는 척을 하고 교사 자신에 대한 소소한 이야기를 하는 등 사적인 대화를 나누고 관심을 보여 주면 교사에 대한 친근감이 높아져 점차 활동에 참여하게 된다. 활동에 참여하기 시작하면 처음에는 쉽게 할 수 있는 과제를 제시하여 완수와 성공하는 경험을 갖게 해 주는 데 초점을 두며, 참여 정도에 따라 과제의 질을 높여 주면 된다.

2 초등학생의 사회정서발달을 위한 문화예술 프로그램 실제

1) 연극기반 융합예술교육 프로그램: 콩닥콩닥 학교로 떠나는 신나는 모험!

<table>
<tr><th>프로그램명 1</th><th colspan="3">콩닥콩닥 학교로 떠나는 신나는 모험!</th></tr>
<tr><td>지역</td><td colspan="3">서울, 인천</td></tr>
<tr><td>신청 대상</td><td>1학년</td><td>적정 인원</td><td>20명</td></tr>
<tr><td>차시</td><td>40차시</td><td>운영 횟수</td><td>20회/1회 2차시</td></tr>
<tr><td>프로그램 주제</td><td colspan="3">• 새롭고 낯선 학교 환경에 적응해야 하는 초등 1학년 학습자들의 높아진 긴장과 스트레스를 연극 놀이를 통해 외부로 이끌어 내어 표현하게 함으로써 정서적 이완 및 정서적 안정을 도모한다.
• 연극을 중심으로 한 미술, 건축, 음악 등의 융합예술 활동을 통해 학교생활 적응에 도움이 되는 학교 환경 탐색 및 이해, 자신과 타인의 정서 이해 및 조절, 의사소통 방법, 관계 형성, 협력 활동 등의 요소들을 놀이처럼 경험하고 연습한다.</td></tr>
<tr><td>예술 분야</td><td colspan="3">연극 기반 융합예술교육 (연극+미술+건축+음악)</td></tr>
<tr><td>교육과정 연계</td><td colspan="3">• 2015 개정 교육과정
[2안 01-01] 교실과 특별실에서 활동할 때 질서를 지켜 안전하게 생활한다.
[2안 01-03] 운동장이나 놀이터에서 위험 요인을 알고 안전하게 놀이한다.
[2즐01-01] 친구와 친해질 수 있는 놀이를 한다.
[2즐01-02] 다양한 방법으로 교실을 꾸민다.
[2즐01-03] 나의 몸을 창의적으로 표현하고, 활발하게 움직일 수 있는 놀이를 한다.
• 2022 개정 교육과정
[2즐01-02] 놀이하며 내 몸의 움직임이나 감각을 느낀다.</td></tr>
</table>

기획의도	• 연극 중심 미술 · 건축 · 음악 등의 융합예술 활동을 통해 정서적 안정 및 의사소통 능력, 또래 유능성 등의 향상을 통해 학교생활에 대한 적응능력을 증진시킨다. • 과정중심의 문화예술교육으로 또래관계 형성, 정서적 이완, 또래협력 등을 경험하며 정서조절능력을 키운다.
교육목표	• 이 연령기에 필요한 언어 표현 방법과 감정 및 의사 전달 표현 방법을 연극 놀이를 통해 익힐 수 있다. • 타인과 함께할 때 필요한 마음가짐과 몸가짐에 대한 개념을 알고 체험하며 학교생활에 적응을 도모할 수 있다. • 친구들과의 협력활동을 통해 학교생활 적응에 필요한 협동력 및 문제해결능력을 증진할 수 있다. • 친구들과 함께 다양한 예술을 놀이로서 체험하면서 정서적 안정을 도모하고 창의적인 발상, 창의적 표현을 할 수 있다.

전체 커리큘럼		
차시	주제	활동내용
1-2	**콩닥콩닥 학교 만나기!** : 놀이 활동을 통한 학교 환경 인식 및 규칙 적응	• 연극 놀이와 게임으로 친구들과 함께 소개하고 인사하기 • 학교에서 함께 지킬 수 있는 약속을 만들기
3-4	**두근두근 친구 만나기!** : 짝, 모둠활동을 통한 타인 인식	• 연극 놀이를 통해 몸과 마음을 이완하고 친구들과 함께 어울리며 친해지기
5-6	**친구와 함께 떠나는 신나는 학교 탐험** : 놀이 활동을 통한 학교 환경 적응, 타인 인식 및 대인기술 학습	• 학교 공간(운동장, 놀이터, 특별실 등)을 탐색하고 위험요인을 알고 안전을 위한 약속과 규칙을 정하고 놀아보기 • 다양한 학교 공간을 탐색하고 친구와 팀이 되어 학교 공간에 숨겨진 보물찾기
7-8	**학교에 가면♪ 집에 가면♪** : 모둠활동을 통한 타인 인식 및 또래 간 즐거운 소통	• 학교와 집, 각각의 장소에서 내가 할 수 있는 것들에 대해 알아보고 미션 수행하기
9-10	**학교에 생긴 내 자리** : 만들기와 꾸미기 활동을 통한 자기표현 및 학교생활 적응	• 다양한 재료와 방법으로 교실 안 내 자리를 꾸미고 친구들에게 소개하기 • 서로의 자리를 지켜 줄 수 있는 약속 만들기

11-12	**친구와 만드는 아지트** : 협력 창작활동을 통한 대인기술 학습 및 학교 환경 적응, 문제해결 연습	• 택배상자와 자연물, 나무재료, 재활용 재료를 활용하여 친구들과 함께 학교 공간(운동장, 놀이터, 교실 등) 내에 아지트를 만들고 친구들을 초대하여 소개하기
13-14	**작아지는 종이섬** : 협력활동, 창작활동을 통한 또래 간 즐거운 소통 및 문제해결 연습	• 친구들과 함께 어울리며 의견을 나누고 협력하는 방법 배우기 • 주제에 맞게 창의적인 생각을 신문지로 만들고 표현하기
15-16	**마음에도 모양이 있다면?** : 그리기, 움직임 활동을 통한 자기 인식 및 정서표현	• 다양한 마음(감정)에 대해 탐색하고 색과 그리기로 표현하기 • 내 마음, 내 생각과 같은 그림을 찾아 친구들에게 실감 나게 몸으로 표현하고 서로 맞추어 보기
17-18	**너하고 나하고!** : 감각활동을 통한 자신과 타인의 정서 들여다보기 및 문제해결 연습	• 다양한 시각적 이미지를 관찰하고 몸을 활용하여 표현하고 맞추기
19-20	**나로 말할 것 같으면!** : 자신의 긍정 · 부정의 정서 받아들이기	• 활동지를 통해 나를 소개하는 시간을 갖고 자아의 개념을 이해하기
21-22	**친구야 어떤 것이 좋아?** : 자신과 타인의 정서조절하기	• 친구와 함께 서로의 모습 그림으로 그리기, 인터뷰하기, 소개하기를 통해 나와 친구에 대해 알아가기
23-24	**가나다라마사 I** : 언어적 표현활동을 통한 자기표현과 학교생활 적응	• 연극 놀이 활동 통한 읽기, 쓰기, 말하기, 적절한 감정 표현하기
25-26	**가나다라마사 II** : 언어적 표현활동을 통한 자기표현과 학교생활 적응	• 연극 놀이 활동 통한 읽기, 쓰기, 말하기, 적절한 감정 표현하기
27-28	**색으로 표현하는 세상** : 미술 활동을 통한 자기표현	• 아름다운 색을 가지고 있는 자연, 동물, 사물에 대해 생각을 나누고 플레이 콘으로 만들고 전시 및 소개하기
29-30	**몸으로 표현하는 세상 I** : 비언어적 활동을 통한 자기표현	• 나의 몸을 이용해 창의적으로 표현하고, 활발하게 움직일 수 있는 놀이하기
31-32	**몸으로 표현하는 세상 II** : 비언어적 활동을 통한 자기표현	• 나의 몸을 이용해 창의적으로 표현하고, 활발하게 움직일 수 있는 놀이하기

33-34	**한 팀으로 그려요!** : 미술 협력 활동을 통한 또래 간 즐거운 소통	• 친구들과 모둠을 이루고 주제 맞는 그림을 이어 그리고 다른 팀과 맞추기 게임하기
35-36	**소리와 움직임** : 언어적 · 비언어적 활동을 통한 자기 정서 표현	• 다양한 소리와 함께하는 놀이를 하며 내 몸의 움직임이나 감각을 느끼기
37-38	**소리가 들리는 루브르 박물관** : 감각 · 움직임 활동을 통한 자기 표현	• 다양한 청각적 음향효과를 활용하여 청각을 자극하고 이를 활용하여 창의적인 즉흥극을 만들고 발표하기
39-40	**반가운 학교와 친구!** : 예술 체험과 감상을 통한 학교생활 적응 및 또래 간 즐거운 소통	• 사진과 영상 자료를 함께 보며 그간의 연극 놀이 활동들을 되돌아보고 친구들과 본인의 모습 중 인상 깊었던 점, 변화된 점, 좋았던 점들을 이야기하고 칭찬하기

안내 사항

- 책상은 칠판을 중심으로 대형으로 책상과 의자를 배치한다.
- 강의 자료는 필요에 따라 ppt를 사용한다.
- 다양한 신체 활동을 위해 마루바닥인 교실과 일반교실을 사용한다.

2) 음악기반 융합예술교육 프로그램: 세상의 모든 리듬

프로그램명 4	세상의 모든 리듬		
지역	서울, 인천		
신청 대상	1학년	적정 인원	20명(한 학급)
차시	40차시	운영 횟수	20회/1회 2차시
프로그램 주제	• 다른 나라 동요를 다양한 놀이로 통합적으로 배우며 경험하기 • 음악을 통해 또래 및 교사와 원활히 소통하고 감정과 정서를 창의적으로 표현하며 아름다움을 느끼기		
예술 분야	음악기반 융합예술교육(음악+미술+무용)		
교육과정 연계	[2즐01-02] 놀이하며 내 몸의 움직임이나 감각을 느낀다. [2즐02-03] 다른 나라의 문화예술을 체험한다. [2즐04-02] 자유롭게 상상하며 놀이한다.		
기획의도	• 음악기반 융합예술교육(음악+무용+미술)으로 공감, 사회적 기술, 또래협력, 정서조절 등을 통해 학교생활 적응능력을 키운다. • 다양한 문화권의 통합적 음악활동을 통해 자신 및 타인에 대한 정서이해를 증진시키며, 또래 간의 소통 및 협력을 강화시킨다. • 다른 나라의 놀이, 노래 등을 접하며 다문화교육과 연계하여 세계시민교육과 문화를 존중하고 음악을 통해 신체움직임(신체협응력 등), 음악적 표현력 및 창의성을 증진시킨다.		
교육목표	• 심동적 목표(행동): 친구들과 다른 나라 동요를 부르고 춤추고 연주하며 창의적으로 표현할 수 있다. • 인지적 목표(생각): 친구들과 서로 어울리며 문화예술을 향유할 수 있다. • 심미적 목표(예술성): 음악과 다른 나라의 문화예술에 관심, 호기심을 갖고 공동체성, 창의성을 신장할 수 있다.		

전체 커리큘럼		
차시	주제	활동내용
1-2	친구들과 인사 나눠요	• 이름 리듬 게임하기(나 소개하기, 친구 이름 알기)
3-4	움직임 속 인사말	• 덴마크 'Seven Jump' 신체 동작 축척 놀이하기 • 음악을 통해 세계 여러 나라의 인사말 알기
5-6	초코라테와 함께	• 아메리카 멕시코 '초코라테' 친구와 손놀이하기 • 칠레 '바테 바테 초코라테' 친구와 손놀이하기

7-8	빔밤 빔밤	• 아메리카 미국 '빔밤' 손놀이하기 • '빔밤' 친구들과 함께 고무줄 놀이하기
9-10	빠께뚬베메	• 고무줄로 다양한 도형 만들기(탐색 활동, 융합 활동) • 유럽 스페인 '빠께뚬베메' 손놀이하기(친구-전체)
11-12	에뻬 에뻬	• 가나 '에뻬 에뻬' 돌멩이 전달 놀이하기(말리듬 놀이, 친구와 리듬 주고받기, 컵타 등) • 우리 주변의 소리로 리듬 주고 받기(탐색, 모둠창작활동)
13-14	씨마마카	• 탄자니아 '씨마마카' 노래, 춤, 악기 연주하기 • '씨마마카' 의자 빼기 놀이하기(술래는 반주로 함께하기)
15-16	오모찌오	• 일본 '오모찌오' 친구와 손놀이하기 • 모둠별 말리듬 창작, 간단한 리듬 반주하기
17-18	에포이 타이 타이 에	• 뉴질랜드 '에포이 타이 타이 에' 신체타악기 연주하기 • 노래 부르며 리듬막대 놀이하기(도전하며 창작하기)
19-20	춤과 친구들 1	• 독일 '동무들아 오너라' 춤추기(4인 1조, 협력 활동) • 덴마크 '나를 데려가 주세요' 춤추기(2인 1조, 협력 활동)
21-22	하이다 가에루노 우타카	• 이스라엘 '하이다' 노래 부르기, 춤추기 • 일본 '가에루노 우타카' 함께 노래 부르고 연주하기
23-24	춤과 친구들 2	• 러시아 포크댄스 춤추기, 친구와 만나 인사 나누기 • 스위스 동요 부르기, 콩 주머니 전달 놀이하기
25-26	환영의 노래 풍가 알라피아	• 서부 아프리카 '풍가 알라피아' 노래 부르기(환영가) • 신체 움직임(춤), 악기 연주하기, 모두 함께 발표하기
27-28	조개도 춤을 춰요	• 하와이 'Pu pu' 노래 부르기, 조개 춤추기, 악기 연주하기
29-30	오 나의 태양	• 멕시코 '코네쉬 팔레쉔' 노래 부르기, 춤, 악기 연주하기 • 태양신 만들기(마야 문명)
31-32	춤과 친구들 3	• 뉴질랜드 '에파파 와이아리' 노래 부르기(마오리족) • 친구와 막대놀이하기(티티토레아) 또는 컵타 연주하기
33-34	오 타히티 라히	• 타히티 '오 타이티 라히' 노래 부르기, 악기 연주하기 • 친구와 막대 춤추기 · 종이컵 리듬패턴 놀이하기(창작)
35-36	리듬과 친구들 1 오뷔사나	• 가나 '오뷔사나' 노래 부르기 • 전달 놀이하기(일정박, 콩 주머니, 막대 전달하기 등) • 자연물로 말리듬 놀이하기(탐색, 리듬 창작)
37-38	리듬과 친구들 2 피키나우	• 잠비아 '피키 나우' 노래 부르기, 함께 모여 손놀이하기 • 악기 연주하기(간단한 리듬 반주 창작하기, 무선율악기 등)
39-40	리듬과 친구들 3 손 마카론	• 구 유고슬라비아의 노래 'Son Macaron' 노래 · 연주하기

안내 사항

• 책상은 벽에 붙이고 큰 원대형으로 의자를 배치한다. 필요에 따라서 ppt를 사용한다.
• 다양한 신체 움직임을 위해 마루바닥 또는 무용실 또는 일반교실을 사용한다.

3) 미술기반 융합예술교육 프로그램: 명화 속 스토리텔링을 통해 화가와 떠나는 상상의 모험

프로그램명 6	명화 속 스토리텔링을 통해 화가와 떠나는 상상의 모험!		
지역	서울, 인천		
신청 대상	1학년	적정 인원	20명
차시	40차시	운영 횟수	20회/1회 2차시
프로그램 주제	• 화가의 긍정적 정서작용을 주제 중심으로 구성한 스토리텔링 속에서 자신과 타인에 대한 정서 이해와 긍정적 자기인식을 위한 감정 표현하기 • 감상시간과 협동작품 활동을 통해 타인을 인식하고 규칙 속에서 교우관계 기술을 증진시켜 학교적응력 향상을 도모하기 • 다양한 미술 매체를 활용한 상상력의 표현활동으로 자신의 내면 표현하기		
예술 분야	미술 기반 융합예술교육(미술+문학)		
교육과정 연계	[2국05-02] 인물의 모습, 행동, 마음을 상상하며 그림책, 시나 노래, 이야기를 감상한다. [2국05-01] 느낌과 분위기를 살려 그림책, 시나 노래, 짧은 이야기를 들려주거나 듣는다. [2즐07-03] 다른 나라의 문화를 나타내는 작품을 전시 · 공연하고 감상한다. [2바03-02] 가족의 형태와 문화가 다양함을 알고 존중한다. [2즐03-01] 가족 구성원이 하는 역할을 고려하여 고마운 마음을 작품으로 표현한다. [2국01-05] 말하는 이와 말의 내용에 집중하여 듣는다. [2국01-01] 상황에 어울리는 인사말을 주고받는다. [2즐02-01] 봄의 모습과 느낌을 창의적으로 표현한다. [2즐02-03] 봄에 볼 수 있는 동식물을 다양하게 표현한다.		
기획의도	• 스토리텔링을 기반으로 한 다양한 시대와 문화권 속 화가의 삶을 접하고 자신이 경험하지 않은 환경의 간접 경험을 통해 타인에 대한 감정이입, 공감, 소통함으로써 상황에 맞게 정서를 표현하고 조절하는 능력을 키운다. • 또래와 함께하는 협력활동과 감상 시간을 통해 또래관계, 규칙 준수, 학교행사 등 학교의 제반 조건을 효과적으로 수용하도록 하여 학교생활 적응능력을 증진시킨다.		
교육목표	• 스토리텔링과 질문 속에서 타인을 인식하고 친구를 이해하며 협동작업을 통해 규칙을 따르며 학교생활 적응하기(행동)를 할 수 있다. • 다양한 미술 활동 속에서 정서적 행복감과 자신감의 향상으로 학교에 대한 긍정적 태도를 갖기(생각)를 도전할 수 있다. • 그림 감상으로 심미적 발달과 예술을 통한 자기 내면 표현하기(예술성)를 할 수 있다.		

전체 커리큘럼		
차시	주제	활동내용
1-2	달항아리 속 이야기로 친구와 인사하기	[강준영] 스토리텔링 및 감상과 질문 • 달 항아리로 나에 대해 소개하기 • 드로잉 게임으로 친구들과 인사하며 적응하기
3-4	나는 어떤 색일까?	[베르나르 뷔페] 스토리텔링 및 감상과 질문 • 먹지를 활용하여 나의 긍정의 색을 찾아보기
5-6	잘려진 조각들, 너도 나도 소중해!	[앙리 마티스] 스토리텔링 및 감상과 질문 • 색종이로 오리고 붙여 자연 속에서 발견하는 상상의 나래 펼치기
7-8	나는 생명을 가꿔요	[조나스 우드] 스토리텔링 및 감상과 질문 • 진귀한 식물을 관찰하고 내가 꾸민 화분에 식물을 심어 집에서 길러 보기
9-10	쉿! 지금은 조용하게	[조르조 모란디] 스토리텔링 및 감상과 질문 • 사물을 고요히 탐색하기 • 내가 구성한 것을 PET 병에 컬러링하여 작품 표현하기
11-12	사막에도 꽃이 피네	[우고 론디노네] 스토리텔링 및 감상과 질문 • 오르골을 활용하여 내 마음속 일곱 개의 보석을 쌓기
13-14	동물들에게 직업을 찾아 줄까?	[야고 파탈] 스토리텔링 및 감상과 질문 • 작품 속 동물들의 성격과 직업 나이를 부여해 주며 콜라주로 표현하기
15-16	한밤중 개미요정	[신선미] 스토리텔링 및 감상과 질문 • 블록처럼 쌓는 동양화 채색기법으르 고마운 장면 표현하기
17-18	자연, 있는 그대로가 아름다워요	[나난] 스토리텔링 및 감상과 질문 • 다양한 꽃을 탐색하고 드로잉하기 • 시들지 않는 꽃다발을 만들어 사랑하는 사람에게 선물하기(어버이날)
19-20	으라차차 세워 봐요	[안토니 가우디] 스토리텔링 및 감상과 질문 • 친구와 협동하여 건축물 만들기
21-22	내가 만든 색에 감정 이름을 붙여 볼까?	[몬드리안] 스토리텔링 및 감상과 질문 • 색종이 오리기와 종이상자를 활용한 찍기 기법을 통해 내가 만든 색에 감정 이름 붙여 보기

23-24	학교 가는 길	[이왈종] 스토리텔링 및 감상과 질문 • 제주 자연 속에서 피어나는 꽃과 나의 친구를 점토로 표현하기
25-26	우리 모두가 빛나는 별이야	[빈센트 반 고흐] 스토리텔링 및 감상과 질문 • 핸디코트 반죽으로 감정의 해방감 속에서 그림 그리기
27-28	우리 가족의 행복 공간은 여기!	[칼 라르손] 스토리텔링 및 감상과 질문 • 가정의 따뜻함과 행복감을 표현한 라르손의 그림을 감상하며 우리 가족의 행복한 공간을 드로잉과 콜라주로 디자인하기
29-30	도장 쾅쾅! 시원한 내 마음	[쥬세페 아르침볼도] 스토리텔링 및 감상과 질문 • 과일과 채소로 인물화 표현하기 • 채소 찍기로 나의 에코백 디자인하기
31-32	동글동글 그림은 나의 친구	[쿠사마 야요이] 스토리텔링 및 감상과 질문 • 야요이 유년 시절의 이야기로 바라보는 호박작품과 동그라미 패턴, 나의 동그라미는 어떤 느낌인지 우산 만들기
33-34	주변을 둘러봐요	[장욱진] 스토리텔링 및 감상과 질문 • 소박한 일상에서 따뜻함과 행복을 발견하고 거친 질감 위에 채색하기
35-36	기호로 표현한 나의 생각, 응답하라!!	[칸딘스키] 스토리텔링 및 감상과 질문 • 먹으로 표현하는 상징과 기호 드로잉, 상상의 기호로 투명한 모빌 만들기
37-38	사과로 이어진 우정	[폴 세잔] 스토리텔링 및 감상과 질문 • 스크래치 기법을 활용하여 테이블 위 사과 정물화 그리기
39-40	우린 달라서 더 멋지지요?	[파블로 피카소] 스토리텔링 및 감상과 질문 • 큐비즘 작품을 감상하고 각기 다른 친구와 나의 얼굴을 탐색하며 캔버스에 다양한 재료를 활용하여 아크릴로 자화상 그리기

활동 사진

안내 사항

• 미술실에서 운영 가능 여부, 혹은 미술재료 정리 공간과 결과물 건조, 전시할 수 공간 확보/프로젝트 혹은 패널 설치 유무 확인/근접한 수도시설 유무 확인

4) 생태기반 융합예술교육 프로그램: 알록달록 자연과 함께 학교에서 놀자!

프로그램명 8	알록달록 자연과 함께 학교에서 놀자!		
지역	서울, 인천		
신청 대상	1학년	적정 인원	20명
차시	40차시	운영 횟수	20회/1회 2차시
프로그램 주제	• 자연물을 활용한 다양한 미술 프로그램 활동을 통해 자신과 타인의 정서 이해 및 조절, 상호 존중과 협력을 통해 사회 속의 자신에 대해 생각하고 타인과 관계 맺는 방법을 습득하여 새롭고 낯선 입학 초기의 학교생활 적응을 돕는다. • 감각적인 자연물을 실물재료로 하여 아동을 자연스럽게 미술놀이로 유도하며 아동이 본래 가지고 있는 힘과 능력을 스스로 발휘하고 깨우칠 수 있도록 기다리고 돕는다.		
예술 분야	생태예술기반 융합예술교육		
교육과정 연계	• 2022 개정 교육과정 [2바01-04] 생태환경에서 더불어 살기 위해 노력한다. '생태환경'은 자연, 사람을 포함한 생명체들이 더불어 살아갈 수 있는 환경을 의미한다. 이 성취기준에서는 이를 위한 여러 가지 방법을 알고 알아낸 것을 소통하며 서로 공감하고 실천하는 활동들을 포함한다.		
기획의도	• 생태예술기반 융합예술교육을 통해 자연물과 다양한 시각자료를 함께 경험하며 자기정서에 대한 이해력을 높이고 표현의 다양성을 증진시킨다. • 다양한 생태환경 체험을 통해 정서조절능력과 친구, 담임교사 및 학교규칙 등에 대한 적응능력을 키운다.		
교육목표	• 자연물을 탐색하고 표현, 표상하며 다른 분야와 융합하는 활동을 통해 정서조절능력을 기를 수 있다. • 다양한 협동작업을 통해 타인과 상호 존중하고 사회 속의 나를 발견하며 타인과 관계 맺는 방법을 습득하여 성공적인 학교생활에 적응을 할 수 있다.		

전체 커리큘럼		
차시	주제	활동내용
1-2	처음 학교가는 날	• 학교에 처음 가는 날 나의 기분 이야기 나누기 • 자연물로 새로운 시작과 도전을 응원하는 응원봉 만들기

3-4	내 이름은	• 다양한 꽃을 탐색하고 자연물로 이름표 만들기 • 친구들에게 나의 이름표를 소개하기
5-6	새로운 친구를 만났어요	• 친구들과 같은 점 다른 점을 찾아보기 • 다양한 꽃의 형태, 색, 질감 등을 탐색하며 서로 다른 꽃을 조화롭게 연출할 수 있는지 알아보기 • 서로 다른 꽃을 조화롭게 구성해 가방에 담아 완성하기
7-8	친구가 궁금해요	• 질문지 뽑기 놀이를 통해 친구들과 서로 궁금한 것 질문하기(좋아하는 음식, 좋아하는 놀이, 좋아하는 캐릭터 등) • 꽃을 뜯어 보기도 하고 잘라 보기도 하며 보이지 않는 부분까지 관찰하기 • 관찰한 것을 꽃잎에 그림 그리기
9-10	친구야 꽃놀이하자	• 그림책을 읽고 민들레 그리기 • 교실 곳곳에 준비된 자연 재료들을 돌아다니며 바구니에 담고 화관 만들기
11-12	향기를 선물해요	• 다양한 꽃들의 향기를 탐색하고 느낌과 서로 다른 점 이야기 나누기 • 향기를 전하는 선물 포장지를 디자인하기
13-14	친구들과 함께 떠나는 소풍	• 그림책을 읽고 즐거웠던 소풍 경험 이야기 나누기 • 친구와 함께 가는 소풍을 준비하며 자연물로 도시락 만들기
15-16	보물찾기 지도	• 준비된 자연물을 탐색하고 한 가지 자연물을 정해 보석처럼 꾸며 주기 • 내가 만든 보석을 숨기고 친구들이 찾을 수 있도록 지도 그리기
17-18	미용실 놀이	• 머리카락처럼 얇고 긴 자연물 소재들을 관찰하기 • 종이컵에 소재를 붙이고 얼굴을 그려 손님 만들기 • 고무줄, 집게, 핀 등으로 독창적으로 머리를 꾸며 즐겁게 미용실 놀이하기
19-20	상처 난 꽃을 치료해요	• 상처 나거나 찢어진 꽃에 대해 이야기 나누기 • 아크릴물감과 반짝이 가루로 꽃을 치료해 주기
21-22	내 마음의 정원	• 그림책을 읽고 다양한 감정 단어를 알아보기 • 내 마음의 정원을 꾸며 보고 나의 감정을 카드에 적어 완성하기
23-24	우리 모두 소중해	• 그림책을 읽고 씨앗에 대해 이야기 나누기 • 주인공 데이지꽃으로 꽃다발을 만들고 씨앗과 데이지꽃의 형태를 응용해 포장지 디자인하기

5) 기후기반 융합예술교육 프로그램: 오늘은 나도 예술가

<table>
<tr><th>프로그램명</th><th colspan="3">오늘은 나도 예술가</th></tr>
<tr><td>차시</td><td>40차시(일 2시간)
1차시 = 40분</td><td>참여 인원</td><td>학급당 20명</td></tr>
<tr><td>프로그램 내용 방향</td><td colspan="3">자기표현 → 친구감정 이해 → 규범인식 → 감정조절 → 또래 간 긍정적 상호작용 → 학교생활 적응 및 만족</td></tr>
<tr><td>기획의도</td><td colspan="3">• 미술로 감성을 채우고 자신의 마음 속 이야기를 미술작품으로 표현할 수 있다.
• 미술활동을 통해 실천 방법을 알아 갈 수 있다.
• 다양한 조형 활동과 미술표현기법을 활용하여 어린이들이 스스로 만드는 것의 즐거움을 알아 갈 수 있다.</td></tr>
<tr><td>프로그램 설계과정</td><td colspan="3"><미적 교육 워크숍의 설계 과정>
인트로 — 예술작품 감상 — 창작활동 — 창작작품 감상하기</td></tr>
<tr><td>교육목표</td><td colspan="3">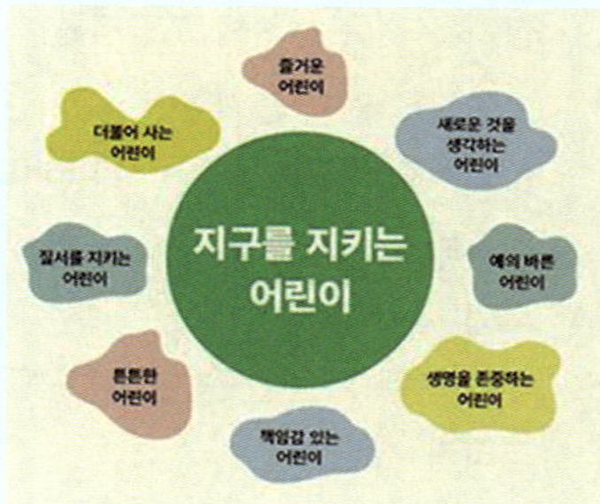

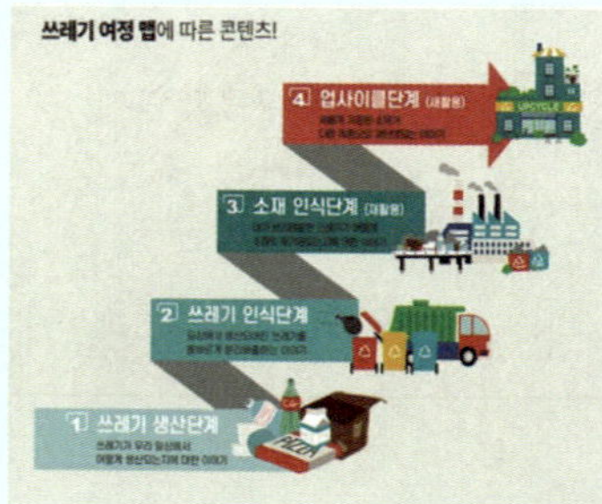

<상상력 교육을 위한 역량>
심도 깊은 관찰 — 놀이를 통한 표현 — 연관성 형성하기 — 직접 표현해 보기, 창작 — 깊게 생각하기
• 교실에서 다양한 미술매체 및 물성을 사용할 수 있으며, PPT 및 우수한 프로그램으로 개발된 시청각 자료 등을 활용할 수 있도록 제반 시설이 필요하다.
• 초등 2학년 학생들의 속도와 차시 난이도에 따른 학습 대상자들의 수업 진행 밸런스를 교강사들의 교육적 전문성을 통해 조절할 수 있다.</td></tr>
</table>

전체 커리큘럼			
차시	주제	활동내용	
1-2	여행을 떠나요	• 13개의 나라별 재미있는 업사이클 이야기 알아보기 • 내가 모르던 나라의 국기 디자인 탐색하기 • 국기 디자인을 해 보고, 여행 가방 완성하기	
3-4	네모세상 이야기	• 사각형을 활용한 팝업 연상 드로잉 • 4페이지로 구성된 나만의 포트폴리오 만들기	
5-6	멸종위기동물을 돌봐 줘	• 멸종위기동물을 알아보기 • 업사이클 가죽으로 동물모양 가죽키링 만들기	
7-8	자연 속 공생관계	• 수채화의 물 번짐 체험하기 • 물감의 농도를 조절하며 번짐 효과를 극대화 시켜 신비로운 하늘빛 표현하기	
9-10	뚝딱 뚝딱! 변해라 우리집	• 미래의 건축가가 되어 내가 살고 싶은 집을 상상하여 팝업북 만들기 • 옵아트 작품 감상하기	
11-12	애플리케이션 아이콘	• 디자인하고 싶은 애플리케이션을 한눈에 기능을 알 수 있도록 아이콘 디자인하기 • 아이콘(icon) 그림은 그리스어로 작은 픽토그램(pictogram)을 의미하며, 문자를 몰라도 누구나 의미를 알 수 있게 하는 그림문자임	
13-14	업사이클 펜 케이스	• 스플리트 가죽을 활용한 펜케이스 만들기	

15-16	바나나의 여행	• 바나나의 유통경로 알아보기 • 클레이로 바나나를 만들어 보고, 여행에 필요한 여권 꾸미기	
17-18	바람소리 풍경소리	• 자연이 만들어 내는 소리에 대해 생각해 보기 • 풍경 만들기	
19-20	쉉쉉 돌아라!	• 바람의 역할에 대해 알아보기 • 맑은 공기의 소중함 알기	
21-22	커피종이의 변신	• 일상생활에서 자주 사용되는 커피필터 활용하기 • 커피종이에 물들여지는 수채물감의 번짐과 색의 어우리짐 체험하기	
23-24	우주로 떠나는 여행	• 지구별을 둘러싼 우주행성 탐험하기 • 행성의 이름 알아보며 팝업북 만들기	
25-26	업사이클 카드지갑	• 버려지는 가죽인 스플리트 가죽 소재를 활용한 새활용 수업 • 카드가 두 장이 들어가는 업사이클 카드지갑 만들기	
27-28	마음을 선물해요	• 내가 소중하게 여기는 물건을 보관할 수 있는 보석함 만들기 • 습자지의 색감이 스며드는 기법 활용하기	
29-30	명화 속 내 친구 찾기	• 명화 속 친근한 인물들을 재배치하여 자유롭게 스토리를 구성하기	

31-32	도형으로 만드는 키링	• 동그라미, 세모, 네모 등 조형의 기본 요소 알아보기 • 테슬을 만들어 나만의 디자인으로 키링 만들기	
33-34	자연이 준 따뜻한 선물	• 따뜻한 다회용 손난로 만들기 • 자연에서 온 팥을 이용한 충전용 손난로 디자인하기	
35-36	곰돌이는 내 친구	• 지난 회기 조립한 카드지갑에 스티치를 넣어 완성하기 • CMC로 광 내기	
37-38	두근두근 크리스마스	• 크리스마스를 기다리며 LED 전선과 모스를 이용하여 캔버스 액자에 트리 제작하기	
39-40	눈사람은 내 친구	• 면 섬유를 동그랗게 만들기 • 솜과 콩알을 넣어 동그란 눈사람을 만들어서 책이 넘어가지 않도록 누름이 역할을 하는 지관 만들기	

6) 미술치료기반 정서발달 프로그램: 미술로 마음튼튼

프로그램명 12	미술로 마음튼튼		
지역	서울, 인천		
신청 대상	1학년	적정 인원	20명
차시	40차시	운영 횟수	20회/1회 2차시
프로그램 주제	• 투사진단을 통한 사회적 정서발달을 점검한다. • 미술 매체와 탐색을 통한 긍정적 자기인식과 감정이해 및 표현한다. • 협동미술치료활동을 통해 타인의 감정과 경험을 인식하고 학교적응력 향상시킨다.		
예술 분야	미술치료기반 융합예술교육		
교육과정 연계	[2바01-02] 나를 이해하고 존중하며 생활한다. [2바02-03] 차이나 다양성을 서로 존중하면서 생활한다. [2슬01-02] 나를 탐색하여 나에 대해 설명한다.		
기획의도	• 미술치료기반 융합예술교육으로 개인별 긍정적 정서 개발 및 회복력 증진 프로그램을 제공하여 학교생활 적응능력을 키운다. • 정신건강 위기 학생 선별 및 체계적 심리적 · 정서적 지원으로 친구 적응 및 담임교사 적응 등의 정서조절능력을 증진시킨다.		
교육목표	• 초등생의 정서발달수준을 미술심리투사진단으로 평가하고 사전 · 사후 변화에 대한 질적 분석을 할 수 있다. • 미술매체 경험을 통한 감각을 활성화하여 긍정적인 정서발달 유도할 수 있다. • 자존감과 자기효능감을 확인할 수 있다. • 협동작업을 통해 타인을 인식하고 대인관계기술을 증진시켜 학교생활에 적응을 할 수 있다.		

전체 커리큘럼		
차시	주제	활동내용
1-2	프로그램소개와 구조화 투사진단 실시	• 학교생활화, SERT, DAS, KSD를 통해 개인의 우울 불안 및 정서발달, 사회성 파악 및 평가
3-4	• 미술매체를 통한 감각활성 • 색으로 표현하는 나의 정서	• 유동적인 재료와 고형재료를 제시하여 느낌과 감각을 확장하고 매시 경험에 대한 다양한 정서표현 • 인식한 정서를 명명하고 색으로 표현하기

5-6	긍정적인 정서와 부정적인 정서를 통합하기	• 자신이 좋아하는 것과 싫어하는 것을 연상하고 꼴라쥬로 표현하기 • 자신이 싫어하는 것을 색과 꼴라쥬로 표현하고 통합작업으로 마무리하기
7-8	나의 정서와 감정 연습하기	• 다양한 표정그림을 통해 여러 가지 감정을 이해하고 표현하고 스토리텔링 하면서 감정 조절하기 • 이야기그림을 발표하고 정의하기
9-10	나의 마음상자	• 마음속 감정을 인식하고 소중하게 다루기 • 상자를 꾸미고 보호장치 마련하기
11-12	나의 인형과 친구	• 되고 싶은 나와 입고 싶은 옷을 꾸미고 소개하기 • 인형의 모습이 된 친구들과 함께 소개하고 정서표현연습하고 연결하기
13-14	나와 환경	• 나를 동물에 비유하고 동물 가족을 그려보기 • 다양한 오브제로 동물이 사는 환경을 꾸미면서 환경에 대한 지각하기
15-16	여러 가지 나의 모습	• 마트료시카를 활용하여 자신의 다양한 모습을 연상하기 • 5개의 모습으로 축약하여 표현하고 하나로 통합하는 긍정적인 자기상을 구현하기
17-18	짝작업을 통한 타인 인식 1	• 마주 보고 그려주는 활동을 통해 타인에 대한 인식향상하기 • 타인이 그려준 자신을 수용하고 자화상을 완성하기
19-20	짝작업을 통한 타인 인식 2	• 자신만의 땅을 구축하고 짝과 협동하여 서로 필요한 것을 만들어주는 활동으로 타인에게 적절하게 정서표현하고 조절하는 것을 배우기
21-22	미술게임 1	• 그룹별로 규칙을 만들고 땅을 구축하기 • 함께 의논하여 땅에 대한 이미지를 완성하는 과정에서 집단적응력 향상하기
23-24	미술게임 2	• 번갈아 그리는 규칙의 활동을 통해 협동과 조절을 배우며 완성된 작업에 대한 그룹별 정의를 나누고 발표하기
25-26	협동화를 통한 대인 기술 1	• 다양한 오브제를 가지고 공동화를 나누어 그리기 • 그려진 조각그림을 합쳐서 함께 완성하면서 적응력 향상하기
27-28	협동화를 통한 대인 기술 2	• 함께 살아갈 마을에 대한 연상을 하고 자신의 집을 만들기 • 완성된 개별 집과 공동의 공간을 의논하여 완성하기

29-30	만다라를 통한 역할연습	• 원 안에 자유롭게 작업하면서 배려와 수용을 연습하기 • 묵언을 그리기, 의논하고 그리기의 차이를 경험하기
31-32	가면을 통한 역할연습	• 자신이 친구와 만날 때의 모습과 자신의 모습을 구분하기 • 가면을 쓰고 서로 바꾸어 가면서 타인을 이해하고 배려하는 연습을 통해 또래관계 기술 향상하기
33-34	우리들의 왕국건설	• 스트레스를 해소하는 방법을 건설적으로 하기 위한 규칙을 이해하고 작업하기 • 주어진 찰흙으로 그룹이 원하는 왕국을 건설하기
35-36	우리들의 추억과 액자	• 액자 속 자신과 친구들의 모습을 꾸미고 단체사진을 만들어 나누어 가지기
37-38	Hearling Book	• 전체 여정을 돌아보며 자신만의 책만들기 • 제목과 내용을 정하고 발표하기
39-40	투사진단 실시	• SERT, DAS, KSD를 통해 개인의 우울 불안 및 정서발달 수준, 사회성 비교평가

안내 사항

• 책상은 프로그램에 따라 개별 또는 모둠으로 배치하거나 벽에 붙이고 활동함

7) 음악치료기반 정서발달 프로그램: 뮤직 프리즘

<table>
<tr><th>프로그램명 10</th><th colspan="3">뮤직 프리즘</th></tr>
<tr><td>지역</td><td colspan="3">서울, 인천</td></tr>
<tr><td>신청 대상</td><td>1학년</td><td>적정 인원</td><td>20명</td></tr>
<tr><td>차시</td><td>40차시</td><td>운영 횟수</td><td>20회/1회 2차시</td></tr>
<tr><td>프로그램 주제</td><td colspan="3">이 프로그램은 하나의 기분 안에 있는 다양한 기분을 음악을 통해 찾아보고, 이를 색깔, 움직임, 소리, 음악 등의 매체를 통해 건강하게 표현하게 하며, 이러한 경험을 노래로 만들어 함께 공연하는 것이다.</td></tr>
<tr><td>예술 분야</td><td colspan="3">음악치료기반 융합예술교육</td></tr>
<tr><td>교육과정 연계</td><td colspan="3">• 2022 개정 교육과정
[2바01-02] 나를 이해하고 존중하며 생활한다.
[2슬01-02] 나를 탐색하여 나에 대해 설명한다.
[2슬04-02] 상상한 것을 다양한 매체와 재료로 구현한다.</td></tr>
<tr><td>기획의도</td><td colspan="3">• 음악을 통해 프리즘처럼 한 가지로 표현되는 기분 안에 다양한 기분이 있으며 그런 기분들이 또 하나의 기분을 만들어 낼 수 있음을 이해하면서 적응적인 행동을 돕는다.
• 추상적인 기분을 시각(색깔), 청각(음악), 고유감각(움직임) 등으로 구상적인 표현을 통해 정서이해를 향상시킨다.
• 음악 프리즘은 음악을 통해 내 안의 다양한 기분을 이해하고 표현하고, 또한 함께 음악을 만들고 공연을 하면서 친구의 기분도 이해하면서 공동체 안에서 바람직한 행동을 경험하고 궁극적으로 성공적으로 학교생활에 적응을 증진시킨다.</td></tr>
<tr><td>교육목표</td><td colspan="3">• 인지적 목표
– 다양한 기분을 인식하고 이해할 수 있다.
– 음악적 구조를 이해하고 심미적 경험을 할 수 있다.
– 상상, 추상을 통해 생각이 확대될 수 있다.
• 심동적 목표
– 기분을 색으로, 악기로, 동작으로 표현할 수 있다.
– 자신의 경험과 기분을 가사로 표현할 수 있다.
• 정의적 목표
– 나를 이해할 수 있다.
– 타인의 기분을 이해하고 소통하는 방법을 알 수 있다.
– 기분조절을 통해 민감성을 키울 수 있다.
– 공동체 안에서 적응적인 행동을 할 수 있다.</td></tr>
</table>

전체 커리큘럼		
차시	주제	활동내용
1-2	음악으로 만나기	• 다양한 악기를 탐색하고 자신을 표현할 수 있는 악기를 선택하여 함께 연주하기
3-4	예술로 만나기	• 음악을 듣고 나를 미술재료, 자연예술물로 표현하기
5-6	내가 좋아하는 것	• 자신이 좋아하는 음악을 선택하여 집단원과 함께 나누며 서로의 다름을 이해하고, 다양한 음악 속 개성을 이해하며 감상하기
7-8	나의 기분	• 노래심리치료의 응용으로 노래 가사의 장소에 따라 자신의 상태와 기분을 감정카드로 표현하기
9-10	나의 목소리	• 다양한 나의 목소리를 탐색하고 표현하기
11-12	숨겨진 감정 1	• 내 안의 숨겨진 따뜻한 감정들을 찾고 소리, 동작으로 표현해 보기(빨강, 주황, 노랑)
13-14	숨겨진 감정 2	• 내 안에 숨겨진 차가운 감정들을 찾고 소리, 동작으로 표현해 보기(초록, 파랑, 보라)
15-16	나의 음악일기 1	• 유치원에서 초등학교로의 변화를 경험하며 느낀 다양한 감정을 음악일기 형태로 글과 그림으로 표현하고 악기로 연주하기
17-18	나의 음악일기 2	• 초등학교 생활에서 즐거운 것을 발견하여 미술, 음악으로 표현하기
19-20	내일의 음악일기	• 서로의 내일을 응원하며 악기를 재구성하여 연주하기
21-22	편안한 것	• 벨로 구성된 악기를 연주하며 자신이 좋아하고 편안한 것들을 강화하기
23-24	신나는 것	• 리듬악기로 구성된 악기를 연주하며 자신이 언제 신나는지를 연주하고 강화하기
25-26	클래식에서 찾는 자원 (내적 자원)	• 클래식 음악에서 자신의 자원 찾기
27-28	노래에서 찾는 자원 (외적 자원)	• 노래 가사에서 자신의 자원 찾기
29-30	나의 레인보우	• 나에게 꿈과 희망이 되는 것들을 가사로 채워보기
31-32	예술 레인보우	• 작업한 가사를 미술, 자연예술물 등 다양하게 표현하기
33-34	레인보우 목소리	• 좋아하는 목소리와 나의 목소리로 강화하기
35-36	우리의 멜로디	• 멜로디를 다양하게 만들기
37-38	음악 녹음하기	• 가사와 멜로디를 녹음하고 연주하기
39-40	예술 발표회	• 함께 작업한 예술물, 음악 결과물을 함께 공유하기

안내 사항

• 다양한 악기와 연주와 노래가 가능한 공간(방음)이 필요하다.

• PPT를 사용한다.

8) 무용기반 문화예술교육 프로그램: 춤으로 그리는 이야기

<table>
<tr><th>프로그램명</th><th colspan="3">춤으로 그리는 이야기</th></tr>
<tr><td>차시</td><td>40차시(일 2시간)
*1차시 = 40분</td><td>참여 인원</td><td>학급당 20명</td></tr>
<tr><td>프로그램 내용 방향</td><td colspan="3">정서 인식 및 표현 → 정서이해 → 감정조절 → 친구 적응 → 규칙 적응 → 학교생활 적응</td></tr>
<tr><td>프로그램 주제</td><td colspan="3">• 학교에서 볼 수 있는 것, 학교에서 만나는 대상, 학교생활의 전반적인 것들을 관찰하고 재미있는 소재로 변환하여 크래프트 활동과 몸 놀이를 통해 다양한 이야기로 아동 스스로 자신의 감정을 인식하고 창의적으로 표현한다.
• 다양한 주제의 신체활동을 통해 몸을 움직이며 자신의 감정을 표현함으로써 내재되어 있는 감정들을 발산하고 자신의 감정에 대한 이해와 조절을 경험한다.
• 무용을 중점으로 몸 놀이, 타인 관찰, 사물 및 동물 표현 등 다양한 신체활동을 진행하며, 자신과 타인을 인식하고 이해하는 능력을 키운다.
• 신체활동을 통해 또래 간 상호작용을 도모하여 사회성 향상과 공동체 의식 등을 경험함으로써 친구적응, 규칙적응 등 학교생활적응 능력을 향상시킨다.</td></tr>
<tr><td>기획의도</td><td colspan="3">• 이 프로그램은 아동의 정서조절과 학교생활 적응을 위해 학교생활에 필요한 또래 규칙과 학교의 기본 규범을 몸놀이를 통해 자연스럽거 습득하고, 긴장과 스트레스를 완화시킨다.
• 타인의 움직임을 관찰하고, 함께 신체 표현활동을 통해 또래와 상호작용능력과 협동심을 경험할 수 있으며, 이를 통해 공동체 내의 규칙과 학교생활 적응에 필요한 의사소통능력을 향상시킨다.
• 1학기 수업은 아동 개개인의 성향과 적응 정도에 따라 수업 진행 속도를 조정 가능하도록 구성하여 수업 참여도를 높인다.</td></tr>
<tr><td>교육목표</td><td colspan="3">• 무용 기반 융합활동을 통해 자신의 감정을 표현하고 감정과 행동을 조절한다.
• 무용 기반 융합활동을 통해 타인과 공간을 공유하고 함께 사용하는 방법에 대한 학습을 통해 친구와 규칙에 대해 적응한다.
• 자유로운 몸 놀이 활동을 통해 신체 긴장도를 완화하고 학교 공간을 친숙하게 함으로써 학교생활의 적응과 만족도를 높인다.</td></tr>
</table>

교육과정 연계	[2바01-01] 학교 생활 습관과 학습 습관을 형성하여 안전하고 건강하게 생활한다. [2바01-02] 나를 이해하고 존중하며 생활한다. [2바01-03] 가족이나 주변 사람을 배려하며 관계를 맺는다. [2슬01-01] 학교 안팎의 모습과 생활을 탐색하며 안전한 학교 생활을 한다. [2슬01-02] 나를 탐색하여 나에 대해 설명한다. [2즐01-02] 놀이하며 내 몸의 움직임이나 감각을 느낀다.
활동사진	 〈주위를 둘러보면〉  〈기다리면 보여요〉  〈오른쪽 왼쪽 뒤뚱뒤뚱〉  〈도형으로 만나기〉
안내 사항	• 신체활동을 위한 바닥 사용이 가능하며, 책걸상을 이동시켜 미술활동이 가능해야 한다. • 미술활동을 위한 기본 재료(색연필, 지류)가 구비되어야 한다. • 칠판 또는 스마트 TV, 컴퓨터, 인터넷 사용이 가능해야 한다. • 음원 사용을 위한 음향 시설이 있거나 블루투스 스피커가 구비되어야 한다.

전체 커리큘럼		
차시	주제	활동내용
1-2	이름을 뚝딱뚝딱 	• 한글 자음, 모음을 몸으로 표현하여 자기 이름 소개하기 • 손목, 팔꿈치, 목, 골반, 허리, 발로 자음, 모음 그려 보기 • 음악에 맞춰 '한글' 율동 수행하기 • 자기 이름을 표현해 보고 친구의 움직임 보며 친구 이름 맞춰 보기
3-4	내가 만드는 우리 반, 우리 학교 	• 교실과 학교를 탐색하고 자신이 속한 우리 반, 우리 학교에 대한 이해도 높이기 • 두리번 망원경 만들기 • 망원경을 가지고 자기가 발견한 물건들을 그림으로 그려 우리 교실 지도 만들기 • 지도에 그려진 우리 교실을 몸으로 표현해 보기
5-6	주위를 둘러보면 	• '향기 담기' 놀이로 손 씻기, 줄서기, 물건 챙기기와 같은 자기관리 방법 경험해 보기 • 뽀글뽀글 '손 씻기' 율동 배워 보기 • '나의 향기' 남기기 놀이 • '나의 향기'가 남겨진 물건 찾기 놀이
7-8	기다리면 보여요 	• 청각신호를 움직임으로 변형하는 놀이를 통해 이동과 정지 동작을 반복해 보기, 진행 경로 익히기 • 걷기, 한 발 들고 이동하기, 같은 발 두 번 디뎌 이동하기 배우기 • 스틱 소리, 타악기 소리를 신호로 하여 이동해 보기
9-10	너도 나도 소중해 1 	• 안전하게 생활하기 위한 '거리'를 이해하기 • '나의 공간' '친구의 공간'에 대해 생각하기 • 훌라후프 안에 들어가 나의 공간 확보하기 • 두 명, 세 명이 훌라후프를 잡고 함께 정해진 구간을 이동하기 • 서로의 거리를 지켜 줬을 때 좋은 점을 이야기 나누기

11-12	너도 나도 소중해 2 	• 상대방의 공간과 자신의 공간을 이해하고 움직이기 • 친구와 가까워지기 멀어지기 활동 수행하기 • 친구와 가까워졌을 때, 멀어졌을 때의 기분을 이야기 해 보고 가장 편안한 거리 찾기
13-14	나는야 모델 1 	• 신체를 움직일 수 있는 원리를 이해하고 가동 범위를 익히기 • 두 명씩 짝을 지어 구부릴 수 있는 곳을 찾아 보고 스티커를 붙여 보기 • 스티커로 표시한 마디를 움직여 율동 수행하기
15-16	나는야 모델 2 	• 잘 사용하지 않는 신체 부위를 깨우고 부위별로 움직여 보기 • 앉은 자세에서 발가락 깨우기 • 고무줄 벨트를 머리, 어깨, 골반, 발목이 이끄는 대로 지나가 보기 • 척추 분절을 이용하여 벨트를 지나가 보기
17-18	오른쪽 왼쪽 뒤뚱뒤뚱 	• 방향의 전환과 몸의 무게 중심 이동 이해하기 • 오른쪽, 왼쪽 방향을 익혀 보기 • 친구들과 함께 원 대형을 이루어 오른쪽, 왼쪽으로 움직여 보기 • 오른쪽으로 이동할 때의 중심 이동, 왼쪽으로 이동할 때의 중심 이동 감각을 느껴 보기
19-20	앞으로 뒤로 폴짝폴짝 	• 앞쪽과 뒤쪽으로 이동할 때의 중심 이동을 느껴 보기 • 앞으로 뒤로 이동할 수 있는 스텝 배우기 • 친구들과 대형을 맞춰 앞으로 뒤로 이동해 보기 • 여러 명이 함께 움직일 때 무엇이 달라지는지 관찰하기

21-22	아래 위로 들썩들썩 	• 높다, 낮다의 개념을 몸 놀이로 이해하기 • 우리 몸의 가장 높은 높이와 낮은 높이 찾기 • 친구와 같은 높이를 찾아보기 • 높이 별로 달라지는 이동 동작 배워 보기
23-24	나는 이게 좋아! 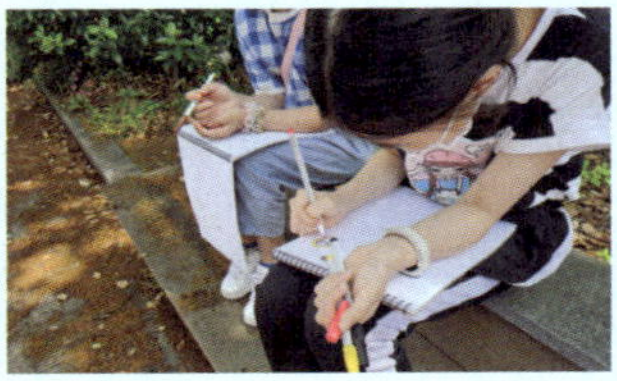	• 자신이 좋아하는 대상으로 자기표현하기 • 내가 좋아하는 음식, 동물, 색깔을 그려 보기 • 자신이 표현한 음식을 만드는 과정과 음식에 들어간 재료의 특징을 몸으로 표현해 보기 • 자신이 그린 동물의 외형을 몸으로 표현해 보기
25-26	우리는 함께해요 	• 다른 사람의 움직임을 관찰하고 움직임에 따라 하는 시각적 상호작용 경험하기 • 제자리에서 '호키포키' 율동 배우고 수행하기 • 두 명에서 세 명으로 그룹 인원을 늘려 가며 율동 수행하기 • 혼자 춤을 출 때와 함께 춤을 출 때 어떤 점이 다른지 친구들과 이야기 나누기
27-28	새싹의 노래 1 	• 느리게 빠르게 움직이는 동물의 특성을 이해하고 움직임으로 표현해 보기 • 느리게 움직이는 동물과 빠르게 움직이는 동물은 무엇이 있을지 이야기 나누기 • 느리게 빠르게 움직이는 동물의 특성을 움직임으로 표현해 보기
29-30	새싹의 노래 2 	• 힘의 조절을 통해 빠르게 느리게 움직이기 • '새싹의 노래' 율동 배우기 • 음악을 듣고 음악의 박자에 맞춰 새싹의 노래 율동을 빠르게, 느리게 수행하기

31-32	무겁게 가볍게 1 	• 무게 중심의 이동, 무게의 변화를 경험해 보기 • 손으로 돌맹이를 바구니에 옮기는 상상하며 움직여 보기 • 깃털을 바구니에 옮기는 상상하며 움직여 보기 • 가볍게 무겁게 움직였을 때 달라지는 감각 이야기 나누기
33-34	무겁게 가볍게 2 	• 두 명, 세 명의 친구가 하나가 되어 무겁게, 가볍게 움직임 수행하기 • 다리에 '코끼리가 매달려 있다면?' '날개가 달려 있다면?'의 상황을 상상하며 움직여 보기 • 두 명, 세 명의 친구가 하나의 무거운 바위를 밀고 당겨 보기
35-36	도형으로 만나기 1 	• 원, 삼각형, 사각형을 몸으로 표현해 보고 사물을 그려서 표현하기 • 머리, 어깨 손, 무릎, 발목을 이용하여 원, 삼각형, 사각형을 그려 보기 • 이동하는 스텝을 이용하여 도형을 그려 보기
37-38	도형으로 만나기 2 	• 주제를 듣고 떠오른 사물을 도형으로 표현해 보기 • 원 대형으로 앉아 교사가 제시한 주제에 떠오른 사물을 이야기하기 • 몸으로 한 명씩, 두 명씩 표현하기
39-40	도형으로 만나기 3 	• 원, 삼각형, 사각형 도형을 이용해 동물의 외형과 특징 표현하기 • 숲, 늪, 사막, 바다 구역을 나누어 각 구역엔 어떤 동물이 살고 있을지 이야기 나누기 • 숲, 늪, 사막, 바다 구역을 나누어 각 구역엔 어떤 동물이 살고 있을지 상상해 보고 어울리는 동물이 되어 움직임을 수행하기

저자 소개

김향미(Hyangmi Kim)
히로시마대학교 미술교육 전공 박사
현) 숙명여자대학교 교육대학원 미술교육 전공 부교수
숙명여자대학교 일반대학원 문화예술교육학과(박사) 교수
전) 초등학교, 특수학교 미술교과서 및 교사용 지도서 집필위원
한국초등미술교육학회 부회장, 한국조형교육학회 회장

심숙영(Sookyoung Shim)
Iowa State University 유아교육전공 박사
현) 숙명여자대학교 문화예술대학원 아동예술교육전공(석사) 교수
숙명여자대학교 일반대학원 문화예술교육학과(박사) 교수
늘봄 · 창의 · 가족센터 센터장
전) 한국교육개발원 연구원

이보연(Boyeon Lee)
숙명여자대학교 대학원 아동복지학과 석사
현) 숙명여자대학교 원격대학원 영유아교육학과 초빙교수
한국영유아발달코칭협회 회장
한국아동심리재활학회 이사 및 임상수퍼바이저
전) 이보연 아동가족상담센터 소장

김영신(Youngshin Kim)
University of Kansas 음악치료학 박사
현) 숙명여자대학교 음악치료대학원 임상음악치료학과(석사) 교수
숙명여자대학교 일반대학원 문화예술교육학과(박사) 교수
음악교육심리상담학회, 노도프-로빈스 음악치료협회 회장
한국음악치료학회 부회장
한국음악치료학회지 편집위원장

길은영(Eunyoung Gil)
숙명여자대학교 대학원 아동심리치료전공 박사
현) 숙명여자대학교 문화예술대학원 아동예술교육전공 겸임교수
(주)향나무 심리연구소 대표
한국미술심리치료연구학회 회장
사)한국미술치료학회 이사 및 임상수퍼바이저
전) 숙명여자대학교 심리치료대학원 미술치료학과 겸임교수

신세례(Serye Shin)
서울과학기술대학교 NID융합기술대학원 IT디자인융합학과 박사
현) 숙명여자대학교 문화예술대학원 아동예술교육전공 겸임교수
글로벌예술문화교육연구소 대표
국립현대미술관 자문위원
전) 서울과학기술대학교 조형대학 초빙교수

초등학교 교육·돌봄 프로그램의 이해와 실제

Children's Education Care Programs and Practices

2025년 4월 25일 1판 1쇄 인쇄
2025년 4월 30일 1판 1쇄 발행

지은이 • 김향미 · 심숙영 · 이보연 · 김영신 · 길은영 · 신세례
펴낸이 • 김진환
펴낸곳 • (주) 학지사
04031 서울특별시 마포구 양화로 15길 20 마인드월드빌딩
대표전화 • 02)330-5114 팩스 • 02)324-2345
등록번호 • 제313-2006-000265호

홈페이지 • http://www.hakjisa.co.kr
인스타그램 • https://www.instagram.com/hakjisabook

ISBN 978-89-997-3407-6 93370

정가 25,000원